Diesmal schenken wir uns ganz sicher nichts

*Mehr Geschichten
für die Weihnachtszeit*

Ausgewählt von
Till Tannhäuser

Diogenes

Nachweis am Schluss des Bandes
Covermotiv: Zeichnung von Tomi Ungerer
Copyright © Tomi Ungerer

Originalausgabe
Alle Rechte vorbehalten
Copyright © 2022
Diogenes Verlag AG Zürich
www.diogenes.ch
50/22/44/2
ISBN 978 3 257 24598 1

Inhalt

ROBERT WALSER

Weihnacht

Weihnachten? Oh! Das wird den schlechtesten Aufsatz geben; denn über etwas so Süßes kann man nur schlecht schreiben. – In den Straßen, in den Hausgängen, auf den Treppen, in den Zimmern roch es nach Orangen. Der Schnee lag dick draußen. Weihnachten ohne Schnee wäre unerträglich. Am Nachmittag ließen sich zwei erbärmlich dünne Stimmchen vor unserer Haustüre vernehmen. Ich ging, um zu öffnen. Ich wußte, es waren arme Kinder. Ich sah sie ziemlich lange und herzlos an. »Was wollt ihr?« fragte ich sie. Da weinte das kleine Mädchen. Es tat mir leid, so barsch gewesen zu sein. Die Mutter kam, schickte mich weg und gab den Kindern kleine Geschenke. Als der Abend kam, hieß mich die Mutter ins schöne Zimmer eintreten. Ich tat es mit Zittern. Ich gestehe, ich hatte eine gewisse unerklärliche Angst vor dem Beschenktwerden. Meine Seele fragt Geschenken nichts nach. Ich ging hinein, die Augen schmerzten mich, als ich in das Meer von Licht und Lichtern trat. Ich saß vorher lange im Dunkeln. Der Vater saß da, im ledernen Lehnstuhl, und rauchte. Er stand auf und führte mich artig zu den Geschenken. Es war mir sehr unbehaglich. Es waren die hübschesten Sachen, die ein Auge und ein Herz erfreuen konnten. Ich lächelte und versuchte etwas zu sagen. Ich streckte dem Vater die Hand hin und sah ihn dankbar an. Er fing an zu lachen und mit mir zu plaudern, über die Geschenke, ihre Bedeutung, ihren Wert und über meine Zukunft. Ich ließ mir nicht merken, was mir das für ein Vergnügen machte. Die Mutter kam und setzte sich zu uns. Ich fühlte das Bedürfnis, ihr etwas Liebes zu sagen, brachte es aber nicht über die Lippen. Sie merkte, wo ich hinaus wollte und nahm mich nahe zu sich und küßte mich. Ich war unsäglich glücklich und froh, daß sie mich verstanden hatte. Ich schmiegte mich eng an sie und schaute in ihre Augen, die voll Wasser waren. Ich sprach, aber es hatte keinen Ton. Ich war so glücklich, daß ich auf diese schönere Weise mit meiner Mutter sprechen konnte. Hernach waren wir sehr lustig. Es wurde Wein aus zierlich geschliffenen Gläsern getrunken. Das brachte Fluß und Lachen in die Unterhaltung. Ich erzählte von der Schule und von den Lehrern, indem ich besonders ihre komischen Seiten hervorhob. Man verzieh mir gern meine Ausgelassenheit. Die Mutter ging ans Klavier und spielte ein einfaches Lied. Sie spielt ungemein zart. Ich rezitierte ein Gedicht. Ich rezitiere ungemein schlecht. Die Magd kam herein und brachte Kuchen und köstliches Backwerk (Rezept der Mutter). Sie machte ein dummes Gesicht, als sie beschenkt wurde. Sie küßte aber artig meiner Mutter die Hand. Mein Bruder hatte nicht kommen können, das bedauerte ich lebhaft. Unser Hausdiener, der alte Fehlmann, bekam ein großes geschlossenes Paket; er lief hinaus, um es zu öffnen. Wir lachten. Weihnachten ging so still vorüber. Wir saßen endlich ganz allein beim Wein und sprachen ganz wenig. Danach verstrich die Zeit rasch. Es war zwölf Uhr, als wir uns erhoben, um ins Bett zu gehen. Am andern

Morgen sahen wir alle ziemlich müde aus. Der Weihnachtsbaum ebenfalls. Nicht wahr, das alles ist schlecht geschrieben? Aber ich habe es wenigstens vorausgesagt, und so kann der Vorwurf mich nicht in Erstaunen setzen.

OSCAR WILDE

Der Glückliche Prinz

Hoch über der Stadt stand auf einer mächtigen Säule die Statue des Glücklichen Prinzen. Sie war über und über mit dünnen Goldblättchen bedeckt, statt der Augen hatte sie zwei glänzende Saphire, und ein großer roter Rubin leuchtete auf seiner Schwertscheide.

Alles bestaunte und bewunderte ihn sehr. »Er ist so schön wie ein Wetterhahn«, bemerkte einer der Stadträte, der darauf aus war, für einen in Kunstdingen geschmackvollen Mann zu gelten; »bloß nicht ganz so nützlich«, fügte er hinzu, da er fürchtete, man könnte ihn sonst für unpraktisch halten, was er durchaus nicht war. »Warum bist du nicht wie der Glückliche Prinz?« fragte eine empfindsame Mutter ihren kleinen Jungen, der weinend nach dem Mond verlangte. »Dem Glücklichen Prinzen fällt es nie ein, um etwas zu weinen.«

»Ich bin froh, daß es wenigstens einen gibt, der in dieser Welt ganz glücklich ist«, sagte leise ein Enttäuschter mit einem Blick auf das wundervolle Standbild.

»Er sieht genau aus wie ein Engel«, sagten die Waisenkinder, als sie in ihren purpurroten Mänteln und sauberen Vorstecklätzchen aus der Kathedrale kamen.

»Wie könnt ihr das wissen?« fragte der Mathematiklehrer, »ihr habt doch nie einen gesehen.«

»O doch, im Traum«, antworteten die Kinder; und der Mathematiklehrer runzelte die Stirn und machte ein sehr strenges Gesicht, denn er billigte Kinderträume nicht.

Da flog eines Nachts ein kleiner Schwälberich über die Stadt. Seine Freunde waren schon vor sechs Wochen nach Ägypten gezogen, aber er war zurückgeblieben, weil er sich in eine ganz wunderschöne Schilfrispe verliebt hatte. Ganz zeitig im Frühling hatte der Schwälberich die Rispe zum erstenmal gesehen, als er gerade hinter einer großen gelben Motte her über den Fluß flog, und war von der Schlankheit der Rispe so entzückt gewesen, daß er haltgemacht hatte, um mit ihr zu plaudern. »Soll ich dich lieben?« fragte der Schwälberich, der es liebte, immer gleich gerade auf sein Ziel loszugehen. Und die Schilfrispe verneigte sich tief vor ihm. So flog er immer und immer um die Schlanke herum, rührte leicht das Wasser mit seinen Flügeln und machte kleine silberne Wellen darauf. Das war die Art, wie er warb, und es dauerte den ganzen Sommer hindurch.

»Das ist ein lächerliches Attachement«, zwitscherten die andern Schwalben, »die Schilfrispe hat gar kein Vermögen und viel zuviel Verwandte«, und in der Tat war der Fluß ganz voll von Schilf. Als dann der Herbst kam, flogen sie alle davon.

Als sie fort waren, fühlte sich der Schwälberich einsam und fing an, seiner romantischen Liebe überdrüssig zu werden. »Sie kann sich gar nicht unterhalten«, sagte er, »und ich fürchte, sie ist eine Kokette, denn sie flirtet immer mit dem Wind.« Wirklich machte die Schilfrispe, sooft der Wind blies, die graziösesten Verbeugungen.

»Ich gebe gern zu, daß sie sehr häuslich ist«, fuhr er fort,

»aber ich liebe das Reisen, und deshalb soll meine Frau es auch lieben.«

»Willst du mit mir fort?« fragte der Vogel endlich die Rispe; die aber schüttelte den Kopf – sie hing so sehr an der Heimat.

»Du hast mit mir gespielt«, rief da der Schwälberich, »ich mache mich auf nach den Pyramiden. Leb wohl!« Und flog davon.

Den ganzen Tag über flog er und erreichte gegen Abend die Stadt. »Wo soll ich absteigen?« sagte er; »hoffentlich hat die Stadt Vorbereitungen getroffen.«

Da sah er das Standbild auf der hohen Säule. »Hier will ich absteigen«, rief er, »es hat eine hübsche Lage und viel frische Luft.« Und damit ließ er sich gerade zwischen den Füßen des Glücklichen Prinzen nieder.

»Ich habe ein goldenes Schlafzimmer«, sagte er wohlgefällig zu sich selber, während er herumschaute und sich anschickte, schlafen zu gehen; aber gerade, als er seinen Kopf unter seinen Flügel stecken wollte, fiel ein großer Regentropfen auf ihn nieder. »Wie sonderbar!« rief er, »am Himmel ist nicht das kleinste Wölkchen, die Sterne sind hell und leuchten, und doch regnet es. Das Klima im nördlichen Europa ist schon wirklich abscheulich. Die Schilfrispe liebte ja den Regen sehr, aber das war bloß ihr Egoismus.«

Da fiel ein zweiter Tropfen.

»Was für einen Zweck hat dann eigentlich eine Statue, wenn sie nicht den Regen abhalten kann?« sagte der Vogel: »ich muß mich lieber nach einem guten Schornstein umsehen«, und er wollte schon fortfliegen.

Doch bevor er noch seine Flügel ausgebreitet hatte, fiel ein dritter Tropfen; er schaute in die Höhe und sah – ja, was sah er? Die Augen des Glücklichen Prinzen waren voll Tränen, und Tränen liefen ihm über die goldenen Wangen. Sein Gesicht war so wunderschön im Mondlicht, daß den Schwälberich das Mitleid faßte.

»Wer bist du?« sagte er.

»Ich bin der Glückliche Prinz.«

»Weshalb weinst du denn?« fragte der Vogel. »Du hast mich ganz naß gemacht.«

»Als ich noch am Leben war und ein Menschenherz hatte«, antwortete das Standbild, »da wußte ich nicht, was Tränen sind, denn ich lebte in dem Palast Ohnsorge, in den die Sorge keinen Zutritt hat. Tagsüber spielte ich mit meinen Gefährten im Garten, und des Abends führte ich den Tanz in der großen Halle. Rund um den Garten lief eine sehr hohe Mauer, aber nie dachte ich daran zu fragen, was wohl dahinter läge, so schön war alles um mich her. Meine Höflinge nannten mich den Glücklichen Prinzen, und glücklich war ich in der Tat, wenn Vergnügen Glück bedeutet. So lebte ich und so starb ich. Und nun, da ich tot bin, haben sie mich hier hinaufgestellt, so hoch, daß ich alle Häßlichkeit und alles Elend meiner Stadt sehen kann, und wenn auch mein Herz von Blei ist, kann ich nicht anders als weinen.«

»Wie, es ist nicht von echtem Gold?« sprach der Vogel zu sich. Denn er war zu höflich, als daß er eine so persönliche Bemerkung laut gemacht hätte.

»Weit fern von hier«, fuhr die Statue mit einer leisen, melodischen Stimme fort, »weit fern von hier in einer kleinen schmalen Gasse steht ein armseliges Haus. Eins der Fenster ist offen, und so sehe ich eine Frau am Tische sitzen. Ihr Gesicht ist mager und verhärmt, und sie hat rauhe, rote Hände, nadelzerstochen, denn sie ist eine Näherin. Sie stickt Passionsblumen in ein Seidenkleid, das die schönste von den Ehrendamen der Königin am nächsten Hofball tragen soll. In einem Winkel des Zimmers liegt ihr kleiner Junge krank im Bett. Er fiebert und verlangt nach Pomeranzen. Die Mutter kann ihm nichts mehr geben als Wasser aus dem Fluß, und daher weint er. Vogel, Vogel, kleiner Vogel, willst du ihr nicht den Rubin aus meiner Schwertscheide hinbringen? Meine Füße sind an den Sockel befestigt, und ich kann mich nicht bewegen.«

»Man erwartet mich in Ägypten«, sagte der Schwälberich. »Meine Freunde fliegen den Nil auf und nieder und unterhalten sich mit den großen Lotosblüten. Bald werden sie sich im Grab des großen Königs schlafen legen. Er ist in gelbes Linnen gehüllt und mit Spezereien balsamiert. Um seinen Hals liegt eine Kette aus blaßgrünem Nephrit, und seine Hände sind wie vertrocknete Blätter.«

»Vogel, Vogel, kleiner Vogel«, sagte der Prinz, »willst du nicht diese eine Nacht bei mir bleiben und mein Bote sein? Der Knabe ist so durstig und die Mutter so traurig.«

»Ich glaube, ich mache mir nichts aus Knaben«, antwortete der Schwälberich. »Als ich letzten Sommer am Fluß wohnte, da waren so rohe Buben, des Müllers Söhne, die immer Steine nach mir warfen. Getroffen haben sie mich natürlich nie, denn wir Schwalben fliegen dafür viel zu gut, und ich stamme zudem aus einer Familie, die wegen ihrer Behendigkeit berühmt ist; aber es war doch immerhin ein

Zeichen von Respektlosigkeit.« Aber der Glückliche Prinz sah so traurig aus, daß es den kleinen Schwälberich bekümmerte. »Es ist sehr kalt hier«, sagte er, »aber ich will trotzdem diese eine Nacht bei dir bleiben und dein Bote sein.«

»Ich danke dir, kleiner Vogel«, sagte der Prinz.

So pickte der Schwälberich aus des Prinzen Schwert den großen Rubin und flog mit ihm weg über die Dächer der Stadt und trug ihn im Schnabel.

Er flog an dem Turm des Domes vorbei, auf dem die weißen Marmorengel stehen. Er flog über den Palast hin und hörte die Musik von Tanzweisen. Ein schönes Mädchen trat mit seinem Geliebten auf den Balkon hinaus. »Wie wundervoll die Sterne sind«, sagte er zu ihr, »und wie wunderbar die Macht der Liebe!«

»Hoffentlich wird mein Kleid zum Staatsball fertig«, antwortete sie, »ich lasse mir Passionsblumen darauf sticken; aber die Schneiderinnen sind so faul.«

Er flog über den Fluß und sah die Laternen an den Schiffsmasten. Er flog über das Ghetto und sah die alten Juden miteinander handeln und auf kupfernen Waagen das Geld wiegen. Endlich erreichte er das armselige Haus und schaute hinein. Der Knabe warf sich fiebernd, und die Mutter war vor Müdigkeit eingeschlafen. Hinein ins Zimmer hüpfte der Schwälberich und legte den Rubin auf den Tisch gerade neben den Fingerhut der Frau. Dann kreiste er leise um das Bett und fächelte des Jungen Stirn mit den Flügeln. »Wie kühl mir ist«, sagte der Knabe, »ich glaube, es wird mir besser«, und er sank in einen köstlichen Schlaf. Darauf flog der Schwälberich zurück zu dem Glücklichen Prinzen und erzählte ihm, was er getan. »Merkwürdig«, sagte er,

»mir ist mit einem Mal ganz warm geworden, obgleich es so kalt ist.«

»Das kommt von deiner guten Tat«, sagte der Prinz. Und der kleine Vogel begann darüber nachzudenken und schlief ein. Denken machte ihn immer schläfrig. – Als der Tag anbrach, flog der Vogel hinab zum Fluß und nahm ein Bad. »Was für ein bemerkenswertes Phänomenon«, sagte der Professor der Ornithologie, während er über die Brücke ging, »eine Schwalbe im Winter!« Und er schrieb darüber einen langen Brief an die Lokalzeitung. Alles sprach von diesem Aufsatz, der so wortreich war, daß niemand ihn verstehen konnte.

»Heut nacht mach ich mich auf nach Ägypten«, sagte der Schwälberich und war hochvergnügt bei dem Gedanken. Er besuchte alle Denkmäler und öffentlichen Bauwerke der Stadt und saß lange auf der Kirchturmspitze. Wo immer er hinkam, da piepten die Spatzen, und einer sagte zum anderen: »Was für ein vornehmer Fremder!«, und dabei amüsierte sich der Schwälberich sehr.

Als der Mond aufging, flog er zurück zu dem Glücklichen Prinzen. »Hast du irgendwelche Aufträge für Ägypten?« rief er, »ich reise gerade dahin ab.«

»Vogel, Vogel, kleiner Vogel«, sagte der Prinz, »willst du nicht noch eine Nacht bei mir bleiben?«

»Ich werde in Ägypten erwartet«, antwortete der Schwälberich. »Morgen fliegen meine Gefährten zum zweiten Katarakt hinauf. Dort liegt das Nilpferd unter den Binsen, und auf einem großen granitenen Thron sitzt der Gott Memnon. Die ganze Nacht lang blickt er zu den Sternen, und wenn der Morgenstern aufglänzt, stößt er einen langen

Freudenschrei aus, und dann ist er wieder still. Zu Mittag kommen die gelben Löwen ans Flußufer, um zu trinken. Sie haben Augen wie grüne Berylle, und ihr Gebrüll übertönt das Brüllen des Katarakts.«

»Vogel, Vogel, mein kleiner Vogel«, sagte der Prinz, »weit weg über der Stadt sehe ich einen jungen Mann in einer Dachstube. Er lehnt sich über einen mit Papieren bedeckten Tisch, und neben ihm steht in einem Wasserglase ein kleiner Strauß verwelkter Veilchen. Sein Haar ist braun und gelockt, seine Lippen sind rot wie eine Granatblüte, und er hat große und träumerische Augen. Er versucht, ein Schauspiel fertigzuschreiben, aber er kann nicht weiter vor Kälte. Es ist kein Feuer im Ofen, und der Hunger hat ihn ohnmächtig gemacht.«

»Ich will noch eine Nacht länger bei dir bleiben«, sagte der Schwälberich, der eigentlich ein gutes Herz hatte. »Soll ich ihm auch einen Rubin bringen?«

»Ach! Ich habe keinen Rubin mehr«, sagte der Prinz, »nur meine Augen sind mir noch geblieben. Sie sind aus seltenen Saphiren gemacht, die man vor tausend Jahren aus Indien gebracht hat. Picke eines heraus und bring es ihm. Er wird es an einen Juwelier verkaufen und sich dafür Essen und Feuerung verschaffen und sein Stück beenden.«

»Lieber Prinz«, sagte der Schwälberich, »das kann ich nicht tun«, und er begann zu weinen.

»Vogel, Vogel, kleiner Vogel«, sagte der Prinz, »tu, wie ich dich heiße.«

Also pickte der Schwälberich dem Prinzen das Auge aus und flog zur Dachkammer des Studenten. Es war nicht schwer hineinzukommen, denn es war ein Loch im

Dach. Durch das schlüpfte der Vogel in die kleine Stube. Der Jüngling hielt den Kopf in die Hände vergraben, und so hörte er nicht das Flattern des Vogels, und als er aufschaute, da fand er den schönen Saphir, der auf den verblaßten Veilchen lag.

»Man fängt an, mich zu würdigen«, rief er aus; »das kommt sicher von einem großen Bewunderer. Nun kann ich mein Stück fertigschreiben.« Und er sah ganz glücklich aus.

Am nächsten Tag flog der Schwälberich hinab zum Hafen. Er setzte sich auf den Mast des größten Schiffes und beobachtete die Matrosen, die an Tauen große Ballen aus dem Schiffsraum emporwanden. »Heb auf!« schrien sie bei jedem Ruck am Tau.

»Ich geh nach Ägypten!« rief der Vogel, aber niemand achtete auf ihn, und als der Mond aufging, flog er zu dem Glücklichen Prinzen. »Ich komme, dir Lebewohl zu sagen«, rief er.

»Vogel, Vogel, kleiner Vogel«, sagte der Prinz, »willst du nicht noch eine Nacht bei mir bleiben?«

»Es ist Winter«, sagte der Schwälberich, »und der kalte Schnee wird bald dasein. In Ägypten scheint die Sonne warm auf die grünen Palmen, und die Krokodile liegen im Schlamm und schauen faul vor sich hin. Meine Gefährten bauen ihr Nest im Tempel von Baalbek, und die weiß- und rotgefiederten Tauben schauen ihnen zu und girren. Lieber Prinz, ich muß dich verlassen, aber ich will dich nie vergessen, und im nächsten Frühling bringe ich dir zwei schöne Edelsteine wieder für die, die du weggegeben hast.

Der Rubin soll röter sein als eine rote Rose und der Saphir so blau wie die große See.«

»Dort unten auf dem Platz«, sagte der Prinz, »da steht ein kleines Streichholzmädel, die hat ihre Hölzer in die Gosse fallen lassen, und sie sind alle verdorben. Ihr Vater wird sie schlagen, wenn sie ihm kein Geld heimbringt, und sie weint. Pick mir das andere Auge aus und gib es ihr, und ihr Vater wird sie nicht schlagen.«

»Ich will noch eine Nacht bei dir bleiben«, sagte der Vogel, »aber ich kann dir dein Auge nicht auspicken. Du wärest dann ja ganz blind.«

»Vogel, Vogel, kleiner Vogel«, sagte der Prinz, »tu, wie ich dich heiße.« – Also pickte der Schwälberich dem Prinzen auch das andere Auge aus und flog damit weg. Er strich über den Kopf des Mädels hin und ließ den Edelstein in ihre Hand gleiten. »Was für eine hübsche Glasscherbe!« rief die Kleine und lief vergnügt nach Haus.

Darauf kam der Vogel zum Prinzen zurück. »Nun bist du blind«, sagte er, »so will ich immer bei dir bleiben.«

»Nein, kleiner Vogel«, sagte der arme Prinz, »du mußt fort nach Ägypten.«

»Ich will immer bei dir sein«, sagte der Schwälberich und schlief zu Füßen des Prinzen ein.

Am nächsten Tag setzte er sich dem Prinzen auf die Schulter und erzählte ihm Geschichten von alledem, was er in fremden Ländern gesehen hatte. Er erzählte ihm von den roten Ibissen, die in langen Reihen an den Nilufern stehen und mit ihren Schnäbeln Goldfische fangen; von der Sphinx, die so alt ist wie die Welt und in der Wüste lebt und alles weiß; von den Kaufleuten, die langsam neben ihren Kamelen einhergehen und Rosenkränze aus Bernstein in den Händen tragen; vom König des Mondgebirgs, der so schwarz ist wie Ebenholz und einen großen Kristall anbetet; von der großen grünen Schlange, die in einem Palmenbaum schläft und zwanzig Priester hat, die sie mit Honigkuchen füttern; und von den Pygmäen, die auf breiten, flachen Blättern über einen großen See segeln und mit den Schmetterlingen immer im Krieg liegen.

»Lieber kleiner Vogel«, sagte der Prinz, »du erzählst mir von wunderbaren Dingen, aber wunderbarer als alles ist das Leiden von Mann und Weib. Kein Mysterium ist größer als das Elend. Fliege über meine Stadt, kleiner Vogel, und dann erzähle mir, was du darin gesehen hast.«

Also flog der Schwälberich über die große Stadt und sah die Reichen froh und lustig in ihren schönen Häusern, während die Bettler an den Toren saßen. Er flog in dunkle Gassen hinab und sah die weißen Gesichter hungernder Kinder gleichgültig auf die schwarzen Straßen schauen. Unter einem Brückenbogen lagen zwei kleine Buben und hielten sich umschlungen, um sich aneinander zu wärmen.

»Wir haben solchen Hunger!« sagten sie. »Ihr dürft hier nicht liegen«, schrie sie der Wächter an, und so wanderten sie hinaus in den Regen.

Dann flog der Vogel zurück zum Prinzen und erzählte ihm, was er gesehen hatte.

»Ich bin ganz mit feinem Gold bedeckt«, sagte der Prinz, »du mußt es abnehmen, Blatt für Blatt, und meinen Armen geben; die Lebenden glauben immer, daß Gold sie glücklich machen kann.«

Blatt um Blatt des feinen Goldes pickte ihm der Vogel

ab, bis der Glückliche Prinz ganz grau und düster aussah. Blatt um Blatt des feinen Goldes brachte er zu den Armen, und die Gesichter der Kinder wurden rosiger, und sie lachten und spielten ihre Spiele in den Straßen. »Jetzt haben wir Brot!« riefen sie.

Da kam der Schnee, und nach dem Schnee kam der Frost. Die Straßen sahen aus, als wären sie aus Silber gemacht, so glänzend und glitzernd waren sie; lange Eiszapfen wie kristallne Dolche hingen von den Dachrinnen herunter; alles ging in dicken Pelzen aus, und die kleinen Jungen trugen dicke rote Mützen und liefen auf dem Eise. Dem armen kleinen Schwälberich wurde kälter und kälter, aber er wollte den Prinzen nicht verlassen, denn er liebte ihn zu sehr. Er pickte Krumen auf vor des Bäckers Tür, wenn der Bäcker gerade nicht hinsah, und versuchte sich warm zu halten, indem er mit seinen Flügeln schlug. Aber schließlich wußte er doch, daß er sterben müsse. Er hatte gerade noch so viel Kraft, noch einmal dem Prinzen auf die Schulter zu fliegen. »Leb wohl, guter Prinz!« sagte er ganz leise, »darf ich deine Hand küssen?«

»Ich freu mich, daß du jetzt nach Ägypten gehst«, sagte der Prinz, »du bist schon zu lange hiergeblieben, kleiner Schwälberich; aber du mußt mich auf den Mund küssen, denn ich liebe dich.«

»Ich gehe nicht nach Ägypten«, sagte der Schwälberich. »Ich gehe in das Haus des Todes. Der Tod ist der Bruder des Schlafes, nicht wahr?«

Und er küßte den Glücklichen Prinzen auf den Mund und fiel tot nieder vor seine Füße.

Da tönte aus dem Innern des Standbildes ein eigentümliches Knacken, gleich als ob etwas zerbrochen wäre. Das bleierne Herz war mitten entzweigeborsten. Es war auch ein strenger, harter Frost.

Früh am Morgen des nächsten Tages ging der Bürgermeister mit den Stadträten über den Platz. Als sie an der Säule vorbeikamen, schaute er zu dem Standbild hinauf: »Herrgott! Wie schäbig der Glückliche Prinz aussieht!« sagte er.

»Wirklich schäbig!« sagten die Stadträte, die immer der Ansicht des Bürgermeisters waren, und dann schauten sie das Standbild an. »Der Rubin ist aus seinem Schwert gefallen, seine Augen sind fort, und vergoldet ist er auch nicht mehr«, sagte der Bürgermeister; »er sieht wahrhaftig nicht viel besser aus als ein Bettler.«

»Wenig besser als ein Bettler«, sagten die Räte.

»Und hier liegt wahrhaftig ein toter Vogel zu seinen Füßen!« sagte der Bürgermeister. »Wir müssen wirklich eine Bekanntmachung erlassen, daß es Vögeln nicht erlaubt ist, hier zu sterben.« Und der Stadtschreiber notierte diesen Vorschlag.

So wurde das Standbild des Glücklichen Prinzen abgebrochen. »Da es nicht mehr schön ist, hat es auch keinen nützlichen Zweck mehr«, sagte der Kunstprofessor der Universität.

Hierauf wurde die Statue in einem Brennofen geschmolzen, und der Bürgermeister berief eine Versammlung, die entscheiden sollte, was mit dem Metall zu geschehen habe. »Wir müssen natürlich ein anderes Denkmal haben«, sagte er, »und das muß ein Denkmal von mir sein.«

»Von mir«, sagte jeder der Stadträte, und sie zankten

sich. Als ich das letztemal von ihnen hörte, zankten sie sich noch immer.

»Wie sonderbar!« sagte der Werkführer in der Schmelzhütte. »Dieses gebrochene Bleiherz will nicht schmelzen. Wir müssen es wegwerfen, wie es ist.« So warf man es auf einen Kehrichthaufen, auf dem auch die tote Schwalbe lag.

»Bring mir die beiden kostbarsten Dinge in der Stadt«, sagte Gott zu einem seiner Engel; und der Engel brachte ihm das bleierne Herz und den toten Vogel.

»Du hast recht gewählt«, sagte Gott, »denn in meinem Paradiesgarten wird dieser kleine Vogel für alle Zeiten singen, und in meiner goldenen Stadt wird der Glückliche Prinz mich lobpreisen.«

Interview mit dem Weihnachtsmann
Eine vorweihnachtliche Betrachtung

Es hatte schon wieder geklingelt. Das neunte Mal im Verlauf der letzten Stunde! Heute hatten, so schien es, die Liebhaber von Klingelknöpfen Ausgang. Mürrisch rollte ich mich türwärts und öffnete.

Wer, glauben Sie, stand draußen? Sankt Nikolaus persönlich! In seiner bekannten historischen Ausrüstung. »Oh«, sagte ich. »Der eilige Nikolaus!« – »Der heilige, wenn ich bitten darf. Mit h!« Es klang ein wenig pikiert. »Als Junge habe ich Sie immer den eiligen Nikolaus genannt. Ich fand's plausibler.« – »Sie waren das?« – »Erinnern Sie sich denn noch daran?« – »Natürlich! Ein kleiner hübscher Bengel waren Sie damals!« – »Klein bin ich immer noch.« – »Und nun wohnen Sie also hier.« – »Ganz recht.« Wir lächelten resigniert und dachten an vergangene Zeiten.

»Bleiben Sie noch ein bisschen!«, bat ich. »Trinken Sie noch eine Tasse Kaffee mit mir!« Er tat mir, offen gestanden, leid.

Was soll ich Ihnen sagen? Er blieb. Er ließ sich herbei. Erst putzte er sich am Türvorleger die Stiefel sauber, dann stellte er den Sack neben die Garderobe, hängte die Rute an einen der Haken, und schließlich trank er mit mir in der Wohnstube Kaffee.

»Zigarre gefällig?« – »Das schlag ich nicht ab.« Ich holte die Kiste. Er bediente sich. Ich gab ihm Feuer. Dann zog er sich mit Hilfe des linken den rechten Stiefel aus und atmete erleichtert auf. »Es ist wegen der Plattfußeinlage. Sie drückt niederträchtig.« – »Sie Ärmster! Bei Ihrem Beruf!« – »Es gibt weniger Arbeit als früher. Das kommt meinen Füßen zupass. Die falschen Nikoläuse schießen wie die Pilze aus dem Boden.«

»Eines Tages werden die Kinder glauben, dass es Sie, den echten, überhaupt nicht mehr gibt.« – »Auch wahr! Die Kerls schädigen meinen Beruf! Die meisten von denen, die sich einen Pelz anziehen, einen Bart umhängen und mich kopieren, haben nicht das mindeste Talent! Es sind Stümper!« – »Weil wir gerade von Ihrem Beruf sprechen«, sagte ich, »hätte ich eine Frage an Sie, die mich schon seit meiner Kindheit beschäftigt. Damals traute ich mich nicht. Heute schon eher. Denn ich bin Journalist geworden.« – »Macht nichts«, meinte er und goss sich Kaffee zu. »Was wollen Sie seit Ihrer Kindheit von mir wissen?« – »Also«, begann ich zögernd, »bei Ihrem Beruf handelt es sich doch eigentlich um eine Art ambulanten Saisongewerbes, nicht? Im Dezember haben Sie eine Menge Arbeit. Es drängt sich alles auf ein paar Wochen zusammen. Man könnte von einem Stoßgeschäft reden. Und nun …« – »Hm?« – »Und nun wüsste ich brennend gern, was Sie im übrigen Jahr tun!«

Der gute alte Nikolaus sah mich einigermaßen verdutzt an. Es machte fast den Eindruck, als habe ihm noch niemand die so naheliegende Frage gestellt. »Wenn Sie sich nicht darüber äußern wollen …« – »Doch, doch«, brummte er. »Warum denn nicht?« Er trank einen Schluck Kaffee und paffte einen Rauchring. »Der November ist natürlich mit der Materialbeschaffung mehr als ausgefüllt. In manchen Ländern gibt's plötzlich keine Schokolade. Niemand weiß wieso. Oder die Äpfel werden von den Bauern zurückgehalten. Und dann das Theater an den Zollgrenzen. Und die vielen Transportpapiere. Wenn das so weitergeht, muss ich nächstens den Oktober noch dazunehmen. Bis jetzt benutze ich den Oktober eigentlich dazu, mir in stiller Zurückgezogenheit den Bart wachsen zu lassen.«

»Sie tragen den Bart nur im Winter?« – »Selbstverständlich. Ich kann doch nicht das ganze Jahr als Weihnachtsmann herumrennen. Dachten Sie, ich behielte auch den Pelz an? Und schleppte 365 Tage den Sack und die Rute durch die Gegend? Na also. – Im Januar mache ich dann die Bilanz. Es ist schrecklich. Weihnachten wird von Jahrhundert zu Jahrhundert teurer!« – »Versteht sich.« – »Dann lese ich die Dezemberpost. Vor allem die Kinderbriefe. Es hält kolossal auf, ist aber nötig. Sonst verliert man den Kontakt mit der Kundschaft.« – »Klar.« – »Anfang Februar lasse ich mir den Bart abnehmen.«

In diesem Moment läutete es wieder an der Flurtür. »Entschuldigen Sie mich, bitte?« Er nickte. Draußen vor der Tür stand ein Hausierer mit schreiend bunten Ansichtskarten und erzählte mir eine sehr lange und sehr traurige Geschichte, deren ersten Teil ich mir tapfer und mit zusammen-›gebissenen‹ Ohren anhörte. Dann gab ich ihm das Kleingeld, das ich lose bei mir trug, und wir wünschten einander auch weiterhin alles Gute. Obwohl ich mich standhaft weigerte, drängte er mir als Gegengeschenk ein halbes Dutzend der schrecklichen Karten auf. Er sei, sagte er, schließlich kein Bettler. Ich achtete seinen schönen Stolz und gab nach. Endlich ging er.

Als ich ins Wohnzimmer zurückkam, zog Nikolaus gerade ächzend den rechten Stiefel an. »Ich muss weiter«, meinte er, »es hilft nichts. Was haben Sie denn da in der Hand?« – »Postkarten. Ein Hausierer zwang sie mir auf.« – »Geben Sie her. Ich weiß Abnehmer. Besten Dank für Ihre Gastfreundschaft. Wenn ich nicht der Weihnachtsmann wäre, könnte ich Sie beneiden.«

Wir gingen in den Flur, wo er seine Utensilien aufnahm. »Schade«, sagte ich. »Sie sind mir noch einen Teil Ihres Jahreslaufs schuldig.« Er zuckte die Achseln. »Viel ist im Grunde nicht zu erzählen. Im Februar kümmere ich mich um den Kinderfasching. Später ziehe ich auf Frühjahrsmärkten umher. Mit Luftballons und billigem mechanischen Spielzeug. Im Sommer bin ich Bademeister und gebe Schwimmunterricht. Manchmal verkaufe ich auch Eiswaffeln in den Straßen. Ja, und dann kommt schon wieder der Herbst – und nun muss ich wirklich gehen.«

Wir schüttelten uns die Hand. Ich sah ihm vom Fenster aus nach. Er stapfte mit großen, hastigen Schritten durch den Schnee. An der Ecke Ungerstraße wartete ein Mann auf ihn. Er sah wie der Hausierer aus, wie der redselige mit den blöden Ansichtskarten. Sie bogen gemeinsam um die Ecke. Oder hatte ich mich getäuscht? Eine Viertelstunde danach klingelte es schon wieder. Diesmal erschien der Laufbursche des Delikatessengeschäftes Zimmermann Söhne. Ein angenehmer Besuch! Ich wollte bezahlen, fand aber die Brieftasche nicht gleich. »Das hat ja Zeit, Herr Doktor«, meinte der Bote väterlich. »Ich möchte wetten, dass sie auf dem Schreibtisch gelegen hat!«, sagte ich. »Nun gut, ich begleiche die Rechnung morgen. Aber warten Sie noch, ich bring' Ihnen eine gute Zigarre!« Die Kiste mit den Zigarren fand ich auch nicht gleich. Das heißt, später fand ich sie ebensowenig. Die Zigarren nicht. Die Brieftasche auch nicht. Das silberne Zigarettenetui war auch nicht zu finden. Und die Manschettenknöpfe mit den großen Mondsteinen und die Frackperlen waren weder an ihrem Platz noch sonstwo. Jedenfalls nicht in meiner Wohnung.

Ich konnte mir gar nicht erklären, wohin das alles geraten sein mochte. Es wurde trotzdem ein stiller hübscher Abend. Es klingelte niemand mehr. Wirklich, ein gelungener Abend. Nur irgendetwas fehlte mir. Aber was? Eine Zigarre? Natürlich! Glücklicherweise war das goldene Feuerzeug auch nicht mehr da. Denn das muss ich, obwohl ich ein ruhiger Mensch bin, bekennen: Feuer zu haben, aber nichts zum Rauchen im Haus, das könnte mir den ganzen Abend verderben!

ERNEST HEMINGWAY

Weihnachten in Paris

Paris im fallenden Schnee. Vor den Cafés die großen, rotglühenden Holzkohlepfannen. An den Cafétischen dicht vermummte Männer mit hochgeschlagenem Mantelkragen, Gläser mit Grog *Americain* betastend. Zeitungsjungen, die die Abendzeitungen ausrufen.

Die Busse poltern wie grüne Moloche durch den in der Dämmerung rieselnden Schnee. Aus dem Gestöber erheben sich weiße Hausfassaden. Schnee ist nie so schön wie in der Stadt. Es ist herrlich, in Paris auf einer Seinebrücke zu stehen und durch den weichen Vorhang des Schnees an der grauen Masse des Louvre vorbei über den von vielen Brücken überspannten und von den grauen Häusern des alten Paris gesäumten Fluss den Blick bis dorthin schweifen zu lassen, wo Notre-Dame in der Abenddämmerung kauert.

Es ist sehr schön in Paris und sehr einsam zur Weihnachtszeit.

Der junge Mann und seine Freundin gehen vom Quai im Schatten der großen Häuser die Rue Bonaparte hoch bis zu der schmalen, hell erleuchteten Rue Jacob. In einem kleinen Restaurant im ersten Stock eines Hauses, Dem Echten Restaurant der Dritten Republik, das über zwei Räume, vier winzige Tische und eine Katze verfügt, wird ein spezielles Weihnachtsmahl serviert.

»Es schmeckt nicht besonders nach Weihnachten«, sagt das Mädchen.

»Ich vermisse die Preiselbeeren«, sagt der junge Mann.

Sie fallen über das spezielle Weihnachtsessen her. Der Truthahn ist zu einem eigenartigen geometrischen Gebilde geschnitten, das ein wenig Fleischgeschmack, eine Menge Knorpel und einen großen Knochen aufzuweisen hat.

»Erinnerst du dich noch an den Truthahn zu Hause?«, fragt das Mädchen.

»Sprich bloß nicht davon«, sagt der Junge.

Sie fallen über die Kartoffeln her, die mit viel zu viel Fett gebraten sind.

»Was glaubst du, was die jetzt zu Hause machen?«, fragt das Mädchen.

»Ich weiß nicht«, sagt der Junge. »Glaubst du, dass wir jemals wieder nach Hause kommen?«

»Ich weiß nicht«, antwortet das Mädchen. »Glaubst du, dass wir jemals als Künstler Erfolg haben werden?«

Der Inhaber kommt mit dem Dessert und einer kleinen Flasche Rotwein.

»Ich hatte den Wein vergessen«, sagt er auf Französisch.

Das Mädchen beginnt zu weinen.

»Ich hatte mir Paris anders vorgestellt«, sagt sie. »Ich dachte, es sei eine lustige und schöne Stadt und voller Lichter.«

Der Junge legt einen Arm um sie. Zumindest das konnte man in einem Pariser Restaurant tun.

»Macht nichts, Schatz«, sagt er. »Wir sind doch erst drei Tage hier. Es wird sich noch ändern. Wart's nur ab.«

Sie aßen das Dessert, und keiner von beiden erwähnte die

Tatsache, dass es leicht angebrannt war. Dann bezahlten sie die Rechnung, gingen nach unten und traten auf die Straße. Es schneite noch immer. Und sie gingen durch die Straßen des alten Paris, in denen einst Wölfe herumgestrichen und Männer auf Jagd gegangen waren, und all das unter den Augen der hohen alten Häuser, denen Weihnachten nichts bedeutete.

Der Junge und das Mädchen hatten Heimweh. Es war ihr erstes Weihnachten fern der Heimat. Was Weihnachten ist, erfährt man erst, wenn man es in einem fremden Land nicht wiederfindet.

Christnacht

Weihnachtsrummel! Weihnachtsrummel! Nein, zum Teufel, ich mach' ihn nicht mit!«

Der dicke Henri Templier sagte es mit wütender Stimme, als hätte man ihm irgendeine Gemeinheit vorgeschlagen.

Die anderen riefen lachend: »Warum bist du denn so zornig?«

Er antwortete: »So ein Weihnachtsrummel hat mir den übelsten Streich meines Lebens gespielt, deshalb habe ich einen unüberwindlichen Widerwillen gegen diese dumme Nacht mit ihrer albernen Ausgelassenheit.«

»Wieso denn?«

»Wieso? Wollt ihr es denn wissen? Dann hört zu:

Erinnert ihr euch noch, wie kalt es vor zwei Jahren um diese Zeit war; ein Frost, daß die Armen auf der Straße umfielen. Die Seine war zugefroren; beim Gehen schnitt die Kälte durch die Sohlen in die Füße; die Welt schien vor Kälte bersten zu wollen.

Ich hatte gerade eine große Arbeit vor und schlug daher jede Einladung zum Weihnachtsrummel aus; ich wollte die Nacht an meinem Schreibtisch verbringen. Ich aß darum allein zu Abend, und dann ging ich an die Arbeit. Aber gegen zehn Uhr begann der Gedanke an die Ausgelassenheit, die nun in Paris tobte, der Lärm, der von der Straße zu mir heraufdrang, die Vorbereitungen meiner Nachbarn zum Souper, die ich durch die Wände hörte, mich zu beunruhigen. Ich wußte nicht mehr, was ich tat; ich schrieb lauter dummes Zeug und sah bald, daß ich die Hoffnung aufgeben mußte, in dieser Nacht etwas Ordentliches zustande zu bringen.

Ich schritt in meinem Zimmer auf und ab, setzte mich, stand wieder auf. Der geheimnisvolle Einfluß der Freude draußen drang zu mir, und ich ergab mich.

Ich schellte nach der Magd und sagte zu ihr: ›Angèle, gehen Sie und besorgen Sie mir Abendessen für zwei Personen: Austern, kaltes Rebhuhn, Krebse, Schinken, Kuchen. Bringen Sie auch zwei Flaschen Champagner mit; decken Sie dann den Tisch und gehen Sie ruhig schlafen.‹

Sie gehorchte etwas überrascht. Als alles fertig war, zog ich meinen Überzieher an und ging aus.

Eine schwierige Frage blieb noch zu erledigen: Mit wem sollte ich Weihnachten feiern? Meine Freundinnen waren alle eingeladen. Hätte ich eine bei mir haben wollen, dann hätte ich sie beizeiten bitten müssen. Da kam ich auf die Idee, mit meinem Amüsement zugleich eine gute Tat zu verbinden. Ich sagte mir: Paris ist voll von armen und hübschen Mädchen, die heute kein Abendessen haben und deshalb auf freigebige Junggesellen Jagd machen. Ich will die Weihnachtsvorsehung für eine dieser Enterbten spielen.

Ich will herumbummeln, die Vergnügungslokale aufsuchen, fragen, suchen, nach meinem Geschmack wählen.

Und ich fing an, durch die Stadt zu laufen.

Natürlich fand ich viele arme Mädchen, die auf Abenteuer aus waren, aber sie waren so häßlich, daß mir übel wurde, oder so mager, daß sie gleich zu Eis gefroren wären, sobald sie einen Moment stehengeblieben wären.

Ihr wißt ja, ich habe nun mal eine Schwäche für üppige Frauen. Je mehr Fleisch sie haben, um so lieber sind sie mir. Ein Koloß kann mich um alle Vernunft bringen.

Plötzlich sah ich vor dem Varieté-Theater ein Profil nach meinem Geschmack. Ein Kopf, darunter zwei Wölbungen: ein Busen, sehr schön, und dann ein Leib, einfach großartig, der Bauch einer Stopfgans. Ich erschauerte und murmelte: Sapristi, ist das Mädel schön! Ein Punkt nur blieb dunkel: das Gesicht.

Das Gesicht ist das Dessert; das übrige ist … ist der Braten.

Ich beschleunigte meine Schritte, überholte das Mädchen und drehte mich unter einer Gaslaterne plötzlich um.

Sie war entzückend, ganz jung, brünett und hatte große schwarze Augen.

Ich machte ihr mein Gebot, das sie ohne Zögern annahm. Eine Viertelstunde darauf saßen wir in meinem Zimmer bei Tisch.

Sie sagte beim Eintreten: ›Ach, wie behaglich es hier ist.‹ Und mit sichtbarer Befriedigung blickte sie um sich und freute sich über den gedeckten Tisch und über das warme Bett für diese eisige Nacht. Sie sah wundervoll aus, ganz erstaunlich hübsch war sie und üppig genug, mein Herz für immer zu bezaubern. Sie nahm Mantel und Hut ab, setzte sich und begann zu essen; aber sie schien nicht bei Stimmung zu sein; und manchmal zitterte es in ihrem etwas bleichen Gesicht, als hätte sie einen geheimen Kummer.

Ich fragte sie: ›Hast du Verdruß?‹

Sie antwortete: ›Ach, ich will jetzt alles vergessen.‹

Und sie fing zu trinken an. Mit einem Zug leerte sie das Champagnerglas, füllte es wieder und trank es von neuem aus, und so fort.

Bald trat eine leichte Röte in ihre Wangen; sie begann zu lachen.

Ich war schon ganz verliebt, küßte sie mitten auf den Mund und merkte, daß sie weder dumm noch gemein, noch frech war, wie Straßenmädchen sonst sind. Ich wollte Einzelheiten aus ihrem Leben wissen. Sie antwortete: ›Mein Junge, das geht dich doch wirklich nichts an!‹

Aber ach! Eine Stunde später …

Endlich kam der Augenblick des Zubettgehens, und während ich den Tisch beiseite rückte, den ich vor den Kamin gestellt hatte, kleidete sie sich rasch aus und schlüpfte unter die Decke.

Meine Nachbarn machten einen furchtbaren Lärm, sie lachten und sangen wie Verrückte; und ich sagte im stillen zu mir: Wie recht ich gehabt habe, mir dies hübsche Mädel zu holen; ich hätte doch nicht arbeiten können.‹

Ein tiefes Stöhnen! Ich drehte mich um und fragte: ›Was hast du, Schatz?‹ Sie antwortete nicht, hörte aber nicht auf, tiefe Seufzer auszustoßen, als hätte sie schreckliche Schmerzen.

Ich fragte wieder: ›Bist du krank?‹

Da auf einmal stieß sie einen herzzerreißenden Schrei aus. Eine Kerze in der Hand, stürzte ich auf sie zu.

Ihr Gesicht war schmerzverzerrt, sie rang die Hände, atmete schwer und stöhnte, daß es wie ein Röcheln klang und das Herz stillstehen ließ.

Ich fragte sie sehr erschrocken: ›Was hast du denn, sag doch, was ist dir?‹

Sie antwortete nicht und fing zu schreien an.

Meine Nachbarn wurden plötzlich still, sie horchten, was bei mir los sei.

Ich wiederholte: ›Was fehlt dir? Sag mir doch, was dir fehlt?‹

Sie stammelte: ›Mein Leib, mein Leib!‹

Mit einem einzigen Griff hob ich die Bettdecke hoch und sah … Sie entband.

Da verlor ich den Kopf; ich schlug mit der Faust an die Wand und schrie aus Leibeskräften: ›Hilfe! Hilfe!‹

Meine Tür wurde geöffnet; eine Masse Menschen stürzte herein, Männer im Frack, dekolletierte Frauen, Pierrots, Türken, Musketiere. Diese Invasion machte mich so verwirrt, daß ich nicht ein Wort der Erklärung sagen konnte.

Sie hatten an einen Unglücksfall, vielleicht auch an ein Verbrechen gedacht und begriffen nicht.

Ich sagte endlich: ›Diese … diese … diese Frau … bekommt ein Kind …‹

Da stürzten alle auf sie zu und gaben gute Ratschläge. Ein Kapuziner vor allem behauptete, sich darauf zu verstehen, und wollte ihr Beistand leisten.

Sie waren alle betrunken. Ich war überzeugt, sie würden sie töten; und barhäuptig stürzte ich die Treppe hinunter, um einen alten Arzt zu holen, der in der Nachbarschaft wohnte.

Als ich mit dem Doktor zurückkam, war das ganze Haus auf den Beinen; das Gas im Treppenhaus brannte; die Leute aus allen Etagen waren in meiner Wohnung: vier Holzfäller saßen am Tisch, tranken den Rest Champagner und aßen die Krebse.

Bei meinem Erscheinen brach ein furchtbarer Lärm los. Ein Milchmädchen zeigte mir, in eine Serviette gewickelt, ein schreckliches kleines runzeliges Wesen, das wie eine Katze miaute, und sagte: ›Es ist ein Mädchen.‹

Der Arzt untersuchte die Wöchnerin, fand ihren Zustand nicht ganz gefahrlos, weil die Niederkunft gleich nach einem Souper eingetreten war, und versprach beim Fortgehen, eine Krankenwärterin und eine Amme zu schicken.

Die Frauen kamen nach einer Stunde und brachten einen Pack Medikamente mit.

Ich verbrachte die Nacht im Sessel, so vor den Kopf geschlagen, daß ich über das, was nun kommen würde, überhaupt nicht nachdenken konnte.

Sobald der Tag graute, kam der Arzt wieder. Er fand das Befinden der Kranken ziemlich schlecht.

Er sagte: ›Ihre Frau, Herr …‹

Ich unterbrach ihn: ›Es ist gar nicht meine Frau.‹

›Also Ihre Geliebte, gleichviel.‹ Und er gab mir eine ganze Reihe Verhaltensregeln.

Was tun? Die Arme ins Krankenhaus bringen? Im ganzen Hause, im ganzen Stadtteil wäre ich als Rohling verschrien worden.

Ich behielt sie also bei mir. Sechs Wochen hat sie in meinem Bett gelegen.

Was aus dem Kind wurde? Ich hab' es zu Bauersleuten nach Passy gebracht. Es kostet mich noch heute fünfzig Franken im Monat. Weil ich anfangs gezahlt habe, bin ich verpflichtet, bis zu meinem Tode weiterzuzahlen.

Und später wird es mich natürlich für seinen Vater halten.

Der Gipfel alles Pechs aber war es, daß das Mädchen, als es wieder gesund war ... sich sofort in mich verliebte ... liebte mich wie toll.«

»Nun, und?«

»Und? Sie war buchstäblich so mager wie eine Gassenkatze geworden. Ich gehe jetzt um dies Gerippe herum, das mir auf der Straße auflauert, sich versteckt, um mich nur vorübergehend zu sehen, mich anhält, wenn ich abends ausgehe, um mir die Hand zu küssen, und das mich noch um den Verstand bringen wird.

Das ist der Grund, warum ich den Weihnachtsrummel nicht mehr mitmache.«

Das Weihnachtsgeschenk

Die Lobina-Brüder, Schafhirten alle fünf, kehrten von ihren Pferchen zurück, um die Weihnacht mit der Familie zu verbringen.

Es war ein besonderes Fest in diesem Jahr, denn ihre einzige Schwester hatte sich mit einem wohlhabenden jungen Mann verlobt.

Wie es damals in Sardinien Brauch war, musste der Bräutigam erst seiner Braut ein Geschenk schicken und dann das Weihnachtsfest im Kreis ihrer Familie verbringen.

Und die fünf Brüder wollten die Schwester unterstützen, nicht zuletzt, um dem zukünftigen Schwager zu demonstrieren, dass sie vielleicht nicht so reich waren wie er, dafür aber stark, gesund und einig wie ein Trupp Krieger.

Felle, den jüngsten der Brüder, hatten sie vorgeschickt: ein schöner Knabe von elf Jahren mit großen, sanften Augen, in ein Schaffell gekleidet wie der heilige Johannes der Täufer. Er trug eine Satteltasche über der Schulter und in der Satteltasche ein frisch geschlachtetes Ferkel fürs Festessen.

Das kleine Dorf lag unter einer Schneedecke; die schwarzen, an den Hang geduckten Häuschen sahen aus, als wären sie auf weißen Karton gezeichnet, und die von schnee- und eiszapfenbeladenen Bäumen umstandene Kirche auf der von Felsbrocken gestützten Böschung erschien wie ein phantastisches Wolkengebilde.

Alles lag still: Die Bewohner schienen unter dem Schnee begraben. Auf der Straße, die zu seinem Haus führte, erkannte Felle nur die Abdrücke eines Frauenfußes im Schnee und machte sich einen Spaß daraus, ihnen nachzustapfen. Die Spur endete just vor dem groben Holztor zu dem Hof, den seine Familie sich mit einer anderen teilte, Schäfer auch diese, nur noch ärmer als sie selbst. Die beiden Häuschen, eins auf jeder Seite des Hofs, ähnelten einander wie zwei Schwestern; aus den Schornsteinen quoll Rauch, durch die kleinen Türen sickerte ein wenig Licht.

Felle pfiff, um sich anzukündigen. Sogleich erschien an der Nachbarstür ein Mädchen, dessen Gesicht von der Kälte gerötet war.

»Willkommen, Felle«, strahlte sie ihn an.

»Hoh, Lia!«, erwiderte er den Gruß und ging zu dem Türchen, aus dem nun zusammen mit dem Licht auch der Rauch eines großen Feuers quoll, das in der Mitte der Küche brannte.

Um die Feuerstelle herum saßen Lias kleine Schwestern. Um sie bei Laune zu halten, verteilte die größte von ihnen, also die nächstältere nach Felles Freundin, ein paar Rosinen und sang etwas, ein Wiegenlied für das Jesuskind vielleicht.

»Was hast du da drin?«, fragte Lia und berührte Felles Satteltasche. »Ach, das Ferkel. Vorhin war schon die Magd von dem Bräutigam deiner Schwester da und hat das Geschenk gebracht. Da habt ihr ja nachher schön zu feiern«, fügte sie nicht ohne Neid hinzu, fasste sich jedoch gleich wieder und verkündete mit diebischer Freude: »Wir aber auch!«

Vergeblich fragte Felle, was sie denn zu feiern hätten – Lia schlug ihm die Tür vor der Nase zu, und er überquerte den Hof und betrat sein Haus.

Drinnen duftete es wahrhaft festlich nach frischgebackenem Honigkuchen und Gebäck mit Orangenschalen und gerösteten Mandeln. So gut roch es, dass Felle unwillkürlich mit den Zähnen zu knirschen begann, als würde er bereits auf all den leckeren, dem Auge noch verborgenen Dingen herumkauen.

Die hochgewachsene, schlanke Schwester hatte Festtracht angelegt: ein Korsett aus grünem Brokat mit einem schwarz-roten Rock, dazu um das blasse Gesicht ein geblümtes Seidentuch und an den Füßen bestickte und mit Schleifen verzierte Schuhe: wie eine Fee sah sie aus. Die Mutter hingegen, die jüngst den Gatten verloren hatte, war ganz in Schwarz gekleidet; auch sie war blass, doch ihre Miene war düster und strahlte einen gewissen Hochmut aus, und ohne die große Sanftmut in ihren Augen, die denen von Felle so ähnlich waren, hätte man sie für eine Hexe halten können.

Unterdessen zog er das Ferkel aus der Satteltasche und überreichte es der Mutter. Es leuchtete rot, weil sie die Schwarte mit seinem Blut bestrichen hatten. Dann wollte er das Brautgeschenk des Schwagers sehen. Ja, es war größer, fast schon ein richtiges Schwein, aber ihres war zarter und hatte weniger Speck, es würde besser schmecken.

»Wie sollen die Nachbarn denn ein Fest feiern, wo sie gerade mal ein paar Rosinen haben und wir dagegen gleich zwei Braten, und dazu noch Kuchen und Gebäck?«, dachte Felle mit Unwillen. Er ärgert sich immer noch darüber, dass Lia ihm die Tür vor der Nase zugeschlagen hatte, nachdem sie ihn doch erst gerufen hatte.

Dann trafen die anderen Brüder ein, und die Küche, die zuvor aufgeräumt und blitzblank gewesen war, füllte sich mit den Abdrücken ihrer schneeverdreckten Stiefel und mit ihrem wilden Geruch. Stark und schön waren sie, ihre Augen und Bärte schwarz, die Körper fest wie eine Rüstung, und darüber die Mastrucca, der ärmellose Fellmantel der sardischen Hirten.

Als der Bräutigam eintrat, stellten sich alle neben die Schwester, als wollten sie tatsächlich eine Art Leibwache um ihre zarte, zierliche Gestalt bilden; aber weniger des Bräutigams wegen, der brav und schüchtern und beinah noch ein Junge war, als wegen des Mannes, der ihn begleitete.

Es war der Großvater des Bräutigams, ein Mann von über achtzig Jahren, aber noch immer aufrecht und stark. Er war in Tuch und Samt gekleidet wie ein mittelalterlicher Edelmann, an den kräftigen Beinen trug er Wollgamaschen. Und der Großvater, der in jungen Jahren für die Unabhängigkeit Italiens gekämpft hatte, grüßte nun die Brüder nach Art der Militärs und musterte sie von Kopf bis Fuß.

Alle waren zufrieden mit dem, was sie sahen.

Man bot dem Alten den besten Platz an, neben dem Feuer; und da sahen sie an seiner Brust die alte Tapferkeitsmedaille, die inmitten der glänzenden Jackenknöpfe wie ein kleiner Stern erstrahlte. Die Braut schenkte ihm zu trinken ein und tat dasselbe dann auch bei dem Bräutigam, der ihr, als er das Glas nahm, verstohlen eine Goldmünze in die Hand drückte.

Sie dankte ihm mit den Augen, dann ging sie und zeigte die Münze ebenso verstohlen der Mutter und den Brüdern, in der Reihenfolge ihres Alters, während sie ihnen die vollen Gläser brachte.

Felle, der letzte in der Reihe, versuchte ihr die Münze abzunehmen, zum Spaß und aus Neugier, doch sie schloss drohend die Hand: Eher hätte sie ein Auge hergegeben.

Der Alte hob sein Glas und wünschte allen Gesundheit und Freude, was reihum erwidert wurde.

Dann begann ein Zwiegespräch nach alter sardischer Art: durch Verseschmieden. Der Alte war ein ausgezeichneter Stegreifdichter und Improvisator, und der älteste Bruder der Braut stand ihm darin nicht nach.

Und so entspann sich zwischen beiden ein Wettkampf der Reime über heitere, dem Anlass verbundene Themen; und die anderen lauschten, stimmten ein und klatschten.

Draußen ertönten die Glocken und riefen zur Messe.

Es war Zeit, das Essen vorzubereiten. Mit Felles Hilfe trennte die Mutter von beiden Schweinen die Hinterbeine ab und stach sie auf drei lange Spieße, deren Griffe sie fest auf den Boden drückte.

»Das vierte bringst du unseren Nachbarn als Geschenk«, trug sie Felle auf. »Auch sie haben das Recht auf ein schönes Fest.«

Freudig packte Felle den fetten, saftigen Schenkel am Fuß und lief hinaus auf den Hof.

Die Nacht war eiskalt, aber ruhig, und plötzlich schien

es, als wäre das ganze Dorf in diesem phantastischen Schneeschimmer erwacht, denn zum Glockengeläut waren Weihnachtslieder und Rufe zu hören.

Nur aus dem Nachbarshäuschen kam kein Laut: Selbst die Mädchen, die noch immer um den Herd kauerten, wirkten wie Schlafende und schienen von einem wundersamen Geschenk zu träumen.

Als Felle eintrat, fuhren sie auf. Stumm betrachteten sie den Ferkelschenkel, den er hin und her schwenkte wie ein Weihrauchfass: Nein, das war nicht das Geschenk, auf das sie warteten. Da kam Lia aus dem oberen Stockwerk heruntergerannt, nahm ihm ohne ein Wort das Geschenk ab und antwortete, als Felle fragte, ungeduldig:

»Mama geht es nicht gut, und Papa ist los, um etwas Wunderschönes zu kaufen. Jetzt verschwinde.«

Nachdenklich ging er nach Hause. Dort gab es keine Geheimnisse und keinen Kummer: nur pure Lebensfreude. Nie war Weihnachten so schön gewesen, auch nicht, als der Vater noch lebte. Nur der Gedanke an das seltsame Fest im Haus der Nachbarn machte Felle traurig.

Als es zum dritten Mal zur Messe läutete, schlug der Großvater des Bräutigams mit seinem Stock gegen die Herdsteine.

»Abmarsch, Burschen, angetreten!«

Alle erhoben sich, um zur Messe zu gehen. Zurück blieb nur die Mutter und wachte über die Spieße, die sie langsam neben dem Feuer drehte, auf dass der Braten schön rösch werde.

Angeführt vom Großvater machten sich Söhne und

Brautleute auf den Weg zur Kirche. Der Schnee dämpfte ihre Schritte. Von allen Seiten erschienen nun eingemummte Gestalten, in der Hand Laternen, die phantastische Schatten und Lichtgebilde erzeugten. Die Leute grüßten einander und schlugen gegen die verschlossenen Türen, um die Nachbarn zur Messe zu rufen.

Felle lief wie im Traum. Ihm war nicht kalt, im Gegenteil: Die weißen Bäume rings um die Kirche erschienen ihm wie blühende Mandelbäume. In seinen Wollkleidern fühlte er sich warm und glücklich wie ein Lämmchen in der Maisonne: In der kalten Schneeluft schienen ihm seine Haare wie aus Gras. Er dachte an die leckeren Dinge, die er nach der Messe im warmen Heim essen würde, doch plötzlich fiel ihm das Jesuskind ein, das nackt und hungrig in einem kalten Stall zur Welt gekommen war, und da hätte er am liebsten geweint, es mit seinen Kleidern zugedeckt und mit zu sich nach Hause genommen.

Auch in der Kirche schien der Frühling ausgebrochen: Der Altar war üppig mit Ästen geschmückt, von Myrte, Lorbeer und dem Erdbeerbaum mit seinen roten Früchten. Dazwischen brannten Kerzen und zeichneten Blätterschatten auf die Wände wie auf eine Gartenmauer.

In einer Kapelle stand die Krippe mit einem Berg, der aus Kork gefertigt und mit reichlich Moos bedeckt war: Über einen steilen Pfad stiegen bedächtig die Heiligen Drei Könige zu Tal, ein goldener Komet leuchtete ihnen den Weg.

Alles war schön, alles war Licht und Freude. Die mächtigen Könige hatten ihre Throne verlassen, um dem Sohn der Armen ihre Liebe und ihre Reichtümer zu Füßen zu legen, jenem Jesuskind, das in einem Stall geboren ward; die Sterne führten sie; das Blut Christi, welcher dereinst für die Glückseligkeit der Menschen sterben würde, regnete auf die Büsche hernieder und ließ die Rosen knospen, regnete auf die Bäume hernieder und ließ die Früchte reifen.

So hatte die Mutter es Felle gelehrt, und so war es.

»Gloria, Gloria«, sangen die Priester am Altar, und das Volk antwortete:

»Ehre sei Gott in der Höhe.«

Und Frieden auf Erden den Menschen seiner Gnade.

Auch Felle sang mit und spürte, dass jene Freude, die ihm das Herz erfüllte, das schönste Geschenk war, das Jesus ihm hätte machen können.

Als sie die Kirche verließen, fröstelte es ihn etwas, weil er die ganze Zeit auf dem nackten Fußboden gekniet hatte, doch seiner Freude tat das keinen Abbruch, im Gegenteil: Sie wuchs nur noch mehr. Als er den Bratenduft aus den Häusern roch, blähte er die Nasenflügel wie ein ausgehungerter Welpe und lief los, um der Mutter beim Auftragen zu helfen. Aber alles war schon bereit. Auf einer Binsenmatte auf dem Boden hatte die Mutter ein Leinentuch ausgebreitet und darum weitere Matten gelegt. Wie es Brauch war, hatte sie draußen unter dem Vordach im Hof einen Teller voll Fleisch und einen heißen Becher Vincotto mit Orangenschalen hingestellt, damit die Seele des Gatten, sollte sie in diese Welt zurückkehren, ihren Hunger stillen konnte.

Felle ging hinaus, stellte Teller und Becher etwas höher, auf einen Balken des Vordachs, damit die streunenden Hunde ihn nicht erreichen konnten, dann schaute er wieder zum Haus der Nachbarn. Noch immer sah er Licht im Fenster, doch alles war still; der Vater mit seinem geheimnisvollen Geschenk war wohl noch nicht zurückgekehrt.

Felle ging zurück ins Haus, um sich endlich den Bauch vollzuschlagen.

Inmitten der Tafel erhob sich ein kleiner Turm aus glänzenden, runden Focaccias, die wie aus Elfenbein geschnitzt schienen: Abwechselnd beugten sich die Tischgäste vor und nahmen sich eine. Der in dicke Scheiben geschnittene Braten lag auf ausladenden Tabletts aus Holz und Ton, und jeder bediente sich nach Herzenslust.

Felle, der neben der Mutter saß, hatte ein Tablett für sich allein herangezogen und stopfte weltvergessen die guten Sachen in sich hinein: Durch das Knirschen der gerösteten Schweineschwarte hörte er wie aus großer Ferne die Unterhaltung der Großen, doch was sie sprachen, interessierte ihn nicht mehr.

Als schließlich der Kuchen aufgetragen wurde, der gelb und warm war wie die Sonne, und drumherum Gebäck in Form von Herzen, Vögeln, Früchten und Blumen erschien, fühlte er sich der Ohnmacht nahe: Er schloss die Augen und lehnte sich an die Schulter der Mutter. Sie dachte, er müsse weinen, dabei lachte er vor Glück.

Schließlich war er satt und verspürte den Drang, sich ein wenig zu bewegen. Die Nachbarn fielen ihm wieder ein: Was mochte dort vor sich gehen? War der Vater endlich mit dem Geschenk zurück?

Eine unüberwindliche Neugier trieb ihn erneut in den

Hof, um einen Blick ins Haus zu erhaschen. Die Tür stand offen: In der Küche saßen die Mädchen noch immer um die Feuerstelle, und der Vater, der spät, aber gerade noch rechtzeitig zum Festmahl gekommen war, briet am Spieß das Bein des Ferkels, das die Nachbarn ihnen geschenkt hatten.

Aber wo war das Geschenk, das er, der Vater, gekauft hatte?

»Komm rein und geh nach oben, da kannst du es sehen«, sagte der Mann, der seine Gedanken erraten hatte.

Felle trat ein und lief die schmale Stiege hinauf ins Schlafzimmer, wo Lias Mutter in dem Holzbett lag und schlummerte, während Lia vor einem Korb kniete.

Und in dem Korb, in warme Tücher gewickelt, lag ein Neugeborenes, ein schönes, rosiges Kind mit Löckchen an den Schläfen und schon geöffneten Augen.

»Unser erstes Brüderchen«, flüsterte Lia. »Genau um Mitternacht, als die Glocken das ›Gloria‹ läuteten, hat mein Vater ihn gekauft, und das bedeutet, dass seine Knochen nie zu Staub zerfallen und am Tag des Jüngsten Gerichts unversehrt sein werden. Das ist das Geschenk, das Jesus uns heute Nacht gemacht hat.«

AGATHA CHRISTIE
Aufregung an Weihnachten

Die großen Holzscheite prasselten fröhlich in dem mächtigen offenen Kamin, doch ihr Prasseln wurde von dem Stimmengewirr der sechs jungen Leute übertönt, die lebhaft miteinander schwatzten. Die Jugend unter den Hausgästen hatte offenbar ihren Spaß an diesem Weihnachtstag.

Die alte Miss Endicott, den meisten Anwesenden als Tante Emily bekannt, lächelte nachsichtig über das muntere Geplapper.

»Jede Wette, dass du keine sechs Törtchen essen kannst, Jean.«

»Kann ich doch.«

»Nein, kannst du nicht.«

»Du bekommst die Münze aus dem Trifle, wenn du es schaffst.«

»Ja, *und* drei Portionen Trifle *und* zwei Portionen Plumpudding.«

»Ich hoffe nur, dass der Plumpudding gut ist«, sagte Miss Endicott besorgt. »Er wurde erst vor drei Tagen gemacht. Dabei sollten die Plumpuddings für Weihnachten lange *vor* dem Fest zubereitet werden. Ich weiß noch, dass ich als Kind immer dachte, die letzte Kollekte vor dem ersten Adventssonntag – das Gebet ›Rühr an, o Herr, wir bitten dich‹ – bezöge sich auf das Rühren der Weihnachtspuddings!«

Es herrschte höfliche Stille, während Miss Endicott sprach. Nicht, weil sich die jungen Leute auch nur im Mindesten für ihre Reminiszenzen an frühere Zeiten interessiert hätten, sondern weil sie fanden, dass es der Anstand gebot, ihrer Gastgeberin Aufmerksamkeit zu zollen. Sobald sie geendet hatte, setzte das laute Stimmengewirr wieder ein. Miss Endicott seufzte und warf, wie auf der Suche nach einem Gleichgesinnten, einen Blick auf das einzige Mitglied der Gesellschaft, das ihr an Jahren nahekam – einen kleinen Mann mit einem merkwürdigen eiförmigen Kopf und einem stattlichen kräftigen Schnurrbart. Junge Leute waren auch nicht mehr, was sie früher waren, dachte Miss Endicott. In der guten alten Zeit hätten sie stumm und respektvoll den weisen Worten gelauscht, die die Älteren wie Perlen vor ihnen ausbreiteten. Stattdessen nun dieses alberne Geplapper, das noch dazu meist völlig unverständlich war. Gleichviel, es waren liebe Kinder! Ihre Augen wurden sanft, als sie sie der Reihe nach betrachtete – die hochgewachsene, sommersprossige Jean; die kleine Nancy Cardell, dunkelhaarig und von zigeunerhafter Schönheit; die beiden jüngeren Buben, Johnnie und Eric, die für die Feiertage aus dem Internat nach Hause gekommen waren, und ihr Freund Charlie Pease; und die schöne blonde Evelyn Haworth … Bei dem Gedanken an Letztere zogen sich ihre Brauen ein wenig zusammen, und ihre Augen wanderten hinüber zu ihrem ältesten Neffen, Roger, der mürrisch schweigend dasaß, ohne sich an der fröhlichen Unterhaltung zu beteiligen, den Blick unverwandt auf die hinreißende nordische Blondheit des jungen Mädchens geheftet.

»Ist der Schnee nicht toll?«, rief Johnnie und trat ans Fenster. »Richtiges Weihnachtswetter! Kommt, wir machen eine Schneeballschlacht. Es ist doch noch viel Zeit bis zum Essen, nicht wahr, Tante Emily?«

»Aber ja. Wir speisen erst um zwei Uhr. Dabei fällt mir ein, dass ich mich noch um den Tisch kümmern muss.«

Sie eilte aus dem Zimmer.

»Wisst ihr was? Wir bauen einen Schneemann!«, kreischte Jean.

»Au ja, das wird lustig! Wir machen eine Schneeskulptur von Monsieur Poirot! Haben Sie gehört, Monsieur Poirot? Eine Statue des Meisterdetektivs Hercule Poirot, aus Schnee geformt von sechs berühmten Künstlern!«

Der kleine Mann im Sessel verbeugte sich verbindlich und zwinkerte verschmitzt.

»Aber sie muss sehr stattlich werden, *mes enfants*«, sagte er mit Nachdruck. »Ich bestehe darauf.«

»Und ob!«

Die ganze Bande lief wie ein Wirbelwind hinaus, wobei sie unter der Tür mit einem würdevollen Butler kollidierte, der soeben mit einem Brief auf einem silbernen Tablett eintrat. Nachdem der Butler seine Fassung wiedergewonnen hatte, ging er auf Poirot zu.

Poirot nahm den Brief entgegen und riss ihn auf. Der Butler zog sich zurück. Zweimal las der kleine Mann den Brief, faltete ihn dann zusammen und steckte ihn ein. In seinem Gesicht hatte sich kein Muskel bewegt, obgleich der Inhalt des Schreibens höchst erstaunlich war. Mit ungelenker Hand waren die Worte gekritzelt: *Essen Sie keinen Plumpudding.*

»Sehr interessant«, murmelte Poirot bei sich. »Und völlig unerwartet.«

Er sah hinüber zum Kamin. Evelyn Haworth war nicht mit den anderen hinausgegangen. Sie starrte, in Gedanken versunken, ins Feuer und spielte nervös an dem Ring am vierten Finger ihrer linken Hand herum.

»Sie sind in einen Traum vertieft, Mademoiselle«, sagte der kleine Mann schließlich. »Und der Traum ist kein glücklicher, habe ich recht?«

Sie zuckte zusammen und sah unsicher zu ihm hinüber. Er nickte aufmunternd.

»Es gehört zu meinem Beruf, dergleichen zu wissen. Nein, Sie sind nicht glücklich. Auch ich bin nicht sehr glücklich. Wollen wir uns einander anvertrauen? Sehen Sie, ich habe einen großen Kummer, denn ein Freund von mir, ein Freund seit vielen Jahren, ist fortgegangen über das Meer nach Südamerika. Manchmal, wenn wir zusammen waren, machte mich dieser Freund ungeduldig, seine Stupidität brachte mich auf; aber nun, da er fort ist, erinnere ich mich nur an seine guten Eigenschaften. So ist das Leben, habe ich recht? Und nun, Mademoiselle, was ist Ihr Problem? Sie sind nicht wie ich, alt und allein – Sie sind jung und sehr schön; und der Mann, den Sie lieben, liebt Sie. O ja, ganz gewiss. Ich habe ihn während der letzten halben Stunde beobachtet.«

Das junge Mädchen errötete.

»Sprechen Sie von Roger Endicott? Oh, Sie irren sich. Roger ist nicht mein Verlobter.«

»Nein, Sie sind mit Mister Oscar Levering verlobt. Ich weiß das sehr wohl. Aber warum sind Sie mit ihm verlobt, wenn Sie einen anderen Mann lieben?«

Das junge Mädchen schien ihm die Frage nicht zu verübeln; etwas in seiner Art machte es ihr unmöglich. Er sprach mit einer Mischung aus Güte und Autorität, die unwiderstehlich war.

»Erzählen Sie mir alles«, sagte Poirot sanft; und er fügte den Satz hinzu, den er schon zuvor benutzt hatte und der für das junge Mädchen seltsam tröstlich klang. »Es gehört zu meinem Beruf, dergleichen zu wissen.«

»Ich bin ja so unglücklich, Monsieur Poirot – so schrecklich unglücklich. Wissen Sie, wir waren früher sehr wohlhabend. Ich galt als reiche Erbin, und Roger war nur ein jüngerer Sohn; und – und obwohl ich überzeugt bin, dass er etwas für mich empfand, sagte er nie ein Wort, sondern ging nach Australien.«

»Es ist sehr eigenartig, wie man hier bei Ihnen Ehen arrangiert«, warf Poirot ein. »Kein System. Keine Methode. Alles bleibt dem Zufall überlassen.«

Evelyn sprach weiter.

»Dann verloren wir plötzlich unser ganzes Geld. Meine Mutter und ich standen praktisch mittellos da. Wir zogen in ein kleines Häuschen und schlugen uns mühsam durch. Doch dann wurde meine Mutter sehr krank. Ihre einzige Chance war eine schwere Operation und ein Aufenthalt in einem warmen Klima. Aber wir hatten doch kein Geld, Monsieur Poirot – wir hatten kein Geld! Und das bedeutete, dass sie sterben musste. Mr Levering hatte mir bereits ein- oder zweimal einen Antrag gemacht. Nun bat er mich erneut, ihn zu heiraten, und versprach, alles für meine Mutter zu tun, was getan werden konnte. Ich sagte ja – was hätte ich anderes tun können? Er hielt Wort. Die Operation wurde von der größten Kapazität unserer Zeit durchgeführt, und wir verbrachten den Winter in Ägypten. Das war vor einem Jahr. Meine Mutter ist wieder gesund und bei Kräften; und ich – ich soll nach den Feiertagen Mr Levering heiraten.«

»Ich verstehe«, sagte Poirot. »Und in der Zwischenzeit ist Monsieur Rogers älterer Bruder gestorben, und er ist nach Hause gekommen – und findet seinen Traum zerstört. Gleichviel, Mademoiselle, Sie sind noch nicht verheiratet.«

»Eine Haworth bricht ihr Wort nicht, Monsieur Poirot«, sagte das junge Mädchen stolz.

Sie hatte kaum ausgeredet, als die Tür aufging und ein kräftiger Mann mit rötlicher Gesichtsfarbe, kleinen, verschlagenen Augen und kahlem Schädel auf der Schwelle erschien.

»Was bläst du hier drinnen Trübsal, Evelyn? Mach lieber einen Spaziergang mit mir.«

»Wie du meinst, Oscar.«

Sie stand lustlos auf. Poirot erhob sich ebenfalls und erkundigte sich höflich:

»Mademoiselle Levering ist noch immer indisponiert?«

»Ja, ich bedaure, sagen zu müssen, dass meine Schwester noch immer das Bett hüten muss. Zu schade, ausgerechnet an Weihnachten krank zu sein.«

»In der Tat«, stimmte ihm der Detektiv höflich zu.

Einige Minuten genügten Evelyn, um ihre Schneestiefel

und warme Sachen anzuziehen, und dann gingen sie und ihr Verlobter hinaus in den verschneiten Park. Es war ein idealer Weihnachtstag, kalt und sonnig. Die übrigen Hausgäste waren mit der Errichtung des Schneemannes beschäftigt. Levering und Evelyn blieben stehen, um ihnen zuzusehen.

»Muss Liebe schön sein!«, rief Johnnie und warf einen Schneeball nach ihnen.

»Wie gefällt dir unser Werk, Evelyn?«, rief Jean. »Monsieur Hercule Poirot, der Meisterdetektiv.«

»Wartet, bis er erst seinen Schnurrbart hat!«, sagte Eric. »Nancy will sich dafür extra ein bisschen Haar abschneiden. *Vivent les braves Belges!* Päng, päng!«

»Einfach riesig, einen leibhaftigen Detektiv im Haus zu haben!«, meinte Charlie. »Jetzt müsste es nur noch einen Mord geben.«

»Ja, ja, ja!«, rief Jean und begann herumzutanzen. »Ich habe eine prima Idee. Lasst uns einen Mord begehen – einen vorgetäuschten natürlich. Und den Meisterdetektiv verkohlen. Kommt schon, das wird ein Heidenspaß!«

Fünf Stimmen begannen durcheinanderzureden.

»Wie soll das gehen?«

»Grässliches Gestöhne!«

»Nein, du Dummkopf, hier draußen.«

»Fußspuren im Schnee natürlich.«

»Jean im Nachthemd.«

»Man nimmt dazu rote Farbe.«

»Ja, auf die Hand – und klatscht sie sich dann auf den Kopf.«

»Wenn wir doch bloß einen Revolver hätten.«

»Glaubt mir, Vater und Tante Em werden nichts hören. Ihre Zimmer liegen auf der anderen Seite des Hauses.«

»Nein, er nimmt es bestimmt nicht übel; der Mann hat jede Menge Sinn für Humor.«

»Gut, aber was für Farbe? Nagellack?«

»Wir könnten uns welchen im Dorf besorgen.«

»Doch nicht an Weihnachten, du Blödmann.«

»Nein, Wasserfarbe. Karmesinrot.«

»Jean kann die Leiche sein.«

»Na und? Dann frierst du eben ein bisschen. Es ist ja nicht für lange.«

»Nein, nehmen wir lieber Nancy, die hat doch diesen schicken Pyjama.«

»Mal sehen, ob Graves weiß, wo es Farbe hat.«

Alle stürmten ins Haus.

»So selbstvergessen, Endicott?«, erkundigte sich Levering mit einem unangenehmen Lachen.

Roger kam mit einem Ruck zu sich. Er hatte wenig von dem gehört, was um ihn herum vorgegangen war.

»Ich habe nur nachgedacht«, sagte er ruhig.

»Nachgedacht?«

»Nachgedacht, warum eigentlich Monsieur Poirot hier ist.«

Levering schien bestürzt zu sein; doch in dem Moment ertönte der große Gong, und alle gingen hinein zum Weihnachtsessen. Im Esszimmer waren die Vorhänge zugezogen und die Lampen an, die den langen, mit Knallbonbons und anderen Dekorationen üppig geschmückten Tisch beleuchteten. Es war ein richtiges altmodisches Weihnachtsessen. Am einen Ende der Tafel saß der Hausherr, rotgesichtig und jovial; ihm gegenüber, am anderen Ende, saß seine Schwester. Poirot hatte zu Ehren des festlichen Anlasses eine rote Weste angelegt, und seine Rundlichkeit sowie die Art, wie er den Kopf schief hielt, ließen einen unwillkürlich an ein Rotkehlchen denken.

Der Hausherr tranchierte gekonnt, und alle machten sich an den Truthahn. Die Karkassen der beiden Truthähne wurden abgetragen, und es trat gespannte Stille ein. Dann erschien Graves, der feierlich den Plumpudding hereintrug – einen gigantischen, von Flammen umzüngelten Plumpudding. Woraufhin ein gewaltiges Getöse ausbrach.

»Schnell! Oh, mein Stück geht schon aus. Beeilen Sie sich, Graves! Wenn er nicht mehr brennt, geht mein Wunsch nicht in Erfüllung.«

Niemand hatte Muße, den eigenartigen Ausdruck auf Poirots Gesicht zu beobachten, als dieser die Portion auf seinem Teller inspizierte. Niemand bemerkte den Blick, den er blitzschnell in die Runde warf. Mit leicht gerunzelter Stirn begann er vorsichtig seinen Plumpudding zu essen. Alle begannen ihren Plumpudding zu essen. Die Unterhaltung war gedämpfter. Plötzlich stieß der Hausherr einen Schrei aus. Sein Gesicht lief violett an, und er hielt sich die Hand vor den Mund.

»Zum Henker, Emily!«, brüllte er. »Wie kannst du die Köchin Glas in die Puddings tun lassen?«

»Glas?«, rief Miss Endicott erstaunt aus.

Der Hausherr entfernte den Fremdkörper aus seinem Mund.

»Hätte mir glatt einen Zahn abbrechen können«,

schimpfte er. »Oder das Ding verschlucken und Blinddarmentzündung bekommen können.«

Vor jedem am Tisch stand eine kleine Fingerschale mit Wasser für die Münzen und die anderen Überraschungen, die im Dessert versteckt waren. Mr Endicott ließ das Stück Glas in sein Schälchen fallen, spülte es ab und hielt es hoch.

»Allmächtiger!«, stieß er hervor. »Ein roter Stein aus einer Knallbonbon-Brosche!«

»Sie gestatten?« Rasch und geschickt nahm Poirot ihm den besagten Gegenstand aus der Hand und betrachtete ihn eingehend. Wie der Hausherr gesagt hatte, handelte es sich um einen großen roten Stein, der die Farbe eines Rubins hatte. An seinen Facetten brach sich funkelnd das Licht, als Poirot ihn hin und her drehte.

»Mann!«, rief Eric. »Vielleicht ist er echt!«

»Sei nicht albern«, sagte Jean vorwurfsvoll. »Ein Rubin von dieser Größe wäre Tausende und Abertausende wert – stimmt's, Monsieur Poirot?«

»Wirklich erstaunlich, wie echt die Sachen aus den Knallbonbons heutzutage aussehen«, murmelte Miss Endicott. *»Aber wie ist er in den Pudding gekommen?«*

Das war zweifellos die große Frage. Jede Hypothese wurde erschöpfend behandelt. Lediglich Poirot äußerte sich nicht, sondern ließ nur achtlos, wie in Gedanken woanders, den Stein in seine Rocktasche gleiten.

Nach dem Essen stattete er der Küche einen Besuch ab.

Die Köchin war ziemlich aufgeregt. Von einem der Hausgäste befragt zu werden, noch dazu von einem ausländischen Gentleman! Aber sie bemühte sich redlich, seine Fragen zu beantworten. Die Puddings waren vor drei Tagen zubereitet worden. »An dem Tag, an dem Sie angekommen sind, Sir.« Alle hatten sich kurz bei ihr in der Küche eingefunden, um zu rühren und sich dabei etwas zu wünschen. Ein alter Brauch – den man im Ausland wohl nicht kannte? Anschließend wurden die Puddings gekocht und dann in der Speisekammer nebeneinander auf das oberste Regal gestellt. Ob sich dieser Pudding in irgendeiner Weise von den anderen unterschied? Nein, das glaube sie nicht. Außer dass er in einer Puddingform aus Aluminium gewesen sei, die anderen dagegen in Porzellanformen. Ob dieser Pudding von Anfang an für den Weihnachtstag bestimmt gewesen sei? Merkwürdig, dass der Herr danach frage. Das sei er nämlich *nicht* gewesen! Der Weihnachtspudding werde immer in einer großen weißen Porzellanform mit einem Muster aus Stechpalmblättern gekocht. Aber heute Morgen – das rote Gesicht der Köchin wurde grimmig – habe Gladys, das Küchenmädchen, die ihn zum Erhitzen habe holen sollen, es doch tatsächlich fertiggebracht, ihn fallen zu lassen. »Und weil Scherben hätten drin sein können, habe ich ihn natürlich nicht auftragen lassen, sondern habe stattdessen den aus der großen Aluminiumform genommen.«

Poirot dankte ihr für diese Auskünfte. Er verließ die Küche mit einem leisen Lächeln auf den Lippen, als wäre er mit den Informationen, die er erhalten hatte, zufrieden. Und die Finger seiner rechten Hand spielten mit etwas in seiner Tasche.

»Monsieur Poirot! Monsieur Poirot! Wachen Sie auf! Es ist etwas Schreckliches passiert!«

So rief Johnnie in den frühen Stunden des darauffolgenden Morgens. Poirot setzte sich im Bett auf. Er trug eine Nachtmütze. Der Gegensatz zwischen seiner würdevollen Miene und dem kessen Winkel der auf seinem Kopf thronenden Nachtmütze war zwar komisch, aber die Wirkung auf Johnnie schien doch etwas übertrieben. Wenn seine Worte nicht gewesen wären, hätte man annehmen können, der Junge amüsiere sich köstlich. Auch draußen vom Flur kamen eigenartige Geräusche, die an explodierende Sodawasserflaschen erinnerten.

»Bitte kommen Sie gleich mit hinunter«, fuhr Johnnie mit leicht bebender Stimme fort. »Es ist jemand ermordet worden.« Er wandte sich ab.

»Oh, das ist allerdings etwas Ernstes!«, sagte Poirot.

Er stand auf und machte, ohne sich übermäßig zu beeilen, die unbedingt erforderliche Toilette. Dann folgte er Johnnie nach unten. Die Hausgäste drängten sich an der Tür zum Garten. Ihre Gesichter drückten allesamt starke Gefühlsregungen aus. Beim Anblick von Poirot erlitt Eric einen heftigen Erstickungsanfall.

Jean trat vor und legte die Hand auf Poirots Arm.

»Dort! Sehen Sie!«, sagte sie und deutete pathetisch durch die offene Tür.

»*Mon dieu!*«, stieß Poirot hervor. »Das ist ja wie im Theater.«

Seine Bemerkung war keineswegs unpassend. Während der Nacht hatte es wieder geschneit, und im fahlen Licht der Morgendämmerung sah die Welt weiß und gespenstisch aus. Nichts unterbrach die weite weiße Fläche bis auf etwas, das wie ein leuchtend scharlachroter Fleck aussah.

Nancy Cardell lag regungslos im Schnee. Sie war mit

einem scharlachroten Seidenpyjama bekleidet, ihre kleinen Füße waren nackt und ihre Arme ausgestreckt. Ihr Gesicht war zur Seite gedreht und unter der Fülle ihres lockigen schwarzen Haares verborgen. Totenstill lag sie da, und aus ihrer linken Seite ragte der Griff eines Dolches, während sich im Schnee ein ständig größer werdender karmesinroter Fleck ausbreitete.

Poirot ging hinaus in den Schnee. Er begab sich nicht an die Stelle, wo das Mädchen lag, sondern blieb auf dem Weg. Zwei Fußspuren, die eines Mannes und einer Frau, führten zu dem Ort, an dem sich der tragische Vorfall ereignet hatte. Die Spuren des Mannes gingen in der entgegengesetzten Richtung weiter, allein. Poirot blieb auf dem Weg stehen und strich sich nachdenklich über das Kinn.

Plötzlich kam Oscar Levering aus dem Haus gestürzt.

»Großer Gott!«, rief er. »Was ist passiert?«

Seine Erregung stand in krassem Gegensatz zu Poirots Gelassenheit.

»Mir scheint«, sagte Poirot bedächtig, »ein Mord.«

Eric bekam erneut einen heftigen Hustenanfall.

»Aber wir müssen doch etwas tun!«, rief der andere. »Was machen wir denn jetzt?«

»Da gibt es nur eins«, sagte Poirot. »Wir müssen die Polizei holen.«

»Oh!«, sagten sie alle gleichzeitig.

Poirot blickte forschend in die Runde.

»Aber ja«, sagte er. »Etwas anderes kommt nicht in Frage. Wer von Ihnen geht?«

Es herrschte Schweigen, doch dann trat Johnnie vor.

»Der Spaß ist zu Ende«, verkündete er. »Ich kann nur

hoffen, Monsieur Poirot, dass Sie uns nicht allzu böse sind. Das Ganze war nämlich ein Jux, den wir uns ausgedacht haben, um Sie auf den Arm zu nehmen. Nancy simuliert bloß.«

Poirot betrachtete ihn ohne sichtliche Gemütsbewegung, außer dass seine Augen einen Moment lang funkelten.

»Sie machen sich über mich lustig, ist es so?«, erkundigte er sich ruhig.

»Es tut mir wirklich furchtbar leid. Ehrlich! Wir hätten das nicht tun sollen. Grässlich geschmacklos. Ich möchte mich bei Ihnen entschuldigen, ganz ehrlich.«

»Sie brauchen sich nicht zu entschuldigen«, sagte der andere in einem sonderbaren Ton.

Johnnie drehte sich um.

»He, Nancy, steh auf!«, rief er. »Oder willst du den ganzen Tag da liegen bleiben?«

Aber die Gestalt im Schnee rührte sich nicht.

»Steh schon auf!«, rief Johnnie noch einmal.

Doch Nancy bewegte sich nicht, und plötzlich ergriff namenlose Furcht den Jungen. Er drehte sich zu Poirot um.

»Was – was ist denn los? Warum steht sie nicht auf?«

»Kommen Sie mit«, sagte Poirot barsch.

Er stapfte durch den Schnee. Er hatte die anderen mit einer Handbewegung angewiesen zurückzubleiben und achtete darauf, die vorhandenen Fußspuren nicht zu zerstören. Der Junge folgte ihm verängstigt und verwirrt. Poirot kniete neben dem Mädchen nieder und winkte Johnnie näher.

»Fühlen Sie ihre Hand und ihren Puls.«

Verwundert bückte sich der Junge und sprang dann mit

einem Schrei zurück. Die Hand und der Arm waren steif und kalt, und es war keinerlei Pulsschlag zu fühlen.

»Sie ist tot!«, ächzte er. »Aber wie? Warum?«

Poirot überging den ersten Teil der Frage.

»Warum?«, sagte er sinnend. »Das frage ich mich auch.« Dann beugte er sich unvermittelt über die Leiche des Mädchens und bog die Finger ihrer anderen Hand zurück, die etwas fest umklammerten. Sowohl er als auch der Junge stießen einen Schrei aus. In Nancys Hand lag ein roter Stein, der funkelte und Feuer versprühte.

»Aha!«, rief Poirot. Seine Hand verschwand blitzschnell in seiner Hosentasche und kam leer wieder heraus.

»Der Rubin aus dem Knallbonbon«, sagte Johnnie verwundert. Als sich sein Begleiter dann vorbeugte, um den Dolch und den blutgetränkten Schnee zu untersuchen, stieß er hervor: »Das kann kein Blut sein, Monsieur Poirot. Das ist Farbe. Das ist doch nur Farbe.«

Poirot richtete sich auf.

»Ja«, sagte er ruhig. »Sie haben recht. Es ist nur Farbe.«

»Aber wie …« Der Junge brach ab. Poirot beendete den Satz für ihn.

»Wie wurde sie getötet? Das müssen wir herausfinden. Hat sie heute Morgen etwas gegessen oder getrunken?«

Während er sprach, ging er zurück zum Weg, wo die anderen warteten. Johnnie folgte dicht dahinter.

»Sie hat eine Tasse Tee getrunken«, sagte der Junge. »Mr Levering hat sie ihr gemacht. Er hat eine Spirituslampe in seinem Zimmer.«

Johnnies Stimme war laut und klar. Levering hörte die Worte.

»Habe immer eine Spirituslampe bei mir, wenn ich unterwegs bin«, verkündete er. »Meine Schwester war in den letzten Tagen sehr froh darüber – wollte ja nicht ständig das Personal belästigen.«

Poirot senkte den Blick, fast entschuldigend, wie es schien, auf Mr Leverings Füße, die in Pantoffeln steckten.

»Sie haben die Schuhe gewechselt, wie ich sehe«, murmelte er freundlich.

Levering starrte ihn an.

»Aber Monsieur Poirot«, rief Jean, »was sollen wir denn jetzt tun?«

»Da gibt es nur eins zu tun, wie ich bereits sagte, Mademoiselle. Wir müssen die Polizei holen.«

»Ich gehe!«, rief Levering. »Ich brauche nur einen Moment, um meine Stiefel anzuziehen. Aber Sie sollten nicht länger hier draußen in der Kälte bleiben.«

Er verschwand im Haus.

»Er ist sehr rücksichtsvoll, dieser Mr Levering«, murmelte Poirot leise. »Wollen wir seinen Rat annehmen?«

»Sollten wir nicht Vater wecken – und die anderen?«

»Nein«, sagte Poirot scharf. »Das ist absolut nicht erforderlich. Bis die Polizei eintrifft, darf hier draußen nichts angerührt werden. Wollen wir nicht hineingehen? In die Bibliothek? Ich habe Ihnen eine kleine Geschichte zu erzählen, die Sie vielleicht von diesem traurigen und tragischen Vorfall ablenkt.«

Er ging voran, und alle folgten ihm.

»Die Geschichte handelt von einem Rubin«, sagte Poirot, während er es sich in einem bequemen Sessel gemütlich machte. »Einem sehr berühmten Rubin, der einem sehr berühmten Mann gehörte. Ich werde Ihnen nicht seinen Namen nennen – aber er ist einer der Großen dieser Erde. *Eh bien,* dieser große Mann, er kam nach London, inkognito. Und da er nicht nur ein großer Mann war, sondern auch ein junger und leichtsinniger Mann, ließ er sich mit einer hübschen jungen Dame ein. Die hübsche junge Dame, sie machte sich nicht viel aus dem Mann, aber sie machte sich sehr viel aus seinem Besitz – so viel, dass sie eines Tages mit dem historischen Rubin verschwand, der seit Generationen seiner Familie gehört hatte. Der arme junge Mann, er befand sich in einem großen Dilemma. Er soll in Kürze eine edle Prinzessin heiraten, und er wünscht keinen Skandal. Er kann unmöglich zur Polizei gehen, also kommt er stattdessen zu mir. Er sagt: ›Bringen Sie mir meinen Rubin zurück.‹ *Eh bien,* ich weiß einiges über diese junge Dame. Sie hat einen Bruder, und die beiden haben so manchen raffinierten *coup* ausgeführt. Es trifft sich, dass ich weiß, wo sie Weihnachten verbringen. Mr Endicott, den ich zufällig kenne, hat die Liebenswürdigkeit, mich ebenfalls einzuladen. Aber als die hübsche junge Dame hört, dass ich eintreffe, ist sie sehr alarmiert. Sie ist intelligent, und sie weiß, dass ich hinter dem Rubin her bin. Sie muss ihn unverzüglich an einem sicheren Ort verstecken; und nun raten Sie, wo sie ihn versteckt – in einem Plumpudding! Ja, Sie sind zu Recht überrascht. Die hübsche junge Dame rührt mit den anderen, und sie wirft ihn in eine Puddingschüssel aus Aluminium, die sich von den anderen unterscheidet. Durch einen seltsamen Zufall wurde dieser Pudding am Weihnachtstag serviert.«

Die Tragödie war für einen Moment vergessen, und alle starrten Poirot mit offenem Mund an.

»Danach«, fuhr der kleine Mann fort, »begab sie sich krank zu Bett.« Er zog seine Taschenuhr hervor und warf einen Blick darauf. »Das Haus ist erwacht. Mr Levering braucht sehr lange, um die Polizei zu holen, nicht wahr? Ich glaube, seine Schwester ist mit ihm gegangen.«

Evelyn erhob sich mit einem Schrei, den Blick auf Poirot geheftet.

»Und ich glaube, sie werden nicht zurückkommen. Oscar Levering bewegt sich schon seit Langem hart an der Grenze des Erlaubten, und das ist das Ende. Er und seine Schwester werden ihre Aktivitäten eine Zeitlang im Ausland fortsetzen, unter einem anderen Namen. Heute Morgen habe ich ihn abwechselnd gereizt und erschreckt. Indem er seine Maske fallen ließ, konnte er den Rubin in seinen Besitz bringen, während wir im Haus waren und er vorgeblich die Polizei holte. Doch das bedeutete, alle Brücken hinter sich abzubrechen. Aber da ihm ein Mord in die Schuhe geschoben werden sollte, schien es ihm geboten, die Flucht zu ergreifen.«

»Hat er Nancy getötet?«, flüsterte Jean.

Poirot erhob sich.

»Ich schlage vor, wir begeben uns noch einmal zum Tatort«, sagte er.

Er ging voran, und alle folgten ihm. Aber als sie aus dem Haus traten, verschlug es allen gleichzeitig den Atem. Nichts deutete mehr auf das tragische Ereignis hin; der Schnee war glatt und unberührt.

»Mann, o Mann!«, sagte Eric und sank auf die Stufen. »Das Ganze war doch kein Traum, oder?«

»Höchst mysteriös«, sagte Poirot. »Das Geheimnis der

verschwundenen Leiche.« Seine Augen funkelten verschmitzt.

Jean trat näher an ihn heran, da ein jäher Verdacht in ihr aufstieg.

»Monsieur Poirot, Sie haben doch nicht – Sie sind doch nicht – ich meine, Sie haben uns doch nicht die ganze Zeit an der Nase herumgeführt? Oh, ich glaube, das haben Sie wirklich!«

»So ist es, meine Kinder. Ich wusste von Ihrem kleinen Komplott, und darum habe ich ein kleines Gegenkomplott arrangiert. Ah, da ist Mademoiselle Nancy – unbeschadet, wie ich hoffe, nach ihrer hervorragenden schauspielerischen Leistung in meiner kleinen Komödie.«

Es war tatsächlich Nancy Cardell, wie sie leibte und lebte. Ihre Augen glänzten, und das ganze Persönchen strahlte Gesundheit und Vitalität aus.

»Sie haben sich doch nicht erkältet? Sie haben den Lindenblütentee getrunken, den ich Ihnen aufs Zimmer schickte?«, erkundigte sich Poirot vorwurfsvoll.

»Ein einziger Schluck davon hat mir genügt. Es geht mir prima. Habe ich meine Sache gut gemacht, Monsieur Poirot? Aber mein Arm tut ganz schön weh von der Aderpresse!«

»Sie waren großartig, *ma petite*. Aber wollen wir die anderen nicht aufklären? Sie tappen noch immer im Dunkeln, wie ich sehe. Nun, *mes enfants*, ich ging zu Mademoiselle Nancy, sagte ihr, dass ich über Ihr kleines Komplott Bescheid wisse, und fragte sie, ob sie für mich eine Rolle spielen würde. Sie ging sehr geschickt vor. Sie veranlasste Mr Levering, ihr eine Tasse Tee zu machen, und es gelang ihr außerdem, dass er derjenige war, der die Fußspuren im Schnee zurückließ. Als der Augenblick gekommen war und er dachte, sie sei durch einen unglücklichen Zufall tatsächlich tot, hatte ich alle Indizien, um ihm Angst zu machen. Was geschah, nachdem wir ins Haus gegangen waren, Mademoiselle?«

»Er kam mit seiner Schwester herunter, riss mir den Rubin aus der Hand, und dann machten sie sich Hals über Kopf aus dem Staub.«

»Aber Monsieur Poirot, was ist mit dem Rubin?«, rief Eric. »Heißt das, dass Sie die beiden mit dem Rubin haben entwischen lassen?«

Poirot machte ein langes Gesicht, als er dem Kreis vorwurfsvoller Blicke begegnete.

»Ich werde ihn wieder herbeischaffen«, sagte er matt; aber er spürte, dass er in ihrer Achtung gesunken war.

»Das will ich auch schwer hoffen!«, begann Johnnie. »Die beiden mit dem Rubin abhauen zu lassen!«

Aber Jean war scharfsinniger.

»Er nimmt uns schon wieder auf den Arm!«, rief sie aus. »Habe ich recht?«

»Greifen Sie in meine linke Rocktasche, Mademoiselle.«

Jean schob eifrig die Hand hinein und zog sie mit einem triumphierenden Schrei wieder heraus. Sie hielt den großen Rubin in all seiner funkelnden Pracht in die Höhe.

»Sie müssen wissen«, erläuterte Poirot, »der andere war nur eine wertlose Nachbildung, die ich aus London mitgebracht hatte.«

»Ist er nicht raffiniert?«, fragte Jean begeistert.

»Eins haben Sie uns aber noch nicht verraten«, sagte

Johnnie unvermittelt. »Woher wussten Sie von dem Jux? Hat Nancy es Ihnen erzählt?«

Poirot schüttelte den Kopf.

»Aber woher wussten Sie es denn?«

»Es gehört zu meinem Beruf, dergleichen zu wissen«, sagte Poirot leise lächelnd, als er Evelyn Haworth und Roger Endicott zusammen den Weg hinuntergehen sah.

»Ja, ja, aber verraten Sie es uns doch! Ach bitte, bitte! *Lieber* Monsieur Poirot, bitte verraten Sie es uns.«

Er war von einem Kreis aufgeregter, begieriger Gesichter umringt.

»Sie wollen wirklich, dass ich das Rätsel für Sie löse?«

»*Ja!*«

»Ich glaube nicht, dass ich das kann.«

»Warum nicht?«

»*Ma foi,* Sie werden sehr enttäuscht sein.«

»Ach bitte! Sie müssen es uns verraten! Woher *wussten* Sie es?«

»Nun ja, ich war in der Bibliothek –«

»Und?«

»Und Sie haben draußen über Ihr Vorhaben gesprochen – und das Fenster stand offen.«

»Das ist alles?«, fragte Eric empört. »Na, dann war's keine Kunst!«

»Nicht wahr?«, sagte Poirot lächelnd.

»Jedenfalls wissen wir jetzt alles«, sagte Jean mit Befriedigung in ihrer Stimme.

»Tatsächlich?«, murmelte Poirot bei sich, als er ins Haus ging. »*Ich* weiß *nicht* alles – ich, zu dessen Beruf es gehört, dergleichen zu wissen.«

Und er zog, wohl zum zwanzigsten Mal, ein ziemlich schmutziges Blatt Papier aus der Rocktasche.

»Essen Sie keinen Plumpudding.«

Poirot schüttelte verwirrt den Kopf. Im gleichen Moment wurde er sich eines merkwürdigen Keuchens in unmittelbarer Nähe seiner Füße bewusst. Er blickte zu Boden und erspähte ein schmächtiges Mädchen in einem geblümten Kleid. In der linken Hand hatte sie eine Kehrschaufel und in der rechten einen Besen.

»Wen haben wir denn hier?«, erkundigte sich Poirot.

»Annie Hicks, wenn's recht ist, Sir. Ich helfe der Köchin und dem Stubenmädchen.«

Poirot hatte einen Geistesblitz. Er reichte ihr den Zettel.

»Haben Sie das geschrieben, Annie?«

»Ich hab's nur gut gemeint, Sir.«

Er lächelte sie an.

»Aber natürlich. Wollen Sie mir nicht alles erzählen?«

»Es war bloß wegen den beiden, Sir – dem Mr Levering und seiner Schwester. Von uns kann die keiner leiden; und dass *sie* überhaupt nicht krank war, das haben wir gleich gemerkt. Ich hab mir gedacht, dass da was faul ist. Ich sag's Ihnen frei heraus, Sir, ich hab an der Tür gelauscht und hab ihn klipp und klar sagen hören: ›Dieser Poirot muss schleunigst aus dem Weg geräumt werden.‹ Und dann sagte er zu ihr: ›Wo hast du es hingetan?‹ Und sie antwortete: ›In den Pudding.‹ Und da war mir klar, dass die Sie mit dem Weihnachtspudding vergiften wollten, aber ich hab nicht gewusst, was ich machen soll. Die Köchin tät einer wie mir ja doch nicht glauben. Und da hab ich gedacht, ich schreib Ihnen, um Sie zu warnen, und hab den Brief in die Halle gelegt, damit Mr. Graves ihn auch ganz bestimmt sieht und Ihnen bringt.«

Annie hielt atemlos inne. Poirot musterte sie längere Zeit.

»Sie lesen zu viele Unterhaltungsromane, Annie«, sagte er schließlich. »Aber Sie haben ein gutes Herz, und Sie sind nicht dumm. Wenn ich wieder in London bin, werde ich Ihnen ein ausgezeichnetes Buch schicken über *le ménage* sowie das Leben der Heiligen und ein Werk über die ökonomische Stellung der Frau.«

Er ließ die völlig verdutzte Annie stehen und durchquerte die Halle. Er hatte in die Bibliothek gehen wollen, doch durch die offene Tür sah er, dicht nebeneinander, einen dunkelhaarigen Kopf und einen blonden, und so hielt er inne, wo er war. Plötzlich schlangen sich zwei Arme um seinen Hals.

»Was bleiben Sie ausgerechnet unter dem Mistelzweig stehen!«, sagte Jean.

»Ich auch!«, rief Nancy.

Poirot genoss das Ganze – genoss es in der Tat ganz ungemein.

Das Paket des lieben Gottes

Nehmt eure Stühle und eure Teegläser mit hier hinter an den Ofen und vergeßt den Rum nicht. Es ist gut, es warm zu haben, wenn man von der Kälte erzählt.

Manche Leute, vor allem eine gewisse Sorte Männer, die etwas gegen Sentimentalität hat, haben eine starke Aversion gegen Weihnachten. Aber zumindest *ein* Weihnachten in meinem Leben ist bei mir wirklich in bester Erinnerung. Das war der Weihnachtsabend 1908 in Chicago. Ich war Anfang November nach Chicago gekommen, und man sagte mir sofort, als ich mich nach der allgemeinen Lage erkundigte, es würde der härteste Winter werden, den diese ohnehin genügend unangenehme Stadt zustande bringen könnte. Als ich fragte, wie es mit den Chancen für einen Kesselschmied stünde, sagte man mir, Kesselschmiede hätten keine Chancen, und als ich eine halbwegs mögliche Schlafstelle suchte, war alles zu teuer für mich. Und das erfuhren in diesem Winter 1908 viele in Chicago, aus allen Berufen. Und der Wind wehte scheußlich vom Michigansee herüber durch den ganzen Dezember, und gegen Ende des Monats schlossen auch noch eine Reihe großer Fleischpackereien ihren Betrieb und warfen eine ganze Flut von Arbeitslosen auf die kalten Straßen.

Wir trabten die ganzen Tage durch sämtliche Stadtviertel

und suchten verzweifelt nach etwas Arbeit und waren froh, wenn wir am Abend in einem winzigen, mit erschöpften Leuten angefüllten Lokale im Schlachthofviertel unterkommen konnten.

Dort hatten wir es wenigstens warm und konnten ruhig sitzen. Und wir saßen, solange es irgend ging mit *einem* Glas Whisky, und wir sparten alles den Tag über auf für dieses eine Glas Whisky, in das noch Wärme, Lärm und Kameraden mit einbegriffen waren, all das, was es an Hoffnung für uns noch gab. Dort saßen wir auch am Weihnachtsabend dieses Jahres, und das Lokal war noch überfüllter als gewöhnlich und der Whisky noch wäßriger und das Publikum noch verzweifelter. Es ist einleuchtend, daß weder das Publikum noch der Wirt in Feststimmung geraten, wenn das ganze Problem der Gäste darin besteht, mit einem Glas eine ganze Nacht auszureichen, und das ganze Problem des Wirtes, diejenigen hinauszubringen, die leere Gläser vor sich stehen hatten.

Aber gegen zehn Uhr kamen zwei, drei Burschen herein, die, der Teufel mochte wissen, woher, ein paar Dollars in der Tasche hatten, und die luden, weil es doch eben Weihnachten war und Sentimentalität in der Luft lag, das ganze Publikum ein, ein paar Extragläser zu leeren. Fünf Minuten darauf war das ganze Lokal nicht wiederzuerkennen. Alle holten sich frischen Whisky (und paßten nun ungeheuer genau darauf auf, daß ganz korrekt eingeschenkt wurde), die Tische wurden zusammengerückt, und ein verfroren aussehendes Mädchen wurde gebeten, einen Cakewalk zu tanzen, wobei sämtliche Festteilnehmer mit den Händen den Takt klatschten. Aber was soll ich sagen, der Teufel mochte seine schwarze Hand im Spiel haben, es kam keine rechte Stimmung auf.

Ja, geradezu von Anfang an nahm die Veranstaltung einen direkt bösartigen Charakter an. Ich denke, es war der Zwang, sich beschenken lassen zu müssen, der alle so aufreizte. Die Spender dieser Weihnachtsstimmung wurden nicht mit freundlichen Augen betrachtet. Schon nach den ersten Gläsern des gestifteten Whiskys wurde der Plan gefaßt, eine regelrechte Weihnachtsbescherung, sozusagen ein Unternehmen größeren Stils, vorzunehmen.

Da ein Überfluß an Geschenkartikeln nicht vorhanden war, wollte man sich weniger an direkt wertvolle und mehr an solche Geschenke halten, die für die zu Beschenkenden passend waren und vielleicht sogar einen tieferen Sinn hatten.

So schenkten wir dem Wirt einen Kübel mit schmutzigem Schneewasser von draußen, wo es davon gerade genug gab, *damit er mit seinem alten Whisky noch ins neue Jahr hinein ausreichte.* Dem Kellner schenkten wir eine alte, erbrochene Konservenbüchse, *damit er wenigstens ein anständiges Servicestück hätte,* und einem zum Lokal gehörigen Mädchen ein schartiges Taschenmesser, *damit sie wenigstens die Schicht Puder vom vergangenen Jahr abkratzen könnte.*

Alle diese Geschenke wurden von den Anwesenden, vielleicht nur die Beschenkten ausgenommen, mit herausforderndem Beifall bedacht. Und dann kam der Hauptspaß.

Es war nämlich unter uns ein Mann, der mußte einen schwachen Punkt haben. Er saß jeden Abend da, und Leute, die sich auf dergleichen verstanden, glaubten mit

Sicherheit behaupten zu können, daß er, so gleichgültig er sich auch geben mochte, eine gewisse unüberwindliche Scheu vor allem, was mit der Polizei zusammenhing, haben mußte. Aber jeder Mensch konnte sehen, daß er in keiner guten Haut steckte.

Für diesen Mann dachten wir uns etwas ganz Besonderes aus. Aus einem alten Adreßbuch rissen wir mit Erlaubnis des Wirtes drei Seiten aus, auf denen lauter Polizeiwachen standen, schlugen sie sorgfältig in eine Zeitung und überreichten das Paket unserm Mann. Es trat eine große Stille ein, als wir es überreichten. Der Mann nahm das Paket zögernd in die Hand und sah uns mit einem etwas kalkigen Lächeln von unten herauf an. Ich merkte, wie er mit den Fingern das Paket anfühlte, um schon vor dem Öffnen festzustellen, was darin sein könnte. Aber dann machte er es rasch auf.

Und nun geschah etwas sehr Merkwürdiges. Der Mann nestelte eben an der Schnur, mit der das ›Geschenk‹ verschnürt war, als sein Blick, scheinbar abwesend, auf das Zeitungsblatt fiel, in das die interessanten Adreßbuchblätter geschlagen waren. Aber da war sein Blick schon nicht mehr abwesend. Sein ganzer dünner Körper (er war sehr lang) krümmte sich sozusagen um das Zeitungsblatt zusammen, er bückte sein Gesicht tief darauf herunter und las. Niemals, weder vor- noch nachher, habe ich je einen Menschen so lesen sehen. Er verschlang das, was er las, einfach. Und dann schaute er auf. Und wieder habe ich niemals, weder vor- noch nachher, einen so strahlend schauen sehen wie diesen Mann.

»Da lese ich eben in der Zeitung«, sagte er mit einer

verrosteten, mühsam ruhigen Stimme, die in lächerlichem Gegensatz zu seinem strahlenden Gesicht stand, »daß die ganze Sache einfach schon lang aufgeklärt ist. Jedermann in Ohio weiß, daß ich mit der ganzen Sache nicht das geringste zu tun hatte.« Und dann lachte er.

Und wir alle, die erstaunt dabeistanden und etwas ganz anderes erwartet hatten und fast nur begriffen, daß der Mann unter irgendeiner Beschuldigung gestanden und inzwischen, wie er eben aus diesem Zeitungsblatt erfahren hatte, rehabilitiert worden war, fingen plötzlich an, aus vollem Halse und fast aus dem Herzen mitzulachen, und dadurch kam ein großer Schwung in unsere Veranstaltung, die gewisse Bitterkeit war überhaupt vergessen, und es wurde ein ausgezeichnetes Weihnachten, das bis zum Morgen dauerte und alle befriedigte.

Und bei dieser allgemeinen Befriedigung spielte es natürlich gar keine Rolle mehr, daß dieses Zeitungsblatt nicht wir ausgesucht hatten, sondern Gott.

MARIE HERMES VON BAER
Schlitzohrs Weihnachten

Er hieß Schlitzohr, weil er mit einem Schlitz im linken Ohr zur Welt gekommen war, und dies unterschied ihn sichtlich von seinen drei Hasenbrüdern.

Schlitzohr war ein beherzter kleiner Hase und besaß ein starkes Verlangen, sich einmal die Welt anzusehen. Da er nicht genau wußte, wie Vater oder Mutter darüber dachten, so rückte er an einem Dezembermorgen, ohne vorher anzufragen, aus.

Es gefiel ihm ungemein da draußen, der bereifte Hochwald, die beschneiten Roggenfelder, aus denen die jungen Keime herausguckten, die braune Heide, die am Rande des Dorfes lag und in der sich der Schnee just nach Laune gelagert hatte.

Schlitzohr begann von dem Herumstreifen etwas müde zu werden. Auf dem Roggenfeld hatte er sich den Mund voll junger Keime genommen, die wollte er nun in aller Ruhe kauen. So suchte er sich ein nettes kleines Tannenbäumchen aus, das in der Heide stand und ein weißes Mützchen auf seiner Krone hatte. Hier wollte sich Schlitzohr behaglich lagern, da es jetzt tüchtig zu schneien anfing.

Als er den Kopf ein wenig senkte, um unter die tief herabhängenden Zweige der Tanne zu schlüpfen, geriet er in einen Gegenstand. Und als der kleine Wandersmann sich fest dagegen stemmte, da saß ihm auch schon ein grüner Tiroler Puppenhut schief auf dem Kopfe.

Da Schlitzohr das Hütchen erst auf der Stirne hatte und es auch sein linkes Ohr reichlich deckte, störte es ihn durchaus nicht, und er vergaß es sogar ganz über der großen Behaglichkeit, die unter dem Tannenbäumchen herrschte, und über den wohlschmeckenden Roggenhälmchen.

Als er sich wieder erfrischt fühlte, überkam ihn eine große Sehnsucht nach seiner Heimat. Er machte sich schnurstracks auf den Rückweg und freute sich darauf, den Seinigen von allem zu erzählen, was er gesehen hatte. Nun er glücklich angelangt war, saß sein Vater mit gekreuzten Armen vor der Behausung und sah sehr erstaunt auf den Ankömmling.

»Guten Tag, Vater!« sagte Schlitzohr etwas verlegen. Da sagte der alte Hase: »Ich bin nicht dein Vater.« Mit weinerlicher Stimme rief der zurückgekehrte Kleine: »Doch, doch! Ich bin Schlitzohr, dein jüngstes Kind!« Der Vater aber schüttelte gleichmütig den Kopf und rief die anderen herbei und sagte: »Meine lieben Jungen, seht doch einmal selbst! Dieser hier gibt vor, Schlitzohr zu sein. Erkennt ihr ihn?«

»Nein, nein!« riefen die drei Brüder. »Unser Schlitzohr hat einen Schlitz am linken Ohr und nicht ein so wunderlich Ding wie der da auf dem Kopfe.« Und sie lachten bei diesen Worten hell auf. Da wandte Schlitzohr den Seinigen traurig den Rücken und ging mit gesenktem Kopfe planlos davon.

Als er einige Zeit ganz niedergeschlagen dahingetrottet war, begegnete ihm ein alter Mann mit einem langen weißen Barte und grauen freundlichen Augen. Der war in einen dunkelrot überzogenen Pelz gehüllt und hatte einen großen Sack auf dem Rücken.

»Guten Tag, Herr Weihnachtsmann!« sagte Schlitzohr mit bescheidener Stimme.

»Na, Kleiner, wohin des Weges?« fragte der Alte und blieb stehen, wobei er sich auf seinen Knotenstock stützte. Schlitzohr erzählte ihm nun getreulich alles, was sich am Tage ereignet hatte. Am Ende seines Berichts liefen dem Kleinen dicke Tränen über die Wangen.

»Eigentlich habe ich heute so viel für die Menschen zu besorgen, daß für euch Hasen kaum Zeit übrig bleibt. Da aber Christtag ist, sollst du nicht allein und freudlos im Wald umherirren. Ich habe in der nächstgelegenen Stadt zu tun; so will ich dich mitnehmen und dir zu einem Obdach verhelfen.«

Da begann das kleine Hasenherz freudiger zu schlagen, und zwei große braune Augen sahen dankerfüllt zu dem alten Manne auf.

Als der Weihnachtsmann und Schlitzohr in der Vorstadt angekommen waren, hielt der Alte vor einer eisernen Gartenpforte an, durchschritt sie, ging an einem alten Landhause vorbei und auf ein Hintergebäude zu. Hier öffnete der Weihnachtsmann die hölzerne Schiebetür eines kleinen Stalles und sprach eindringliche Worte zu den beiden dort in ziemlicher Eintracht wohnenden Kaninchenfamilien. Die Kaninchen beherzigten all das, was der Weihnachtsmann sagte, denn sie hatten eine große Hochachtung vor ihm. So hießen sie Schlitzohr freundlich willkommen. Das Häschen befreundete sich schnell mit dem kleinsten Kaninchen, das rote Augen und ein weißes Fell hatte.

Als die Abendglocken in der Stadt läuteten, wurde die Schiebetüre des Kaninchenstalles wieder geöffnet. Ein kleines Mädchen mit Blauaugen und kurzgeschnittenem Pagenhaar guckte herein und hielt eine Laterne in der Hand. Mit der Linken leuchtete es in den Stall, während es mit der Rechten den Inhalt seiner Schürze auf den Steinboden schüttete. Dabei rief es: »So, da habt ihr allerlei Kraut und Rüben und auch ein paar Pfefferkuchen von meinem Teller; damit ihr doch auch wißt, daß es heute Weihnachten ist!«

Plötzlich gewahrte es Schlitzohr und den ihr wohlbekannten grünen Puppenhut auf seinem Kopfe. Es jauchzte zuerst vor Freude, dann nahm es den Hut rasch an sich und rief: »Da habt ihr ja einen seltenen Weihnachtsgast! Und der bringt mir als Weihnachtsgabe den Hut von meinem Tiroler Seppel zurück. Ich habe ihn im Sommer beim Spiel in der Heide vor dem Dorfe verloren. Mutti schalt über Nachlässigkeit und ich weinte noch so!« Das kleine Mädchen nickte noch ein »danke schön, du braver grauer Kerl!« und dann lief es spornstreichs in das Landhaus zurück, um da drinnen die eigentümliche Gabe des kleinen Hasen zu zeigen. Dabei hatte es ganz vergessen, die Stalltüre wieder zu schließen.

Als Schlitzohr dies sah und sich von dem Hut befreit fühlte, kam ihm der Gedanke: Nun werden sie mich zu Hause erkennen! Er dankte den Kaninchen vielmals für ihre Gastfreundschaft, verabschiedete sich von dem kleinen weißen Rotauge und lief, so schnell ihn nur seine Beine tragen wollten, über Acker und Land der Heimat zu.

Atemlos kam er dort nach einiger Zeit an. Sie saßen

alle traurig in der Behausung beisammen, und die Mutter weinte sogar um Schlitzohr, ihr jüngstes Kind.

Als nun der Vermißte plötzlich in ihrer Mitte stand, rief der Vater freudig: »Schlitzohr, mein Junge, gut, daß du da bist! Wir haben uns sehr um dich geängstigt.«

Die Mutter aber strich sich abwechselnd die Tränen aus den Augen und liebkoste Schlitzohr. Darauf eilte sie davon und kam mit allerhand Leckerbissen zurück. »So, Kinder«, sprach sie »nun laßt es euch schmecken. Schlitzohr ist wieder da! Nun können wir ein fröhliches Weihnachtsfest feiern!«

THOMMIE BAYER
Weihnachtsmisanthropie

Wenn zum Ende des Jahres der Lamettakrebs wieder wuchert, sich goldsilbernes Geglitzer und Geflirr in den Auslagen der Geschäfte ausbreitet, Geklingel und schrilles Gesinge von überall schräg oben tropft und man auf Schritt und Tritt von maskierten Ein-Euro-Jobbern mit roter Mütze belästigt wird, dann erwacht in mir das Schlechteste, was mein Charakter zu bieten hat: der mokante Misanthrop, der dünkelhafte Dandy und der ganz banale Vandale. Ich mag auf einmal die Menschen nicht mehr, denn die mögen diesen ganzen Scheiß, ich stelle fest, dass ich auf verlorenem Posten der Einzige zu sein scheine, den das graust, und ich würde liebend gern meine der Zivilisation geschuldeten Manieren stornieren und Scheiben einschlagen, Sachen durcheinanderwerfen, darauf herumtrampeln und mich laut brüllend in der Zwangsjacke abführen lassen.

Es war doch das Jahr über alles schon hässlich genug. Muss man den ständigen Anschlägen der antiästhetischen Weltverschwörung noch Sprühdosenschnee anfügen? Plastiktannenreisig, Metallfolie in jeder Form, Engelshaar mit der Anmutung von etwas, das der Pathologe hat mitgehen lassen, Zuckerzeug, bei dessen Anblick einem die Fingernägel faulen – und sehen diese Schokoladenberge nicht ein bisschen so aus, als hätte man sie dem Hund hinten weggenommen, getrocknet, gestempelt, geschnitten und in Folie verpackt?

Das arme Auge hat doch schon genug gelitten. Die viel zu knapp sitzenden Anzüge, die Khaki-Anoraks, Radlerhosen und Glencheck-Kostüme, die Jäckchen mit den Täschchen und Kläppchen und Fältchen und Abnäherchen und Hiernochwas und Danochwas, die Strasspullover, Goldknopfblazer, Karohemden, Polos mit Anker und T-Shirts mit lustigen Bildchen – das alles sieht doch schon scheiße genug aus! Nicht zu reden von eiförmigen Haushaltsgeräten, hundeknochenförmigen Telefonen, Rolls-Royce-Kühler-förmigen Kaffeemaschinen, verkrüppelten Möbeln und grimassierenden Autofratzen!

Ein Tenor brüllt »Stille Nacht«, ein Kurt-Edelhagen-Gedächtnisorchester tutet »Jingle Bells«, laut rieselt leise der Schnee aus den Boxen, und beim Klang der allgegenwärtigen Kinderchöre kann ich mich der Vorstellung nicht erwehren, alle Perversen dieser Welt hätten ihre Gefangenen für ein UNESCO-Weihnachtsprojekt zusammengeschmissen, damit die Kleinen mal auf andere Gedanken kommen. Man ist ja kein Unmensch.

Wieso gibt es eigentlich noch keine Weihnachtsplatte von Modern Talking? Heben die sich das noch auf? Für den letzten Schlag? Der dann auch wieder nur der vorletzte gewesen sein wird? Bin ich denn der Einzige, der Musik liebt?

Mein Glück, dass ich nicht Gott bin oder einer vom Geheimdienst, der am Weihnachtsabend vor einer riesigen Monitorwand sitzt und in die Wohnzimmer der Leute sehen kann. Sie haben das ganze Jahr über à la carte von Bo-Frost oder aus dem Kühlregal gespeist und immer behauptet, das wäre doch heutzutage alles von so guter Qualität, da könne man ja selber gar nicht mithalten, aber an diesem Abend fahren sie Edelfraß auf, dessen Beschaffung und Zubereitung sie Tage gekostet und an den Rand ihrer nervlichen Belastbarkeit gebracht hat: Karpfen, Gänse, Wild, abgefahrene Vorspeisen, Amuses-Gueules, Zwischengänge von rätselhafter Konsistenz, aber attraktiver Optik, exquisite, eventuell durchsichtige Nachspeisen und Weine, für deren Preis sie im Sommer einen Tag Urlaub machen könnten.

In den glücklicheren Fällen sitzen sie dann von der Vorbereitung so fertig und erschlagen am Tisch, dass es nicht mehr für einen ordentlichen Krach reicht. Danach ist Fernsehen.

Wäre ich Gott, dann würde ich sagen, damit hab ich aber nichts zu tun, das ist ein Missverständnis, das steht so nicht in der Bibel, und ich habe nirgends ein Gebot hinterlegt, dass man an Weihnachten spinnen soll – wäre ich der Geheimdienstmann, dann würde ich mich angesichts der Qualen, die ich belauschen muss, beglückwünschen, an diesem Abend Dienst schieben zu dürfen und nicht daheim sein zu müssen, bei meiner Frau, die sich extra Mühe gegeben hat, was ganz Tolles auf den Tisch zu stellen.

Was ist nur los mit den Leuten? Oder müsste ich eher fragen, was mit mir los ist? Immerhin bin ich zahlenmäßig unterlegen, die Statistik spricht eindeutig gegen mich. Warum also sehe ich das alles so schwarz? Ein Trauma?

Natürlich war's erst mal nett – es gab Saitenwürstchen mit Kartoffelsalat, das sind die Würstchen, die anderswo

Frankfurter oder Wiener heißen, das mochten wir alle, auch wenn es nicht wirklich was Besonderes war –, dann ging es um Geschenke und darum, dass man Onkel Richard nicht unter dem angeklebten Bart erkennen sollte, aber nach ein paar Jahren, in denen ich mir falsche Hoffnungen gemacht hatte, war klar, dass es sich bei den Geschenken nie um die Eisenbahn, den Roller, tolle Comics oder das Tretauto handeln würde, sondern immer und immer um Socken, Schlafanzug und Ritterbuch. Das Ritterbuch war okay, aber es war einfach ein bisschen zu wenig, gemessen an der Sehnsucht nach den wirklich wichtigen Dingen. Und es stand auch in der Stadtbücherei, weswegen ich es schon kannte.

Aber ziemlich bald war es nicht mehr nett. Während mein Vater *Tochter Zion, Es kommt ein Schiff geladen* und noch ein paar »gehaltvolle« Lieder auf dem Klavier spielte, die wir mitsingen mussten, saß meine Oma da und weinte. Sie weinte einfach den ganzen Abend durch. Man sollte sich nichts anmerken lassen, weil sie traurig war, dass dieses Weihnachten bestimmt ihr letztes sein würde. Beim nächsten wäre sie dann schon tot. Die ersten drei-, viermal tat sie uns auch noch leid, aber dann war klar, dass sie unsterblich sein und noch die nächsten zwanzig Heiligabende mit ihren stoischen Tränen verhunzen würde.

Und meine Mutter schloss sich an. Immer an Weihnachten fiel ihr besonders deutlich auf, wie verkorkst ihr Leben, ihre Ehe, ihr Mann (und wenn es grad passte: auch ihre Kinder) waren, und wir saßen gefroren da, den Blick aufs Klavier, bloß nicht nach links auf die eine oder nach rechts auf die andere weinende Frau gerichtet, und versuchten, lauter zu singen, als die beiden schluchzen konnten.

Die Geschenke, immer wieder Socken, Schlafanzug und irgendein Buch, waren den Stress nicht wert, zumal sie erst am nächsten Morgen rausgerückt wurden.

Später versuchten wir, dem andächtigen Horror entgegenzuwirken, indem wir die Lieder mit Gitarre, Elektrobass und Dixan-Trommel-Schlagzeug angerockt servierten, aber das war erstens ein Musikverbrechen und machte zweitens nicht wirklich Spaß, denn rechts und links saß da je eine weinende Frau, und überdies war unser Vater gekränkt, weil wir sein Klavierspiel für überholt erklärt hatten.

Als wir dann das Alter erreichten, in dem das Wort »relevant« gut klang, unternahmen wir hilflose Versuche, die Feier gründlicher zu renovieren. Statt selber zu singen, hörten wir die Brandenburgischen Konzerte vom Plattenspieler, statt der Weihnachtsgeschichte lasen wir lange Listen imperialistischer Verbrechen vor, und statt besinnlich an weinenden Frauen vorbeizuglotzen, stritten wir uns lieber, dass die Fetzen flogen, kein Stein auf dem anderen, kein Haar ungekrümmt und kein Glashaus unzerdeppert blieb, denn es galt, den jeweils als richtig erkannten Weg gegen den trotzkistischen, stalinistischen, maoistischen, revisionistischen oder reaktionären Feind in der Familie zu behaupten.

Die ersten paar Jahre saß man also mit schlechtem Gewissen da (wegen der unglücklichen Frauen) und betete, es möge endlich Zeit sein, ins Bett zu gehen. Die nächsten paar Jahre kam man mit schlechtem Gewissen nach Hause gefahren (weil man die unglücklichen Frauen nicht allein lassen konnte, und weil es so viel Imperialismusundalles auf der Welt gab, den man nicht verhinderte) und betete, es möge Zeit sein, dass man in den Jazzkeller abhauen konnte, um die alten Kumpels zu treffen. Und wieder die nächsten paar Jahre blieb man mit schlechtem Gewissen weg (weil man die unglücklichen Frauen allein ließ, und weil man so peu à peu den Imperialismusundalles zu vergessen begonnen hatte) und ließ es sich irgendwo, ganz ohne Kerzen und Musik, auf eine lächerlich frenetische Art gutgehen. Man aß Spaghetti und trank Rotwein, spielte irgendwas und dachte überhaupt nicht daran, dass Heiligabend war. Überhaupt nicht.

In dieser Zeit starb meine Oma. Das hat mich gewundert.

Heute habe ich ein schlechtes Gewissen, dass ich kein schlechtes Gewissen mehr habe. Und das alles wegen Jesus, der mich nicht wirklich abendfüllend interessiert. Außer ein paar Sätzen in der Bergpredigt sagt mir der Mann nichts.

Ich gebe zu, unser Weihnachtsbaum war immer schön. Strohsterne, Papierrosen und vergoldete Tierkreiszeichen. Und ich gebe zu, dass ich an Heiligabend auch heute noch irgendwie innerlich draufkomme, ich sehe dann in die erleuchteten Fenster all dieser intakten Familien und stelle mir vor, als zum Beispiel gefühlsferner Hells Angel den Motor meiner Harley nachdenklich rülpsen zu lassen und vielleicht einen traurigen Extrafurz in die CO_2-Bilanz einzufädeln. Dann gebe ich brüllend Gas und schieße mich und meine Maschine in den selbstverständlich in dicken Flocken fallenden Schnee …

Nein, in Wirklichkeit kochen wir gemeinsam, meine Liebste macht Semmelknödel, die in unserer Gegend Weckknödel heißen, ich mache eine Steinpilz-Rotwein-Sauce und Salat, gebe mir eine Flasche vom Besseren, und wir essen mit Andacht. Danach Fernsehen, falls *Tödliche Weihnachten* mit Geena Davis kommt.

Aber bis dahin, bis es endlich so weit ist, bin ich alle Jahre wieder froh über das deutsche Waffengesetz, das mir verbietet, mir einfach wie Lee Harvey Oswald eine Wumme im Versandhaus zu bestellen und loszuziehen und alles umzunieten, was einen roten Lappen am Körper trägt und einen weißen Bart vorm Gesicht. Und ich bedaure meinen Provinzialismus, der es mir schwermacht, irgendwohin zu fliehen, wo man dieses ganze seelenverwüstende Gelalle nicht kennt, weil man andere Götter hat. Was soll ich in Peking? Oder Mumbai?

Falls es einen Gott gibt, werde ich nach meinem Tode nicht ruhen, bis ich mich im Himmel in die Gerichtsbarkeit hochgedient habe, und dann werde ich jeden vorladen, der bei diesem Geschmacksverbrechen mitgemacht hat. Ich werde keinen Befehlsnotstand und kein Mitläufertum gelten lassen, *jeder* wird verantwortlich gemacht für *jede* einzelne Glaskugel, die er *jemals* einem unschuldigen Tannenzweig umgehängt hat. Und die Katzen kriegen Orden, wenn sie eine zu tief gehängte gefetzt haben. Obwohl das für eine Katze keine Heldentat ist. Das ist biologisch. Für die Katze ist das eine Glitzermaus. Wenn ich das doch nur auch so sehen könnte.

Eine polnische Weihnachtsgans

Als Dorota Kowalska am Morgen des 24. Dezember in Nowy Dwár in den Spiegel sah, dachte sie: Warum schenke ich Hubert nicht einfach meine neue Nase zu Weihnachten? Sie holte ihren Koffer unter dem Bett hervor, packte ihre höchsten Stöckelschuhe, ein blutrotes Stretchkleid und die Rubinkette ihrer Großmutter ein, eilte noch im Nachthemd und in den verdreckten Gummistiefeln ihres Vaters über den Hof ins Kühlhaus und nahm dort eine der letzten tiefgefrorenen Gänse vom Regal. Ihrem Vater schrieb sie einen Zettel: Sei nicht böse. Ich muss nach München. Ich kann nicht anders. Es ist die Liebe. Dorota.

Sie legte die tiefgefrorene Gans in den Koffer auf das rote Kleid, was so aussah, als blute das arme Tier noch, und das einzige, was Dorota über diesen grausigen Anblick hinwegtröstete, war die Tatsache, dass diese Gans eine garantiert glückliche gewesen war, die ihr 15-wöchiges Leben in Freiheit verbracht und sich von Gras ernährt hatte, weil für den Vater Tiermehl oder Mais einfach zu teuer war. Dorota hatte ihn immer wieder gedrängt, seine Gänse Biogänse zu nennen und mindestens das Doppelte zu verlangen, denn das hatte sie bei der Familie in Schwabing gelernt, die sich ausschließlich von schier unbezahlbaren Bioprodukten ernährte, aber der Vater strich ihr nur zärtlich über das Haar und sagte kopfschüttelnd: Ach, die Deutschen, was die dir so alles beibringen.

Der Kofferdeckel beulte sich über dem eiskalten Gänsekörper, und als sie ihn zum Frühbus schleppte, kam es ihr vor, als wiege er Tonnen. Vielleicht hatte sogar sie dieses Gänseei seinerzeit aufgesammelt und in den großen Brutkasten getragen, vier Wochen das Gössel im Stall gefüttert und es dann, als es groß genug war, um nicht von einer Elster geholt zu werden, mit seinen 999 Kollegen auf die Wiesen gescheucht. An ein Leben ohne Gänsegeschnatter konnte Dorota sich nicht erinnern. Wenn sie anfangs vor Heimweh in München wach lag und nicht schlafen konnte, dann dachte sie an den weiten hellblauen Horizont über den zartgrünen Wiesen und an das Geschnatter der Gänse.

Nur um Weihnachten herum wurde es totenstill. Da aßen die Deutschen ihren Gänsebraten, und sie mit ihrem Vater wie die meisten Polen Karpfen. Niemals hätte sie Gans gegessen. Nie.

Sie würde Hubert einfach überraschen. Vorsichtig die Tür aufschließen, ins Wohnzimmer schleichen und vor ihm stehen: Hier bin ich, dein Weihnachtsgeschenk. Und die Weihnachtsgans habe ich auch mitgebracht. Sie stellte sich Hubert in seiner Wohnung vor, allein mit den düsteren Möbeln seiner Mutter, die sie jede Woche mit Holzpflegemittel einrieb, sie sah ihn vor sich, wie er an Heiligabend einsam und traurig von einem dunklen Zimmer ins andere tappte, während draußen die Weihnachtsglocken klangen und in den Fenstern gegenüber die Weihnachtsbäume leuchteten.

Vor fast einem Jahr hatte Dorota angefangen, seine Wohnung zu putzen, und während sie putzte, saß Herr Bosch vor seinem Computer, schrieb seine Filmkritiken und tat die ersten Monate so, als bemerke er sie überhaupt nicht. Während sie um ihn herum saugte, wischte und polierte, verliebte Dorota sich in seinen Nacken, besonders die feinen Härchen seines Haaransatzes, die sie an Gänseflaum erinnerten. Sie fing an, ihm Blumen auf den Tisch zu stellen, seinen Kühlschrank zu füllen, und nachts häkelte sie ihm Kissenbezüge. Als er sie nach genau drei Monaten und sieben Tagen dann endlich doch bemerkte, lag Dorota im Handumdrehen nackt auf seiner Couch und wunderte sich über die plötzliche Wendung.

Von da an putzte sie umsonst und nannte es Liebe. Hubert hatte einiges an ihr auszusetzen, aber dafür war er ja Kritiker. Er bemängelte ihre Figur, also aß sie keine Pommes frites mehr zum Frühstück, er mochte generell keine Farben (was sich Dorota damit erklärte, dass er Schwarzweißfilme bevorzugte), also versuchte sie, sich möglichst unauffällig zu kleiden, er mochte es nicht, wenn ihr Bauch unbedeckt war, also bedeckte sie ihn züchtig, er mochte ihre Frisur nicht, also änderte sie sie, aber dann fiel ihm auf, dass ihre Nase sehr groß sei. Überdurchschnittlich groß. »Wer hat dir eigentlich diesen Zinken vererbt?«, lachte er, und da sah es Dorota selbst. Mitten in ihrem relativ kleinen Gesicht saß die riesige Nase ihres Vaters und ihrer Großmutter. Wie hatte sie diese Nase all die 22 Jahre ihres Lebens übersehen können? Sie weinte eine ganze Woche lang, dann ging sie Nachtschichten putzen, einhundert Tage lang, fuhr nach Warschau und ließ sie sich verkleinern.

Fünf Wochen nach der Operation sah sie immer noch so aus, als sei sie in eine üble Schlägerei geraten. Hubert erzählte sie, sie sei gegen eine Glastür gerannt, aber er glaubte ihr nicht und drang so lange in sie, bis sie in ihrer Not herausplatzte, ihr Vater habe sie geschlagen. Hubert nickte ernst, als habe er das immer schon geahnt, während Dorota an Scham fast erstickte. Ihr weicher, freundlicher Vater, ausgerechnet er, der niemals verstanden hätte, warum seine Tochter einem Mann wie Hubert gefallen wollte, einem griesgrämigen, hässlichen, noch dazu viel zu alten Kerl, dem sie ihre aristokratische Nase geopfert hatte, die sie doch schließlich von ihm und er von seiner Mutter ge-erbt hatte, ihrer Großmutter, deren Rubinkette sie um den Hals trug.

Das schlechte Gewissen und ihre schmerzende Nase waren zu viel für Dorota. Am gleichen Tag noch setzte sie sich in den Zug nach Polen, stieg genau acht Mal um, um in tiefster Nacht zusammen mit Hunderten von Pilgern ein kleines Holzkreuz auf den heiligen Berg von Grabarka zu tragen. Mit einem Tuch wusch sie sorgfältig ihre neue Nase in einer Quelle mit heiligem Wasser, hängte dieses Tuch in einen Baum, damit es am nächsten Morgen von den Non-nen verbrannt wurde, und siehe da, schon am nächsten Tag fühlte sie sich nur noch halb so schuldig, schließlich war es doch Liebe! – und zwei Wochen später war ihre Nase abgeschwollen und klein und süß und wunderbar, und das alles, obwohl sie noch nicht einmal orthodox war, sondern katholisch.

Es hatte sich doch gelohnt. Sie war jetzt ein anderer Mensch, den Hubert uneingeschränkt lieben können würde. Zu Weihnachten sollte er eine funkelnagelneue Dorota be-kommen.

Die Gans in ihrem Koffer begann langsam aufzutauen, was nur gut war, denn sie sollte in weniger als 20 Stunden bereits in Huberts Backofen langsam vor sich hinbrutzeln. Mit Bier würde Dorota sie immer hübsch begießen, ganz genau so, wie Hubert die legendäre Weihnachtsgans seiner Kindheit geschildert hatte, und dann würde sie Hubert zuschauen, wie er glücklich eine glückliche Gans aß, eine Gans der Familie Kowalska, die Gras gefressen hatte und deshalb fettarmes, feines Fleisch hatte, nicht wie ihre zwangsernährten Verwandten, denen mit einer Maschine vier bis fünf Mal am Tag ein Kilo Mais mit einem Schlauch in den Magen gepumpt wurde, bis die Tiere am Ende vor Pein keuchten und torkelten.

Sie würde Hubert rundherum glücklich machen. Dorota legte ihre Wange an die kalte Fensterscheibe des Zuges. Draußen wurde der Himmel dunkelsamtblau und der Schnee glitzerte. Bald würden in Nowy Dwár alle aufs Feld gehen und auf den ersten Stern warten. Ihr Vater hatte ihr erzählt, Stern, *gwiazda,* sei ihr erstes Wort gewesen. Um zehn war Christmette, und um Mitternacht würden die Tiere sprechen. Das glaubten alle in ihrer Familie. Als Kind hatte Dorota einmal laut und deutlich eine Katze gehört, aber was die Katze gesagt hatte, hatte sie leider vergessen.

Sie seufzte und befingerte nervös ihre nach wie vor erstaunlich kleine Nase. In weniger als zwei Stunden würde sie Huberts Tür aufschließen.

Den Schlüssel hatte er ihr gleich am Anfang gegeben – nicht ohne ihren Ausweis zu fotokopieren. Reine Vorsichtsmaßnahme. Sie solle es bitte nicht persönlich nehmen, aber man wisse ja nie. Sie hatte gelächelt, obwohl sie verletzt war. Später lächelte sie, als er sagte: meine kleine polnische Mastgans. Oder: Deine Haare sehen aus wie ein Vogelnest. Oder: Mit deiner Nase müsstest du so gut riechen können wie ein Hund, groß genug ist sie ja. So war er halt, der Hubert, sagte sie sich, ein bisschen grob, aber das brachte sein Beruf wohl so mit sich.

Es brannte Licht im Flur. Im Wohnzimmer hörte sie eine Frauenstimme, ein Frauenlachen. Er sah fern, der Arme, an Heiligabend!

Vorsichtig stellte Dorota den Koffer ab, zog leise ihre dicken Stiefel aus und schlich auf Strümpfen zur Wohnzimmertür. Abermals hörte sie die Frauenstimme.

Sie kam nicht aus dem Fernseher.

Mit dem Koffer in der einen und den Stiefeln in der anderen Hand rannte Dorota die Treppen hinunter. Keuchend vor Wut, Scham und Schmerz versteckte sie sich wie ein Kind unter dem Treppenabsatz zum Keller. Unablässig sah sie dieselben Bilder vor sich: ein nacktes Frauenbein über dem Sessel, silberne Stöckelschuhe und die Socken von Hubert auf dem Teppich, sein Nacken mit dem Gänseflaum, seine nackten Schultern, eine Frau, die den Kopf nach hinten warf, dass die Haare flogen, und die sie sofort erkannte. Connie, die Fernsehkritikerin, deren Konterfei jeden Tag in der Tageszeitung abgebildet war. *Connie sieht heute.* Was sah Connie an diesem Heiligabend?

Eine junge Frau in Strümpfen und Daunenjacke mit blonden Haaren und einer sehr kleinen, eleganten Nase, die plötzlich in der Wohnzimmertür stand, den Mund auf- und zuklappte wie ein Karpfen und sie anstarrte.

Meine Putzfrau, keuchte Hubert, meine polnische Putzfrau.

Dorota legte sich zusammengekrümmt auf ihren Koffer unter die Treppe. Sie wusste nicht, wohin.

In ihr Zimmerchen bei der Familie, auf deren drei Kinder sie aufpasste, konnte sie nicht, die Familie war über Weihnachten verreist, und den Schlüssel hatte sie abgeben müssen. Nehmen Sie es bitte nicht persönlich, hatte der Vater gesagt, aber wir haben Geschichten gehört, die glauben Sie nicht!

Dorotas Nase schmerzte empfindlich beim Weinen. Es war das erste Mal, dass sie mit ihr weinte. Begleitet von Weihnachtsmusik und Glöckchenklingeln aus dem ganzen Haus, wimmerte Dorota vor sich hin, bis über ihr eine Haustür schlug und ein lautes Schluchzen zu hören war, das, begleitet von Stöckelschuhgeklapper, immer näher kam.

Dorota hielt in ihrem eigenen Weinen inne und lugte über das Geländer. Selbst im dunklen Treppenhaus erkannte sie sie. Connie. Erst nur ihren Kopf, *Connie sieht heute,* und dann die ganze Connie. Ihr Kleid stand halb offen, ihren Mantel zog sie hinter sich her, schluchzend kam sie die Treppe hinunter, so nah an Dorota vorbei, dass diese ganz genau Connies rotgeweinte Nase betrachten konnte, die eindeutig größer war als ihre, und Connies Frisur, die jetzt auch eher einem Vogelnest glich. Leise fragte Dorota ins dunkle Treppenhaus: Und was hatte Hubert an Ihnen zu kritisieren?

Mein Hals!, schluchzte Connie. Er hat gesagt, ich hätte einen Hals wie ein Truthahn!

Wie ein Truthahn?

Ja, heulte Connie, und sein kleines Spanferkel hat er mich genannt.

Spanferkel, sagte Dorota befriedigt, auch nicht besser als polnische Mastgans.

Was?

Ach, sagte Dorota und putzte sich vorsichtig die Nase, vielleicht ist das jetzt eine blöde Frage, aber haben Sie eigentlich schon eine Weihnachtsgans?

Und so kam es, dass am 1. Weihnachtstag Connie und Dorota an einem fein gedeckten Tisch in Connies Wohnung vor einer knusprigen Gans saßen, von der Dorota allerdings nichts nahm.

Du solltest wenigstens probieren, sagte Connie und nahm sich die zweite Keule, das ist die beste Gans meines Lebens.

Ich kann nicht, sagte Dorota, sie hat zu mir gesprochen.

Wer?

Sie, sagte Dorota und deutete auf den Gänsebraten.

Sie?, sagte Connie vorsichtig. Eine tote Gans?

Ich habe sie gehört. Ganz genau. Um Punkt Mitternacht.

Was hat sie denn gesagt?

Dorota lächelte. Du dumme Gans.

Was?

Du dumme Gans, hat sie gesagt. Laut und klar.

Du dumme Gans?

Ja, du dumme Gans, sagte Dorota.

Connie hob ihr Glas. Da hat sie wohl mich gemeint, seufzte sie.

Oder mich, lachte Dorota und nahm ebenfalls ihr Glas. Schöne Weihnachten.

KURT TUCHOLSKY

Himmlische Nothilfe

W at denn? Wat denn? *Zwei* Weihnachtsmänner?«
»Machen Sie hier nich sonen Krach, Siiie! Is hier
vier Tage im Hümmel, als Hilfsengel – und riskiert hier
schon ne Lippe.«

»Verzeihen Sie, Herr Oberengel. Aber man wird doch
noch fragen dürfen?«

»Dann fragen Sie leise. Sie sehn doch, dass die beiden
Herren zu tun haben. Sie packen.«

»Ja, das sehe ich. Aber wenn Herr Oberengel gütigst verzeihen wollen: Woso zwei? Wir hatten auf Schule jelernt:
Et jibt einen Weihnachtsmann und fertig.«

»Einen Weihnachtsmann und fertig …! Einen Weihnachtsmann und fertig …! Diese Berliner! So ist das hier
nicht! Das sind ambivalente Weihnachtsmänner!«

»Büttaschön?«

»Ambi… ach so, Fremdwörter verstehen Sie nicht. Ich
wer Sie mal für vierzehn Tage rüber in den Soziologenhim-
mel versetzen – halt, oder noch besser, zu den Kunsthis-
torikern … da wem Sie schon … Ja, dies sind also … diese
Weihnachtsmänner – das hat der liebe Gott in diesem Jahre
frisch eingerichtet. Sie ergänzen sich, sie heben sich gegen-
seitig auf …«

»Wat hehm die sich jejenseitich auf? Die Pakete?«

»Wissen Sie ... da sagen die Leute immer, ihr Berliner wärt so furchtbar schlau – aber Ihre Frau Mama ist zwecks Ihrer Geburt mit Ihnen wohl in die Vororte gefahren ...! Die Weihnachtsmänner sind doppelseitig – das wird er wieder nicht richtig verstehen – die Weihnachtsmänner sind polare Gegensätze.«

»Aha. Wejen die Kälte.«

»Himmel ... wo ist denn der Fluch-Napf ...! Also ich werde Ihnen das erklären! Jetzt passen Sie gut auf: Die Leute beten doch allerhand und wünschen sich zu Weihnachten so allerhand. Daraufhin hat der liebe Gott mit uns Engeln sowie auch mit den zuständigen Heiligen beraten: Wenn man das den Leuten alles erfüllt, dann gibt es ein Malheur. Immer. Denn was wünschen sie sich? Sie wünschen sich grade in der letzten Zeit so verd... so vorwiegend radikale Sachen. Einer will das Hakenkreuz. Einer will Diktatur. Einer will Diktatur mitm kleinen Schuss; einer will Demokratie mit Schlafsofa; eine will einen Hausfreund; eine will eine häusliche Freundin ... ein Reich will noch mehr Grenzen; ein Land will überhaupt keine Grenzen mehr; ein Kontinent will alle Kriegsschulden bezahlen, einer will ...«

»Ich weiß schon. Ich jehöre zu den andern.«

»Unterbrechen Sie nicht. Kurz und gut: Das kann man so nicht erfüllen. Erfüllt man aber nicht ...«

»Ich weiß schon. Dann besetzen sie die Ruhr.«

»Sie sollen mich nicht immer unterbrechen! Erfüllen wir nicht – also: erfüllt der liebe Gott nicht, dann sind die Leute auch nicht zufrieden und kündigen das Abonnement. Was tun?«

»Eine Konferenz einberufen. Ein Exposé schreiben. Mal telefonieren. Den Sozius…«

»Wir sind hier nicht in Berlin, Herrr! Wir sind im Himmel. Und eben wegen dieser dargestellten Umstände haben wir jetzt zwei Weihnachtsmänner!«

»Und … was machen die?«

»Weihnachtsmann A erfüllt den Wunsch. Weihnachtsmann B bringt das Gegenteil. Zum Exempel:

Onkel Baldrian wünscht sich zu Weihnachten gute Gesundheit. Wird geliefert. Damit die Ärzte aber nicht verhungern, passen wir gut auf; Professor Dr. Speculus will auch leben. Also kriegt er seinen Wunsch erfüllt, und der reiche Onkel Baldrian ist jetzt mächtig gesund, hat eine eingebildete Krankheit und zahlt den Professor. Oder:

Die Nazis wünschen sich einen großen Führer. Kriegen sie: ein Hitlerbild. Der Gegenteil-Weihnachtsmann bringt dann das Gegenteil: Hitler selber.

Herr Merkantini möchte sich reich verheiraten. Bewilligt. Damit aber die Gefühle nicht rosten, bringt ihm der andere Weihnachtsmann eine prima Freundin. Oder: Weihnachtsmann A bringt dem deutschen Volke den gesunden Menschenverstand – Weihnachtsmann B die Presse. Weihnachtsmann A gab Italien die schöne Natur – Weihnachtsmann B: Mussolini. Ein Dichter wünscht sich gute Kritiken: kriegt er. Dafür kauft kein Aas sein Buch mehr. Die deutsche Regierung wünscht Sparmaßnahmen – schicken wir. Der andere Weihnachtsmann bringt dann einen kleinen Panzerkreuzer mit.

Sehn Sie – auf diese Weise kriegt jeder sein Teil. Haben Sie das nun verstanden?«

»Allemal. Da möcht ich denn auch einen kleinen Wunsch äußern. Ich möchte gern im Himmel bleiben und alle Nachmittag von 4 bis 6 in der Hölle Bridge spielen.«

»Tragen Sie sich in das Wunschbuch der Herren ein. Aber stören Sie sie nicht beim Packen – die Sache eilt.«

»Und … verzeihen Sie … wie machen Sie das mit der Börse – ?«

»So viel Weihnachtsmänner gibt es nicht. Herr – so viel Weihnachtsmänner gibt's gar nicht – !«

Das Geschenk der Weisen

Ein Dollar und siebenundachtzig Cent. Das war alles. Und sechzig Cent davon in Pennys, einen nach dem anderen beim Krämer, Metzger und Gemüsemann zusammengeklaubt, bis der stumme Vorwurf der Knauserigkeit, den solches Feilschen mit sich bringt, einem die Schamesröte ins Gesicht trieb. Dreimal zählte Della nach. Ein Dollar und siebenundachtzig Cent. Und morgen war Weihnachten.

Da blieb wohl nur eins: sich weinend auf die abgewetzte kleine Couch zu werfen. Und das tat Della denn auch. Was zu der philosophischen Betrachtung verleitet, dass das Leben aus Schluchzen, Schniefen und Lächeln besteht, wobei das Schniefen überwiegt.

Wenden wir uns, während die Hausherrin sich allmählich beruhigt und von der ersten zur zweiten Stufe übergeht, ihrem trauten Heim zu. Eine möblierte Wohnung für acht Dollar die Woche. Schäbig, wie sie war, spottete sie zwar nicht jeder Beschreibung, war doch aber auch nicht weit davon entfernt.

Unten im Hausflur befanden sich ein Briefkasten, in den sich nie ein Brief verirrte, und eine elektrische Klingel, der kein sterblicher Finger ein Läuten entlocken konnte. Zu diesem Ensemble gehörte auch eine Karte mit dem

Namen »Mr. James Dillingham Young«. Das wohltönende »Dillingham« verdankte sich einem Lebensabschnitt, in dem der Namensträger dreißig Dollar in der Woche verdient hatte. Nachdem das Einkommen nun auf zwanzig Dollar geschrumpft war, schienen die Buchstaben des Namens »Dillingham« ernsthaft darüber nachzudenken, ob sie sich nicht zu einem bescheidenen, anspruchslosen »D« zusammenziehen sollten. Wenn aber Mr. James Dillingham Young nach Hause kam und seine Wohnung betrat, hieß er »Jim« und wurde von Mrs. Dillingham Young, die wir bereits als Della kennengelernt haben, aufs liebevollste umarmt. So weit, so gut.

Della hörte auf zu weinen und bearbeitete ihr Gesicht mit der Puderquaste. Sie trat ans Fenster und betrachtete mit trübem Blick eine graue Katze, die in einem grauen Hinterhof an einem grauen Zaun entlangstrich. Morgen war Weihnachten, und sie hatte nur einen Dollar und siebenundachtzig Cent, um Jim ein Geschenk zu kaufen. Seit Monaten sparte sie jeden Penny, und das war nun dabei herausgekommen. Mit zwanzig Dollar in der Woche kam man nicht weit. Die Ausgaben waren höher gewesen, als sie gedacht hatte – leider haben Ausgaben das so an sich. Nur einen Dollar siebenundachtzig, um Jim ein Geschenk zu kaufen. Ihrem Jim. Viele glückliche Stunden hatte sie damit verbracht, sich etwas Schönes für ihn auszudenken. Etwas Vornehmes, Einmaliges, Gediegenes – etwas, womit sie sich beinahe der Ehre würdig erweisen konnte, zu Jim zu gehören.

Zwischen den Fenstern hing ein Wandspiegel. Haben Sie schon mal einen Wandspiegel in einer Acht-Dollar-Wohnung gesehen? Eine sehr schmale und sehr behende Person kann, wenn sie ihr Spiegelbild in einer raschen Folge von Längsstreifen betrachtet, einen einigermaßen zutreffenden Eindruck von ihrem Aussehen bekommen. Della war schlank und beherrschte diese Kunst.

Unvermittelt drehte sie sich vom Fenster weg und trat vor den Spiegel. Ihre Augen strahlten, aber ihr Gesicht hatte binnen zwanzig Sekunden alle Farbe verloren. Rasch löste sie ihr Haar, so dass es lang den Rücken herunterfiel.

Nun muss man wissen, dass es bei den James Dillingham Youngs zwei Dinge gab, auf die sie mächtig stolz waren: zum einen Jims goldene Uhr, die schon seinem Vater und seinem Großvater gehört hatte, zum anderen Dellas Haar. Hätte auf der anderen Seite des Lichtschachts die Königin von Saba gewohnt, Della hätte ihr Haar irgendwann einmal zum Trocknen aus dem Fenster gehängt, nur um damit sämtliche Juwelen und Geschenke Ihrer Majestät in den Schatten zu stellen. Wäre König Salomo mit all seinen im Keller gehorteten Schätzen der Hausmeister gewesen, hätte Jim jedes Mal im Vorbeigehen die Uhr gezogen, nur um zu erleben, wie er sich neidisch den Bart zupfte.

Jetzt fiel also Dellas schönes Haar in glänzenden Wellen wie ein goldbrauner Wasserfall an ihr herab. Es reichte ihr bis unter die Knie und hüllte sie ein wie ein Mantel. Hastig steckte sie es wieder hoch. Dann hielt sie einen Augenblick inne, und ein paar Tränen perlten auf den abgetretenen roten Teppich.

Rasch die alte braune Jacke angezogen, den alten braunen Hut aufgesetzt – und mit fliegenden Röcken und immer noch strahlenden Augen schoss sie durch die Tür und die Treppe hinunter auf die Straße.

Vor einem Schild blieb sie stehen. »Mme. Sofronia. Haare aller Art.« Della hastete eine Treppe hoch und blieb kurz stehen, um wieder zu Atem zu kommen. Madame, massig, zu blass, frostig, sah nicht so aus, wie man sich eine Heilige Sofronia vorstellt.

»Würden Sie mein Haar kaufen?«, fragte Della.

»Ich kaufe Haar«, sagte Madame. »Setzen Sie den Hut ab, damit ich es sehen kann.«

Der goldbraune Wasserfall rieselte herab.

»Zwanzig Dollar«, sagte Madame, die Masse mit geübter Hand wiegend.

»Her damit, schnell«, sagte Della.

Die nächsten beiden Stunden flogen – man verzeihe die abgedroschene Metapher – auf rosigen Schwingen vorüber. Della durchstöberte sämtliche Geschäfte nach einem Geschenk für Jim.

Endlich fand sie es. Es war eindeutig für Jim gemacht und für niemanden sonst. In keinem der anderen Geschäfte hatte sie etwas Vergleichbares entdeckt, und sie hatte überall das Unterste zuoberst gekehrt. Es war eine Uhrkette aus Platin, die – schlicht und dezent gestaltet – nicht durch irgendwelchen abgeschmackten Schnickschnack, sondern aus sich selbst heraus wirkte, wie es bei allen guten Dingen der Fall sein sollte. Diese Kette war es sogar wert, die Uhr zu tragen. Sobald Della sie sah, wusste sie, dass Jim sie haben musste. Sie war wie er – vornehm und wertvoll. Einundzwanzig Dollar bezahlte Della dafür und eilte mit ihren achtundsiebzig Cent nach Hause. Mit dieser Kette an der

Uhr konnte Jim guten Gewissens in jeder Gesellschaft nach der Zeit sehen. So vornehm seine Uhr war, warf er doch manchmal nur heimlich einen Blick darauf, weil sie bloß an einem alten Lederband und nicht an einer Kette hing.

Als Della heimkam, meldeten sich bei allem Überschwang auch wieder Umsicht und Vernunft. Sie holte die Brennschere, entzündete die Gasflamme und machte sich daran, die Verheerungen zu beheben, die Liebe und Freigebigkeit anrichten können – und das ist immer eine gewaltige Aufgabe, liebe Freunde, eine Mammutaufgabe.

Vierzig Minuten später war ihr Kopf voll kleiner Krissellocken, mit denen sie aussah wie ein frecher kleiner Bub, der die Schule schwänzt. Lange betrachtete sie kritisch ihr Spiegelbild.

»Wenn Jim mich nicht umbringt«, sagte sie sich, »ehe er mir einen zweiten Blick gönnt, wird er sagen, dass ich aussehe wie ein Revuegirl aus Coney Island. Aber was, um Himmels willen, hätte ich denn machen sollen – mit einem Dollar und achtundsiebzig Cent?«

Um sieben war der Kaffee fertig, und die heiße Pfanne für die Koteletts stand hinten auf dem Herd bereit.

Jim verspätete sich nie. Della nahm die Uhrkette in die Hand und setzte sich auf die Ecke des Tisches an der Tür, durch die er kommen würde. Dann hörte sie seine Schritte im ersten Stock und wurde einen Augenblick ganz blass. Sie pflegte auch bei ganz simplen Alltagssorgen ein kurzes Stoßgebet zu sprechen, und jetzt flüsterte sie vor sich hin: »Bitte, lieber Gott, mach, dass er mich immer noch hübsch findet.«

Die Tür ging auf, und Jim kam herein und schloss sie

wieder. Er war hager und sehr ernst. Der Ärmste – erst zweiundzwanzig und schon mit einer Familie beladen. Er hätte einen neuen Mantel gebraucht und besaß keine Handschuhe.

Jim blieb an der Tür stehen, reglos wie ein Jagdhund, der eine Wachtel wittert, den Blick mit einem Ausdruck auf Della gerichtet, den sie nicht deuten konnte und der ihr Angst machte. Es war nicht Zorn, nicht Überraschung, nicht Missbilligung, nicht Entsetzen – keine der Gemütsbewegungen, mit denen sie gerechnet hatte. Er sah sie nur unentwegt an – mit diesem Ausdruck, auf den sie sich keinen Reim machen konnte.

Della rutschte vom Tisch herunter und ging auf ihn zu.

»Jim, Liebster, schau mich nicht so an. Ich hab mir die Haare abschneiden lassen und verkauft, weil ich Weihnachten ohne ein Geschenk für dich nicht überlebt hätte. Es wächst ja wieder – du bist doch nicht böse? Ich musste es einfach tun. Mein Haar wächst furchtbar schnell. Sag ›Fröhliche Weihnachten‹, Jim, und lass uns glücklich sein. Du weißt ja nicht, was für ein schönes – was für ein wunderschönes Geschenk ich für dich habe.«

»Du hast dir die Haare abgeschnitten?«, fragte Jim mühsam, als hätte er trotz äußerster geistiger Anstrengung diese offensichtliche Tatsache noch nicht erfasst.

»Abgeschnitten und verkauft«, sagte Della. »Magst du mich nicht auch so? Ich bin ja noch dieselbe – nur ohne Haar …«

Jim sah sich ratlos um.

»Dein Haar ist weg?«, fragte er fast stumpfsinnig.

»Du brauchst es nicht zu suchen«, sagte Della. »Verkauft, sag ich dir – verkauft und fort. Heute ist Heilig-abend, Schatz. Sei lieb zu mir, denn es ist deinetwegen fort. Vielleicht waren die Haare auf meinem Kopf gezählt«, setzte sie mit zärtlichem Ernst hinzu, »aber meine Liebe zu dir kann niemand zählen. Soll ich jetzt die Koteletts in die Pfanne legen, Jim?«

Jim schien mit einem Schlag aus seiner Trance zu er-wachen. Er nahm seine Della in die Arme. Wir wollen zehn Sekunden lang diskret einen belanglosen Gegenstand in entgegengesetzter Richtung betrachten. Acht Dollar in der Woche oder eine Million im Jahr – wo ist der Unterschied? Weder ein Mathematiker noch ein geistreicher Kopf könnten uns die richtige Antwort geben. Die drei Weisen aus dem Morgenland brachten kostbare Gaben, aber die schönste war nicht darunter. Diese dunkle Bemerkung wird sich später aufklären.

Jim holte ein Päckchen aus der Manteltasche und warf es auf den Tisch.

»Eins ist sicher«, sagte er. »Ob kupiert, rasiert oder schamponiert – deswegen habe ich meine Dell keinen Deut weniger lieb. Aber wenn du das Päckchen da aufmachst, verstehst du vielleicht, warum du mich zuerst auf dem fal-schen Fuß erwischt hast.«

Geschickte weiße Finger zerrten an Schnur und Pa-pier. Ein ekstatischer Freudenschrei, gefolgt von – typisch weiblich – einem Tränenstrom und Jammerlauten, was den Herrn des Hauses dazu nötigte, augenblicklich und mit all seiner Kraft Trost zu spenden.

Denn da lagen die herrlichen Steckkämme, die Della schon so lange in einem Schaufenster auf dem Broadway bewundert hatte. Sagenhaft schön waren sie, reines Schild-patt, mit Schmucksteinchen besetzt, genau der richtige Farbton für das verschwundene Haar. Sie wusste, dass es teure Stücke waren, und sie hatte sich nach ihnen verzehrt ohne die leiseste Hoffnung, sie jemals zu besitzen. Und jetzt gehörten sie ihr, aber die Flechten, die diese ersehnten Kämme hatten schmücken sollen, waren nicht mehr da.

Dennoch drückte Della sie an ihr Herz, und schließlich konnte sie mit verschleiertem Blick zu ihm aufsehen und lächelnd sagen: »Mein Haar wächst so schnell, Jim!«

Und dann sprang sie unvermittelt auf wie ein Kätzchen, das sich verbrannt hat, und stieß hervor: »Oh, oh!«

Jim hatte ja sein schönes Geschenk noch gar nicht gese-hen. Sie streckte es ihm eifrig auf der flachen Hand hin. Das matt glänzende Edelmetall schien ihre strahlende Freude widerzuspiegeln.

»Ist sie nicht prachtvoll, Jim? Ich bin in der ganzen Stadt herumgelaufen, um sie zu finden. Jetzt musst du hundert-mal am Tag nachsehen, wie spät es ist. Gib mir deine Uhr, ich will sehen, wie sie sich daran macht.«

Statt ihr zu folgen, ließ sich Jim auf die Couch sinken, legte die Hände hinter den Kopf und lächelte.

»Dell«, sagte er. »Wir wollen unsere Weihnachtsge-schenke erst einmal wegpacken und gut verwahren. Sie sind zu schön, um sie jetzt schon zu benutzen. Ich habe die Uhr verkauft, um deine Kämme kaufen zu können. Und jetzt schlage ich vor, dass du dich um die Koteletts kümmerst.«

Die Weisen aus dem Morgenland, die dem Kind in der Krippe ihre Gaben brachten, waren, wie der Name schon sagt, klug und weise. Sie sind die Erfinder der Weihnachtsgeschenke. Da sie so klug und weise waren, schenkten sie zweifellos auch klug. Möglicherweise war sogar das Recht auf Umtausch eingeschlossen, falls ein Geschenk zweimal vorhanden war. Und da habe ich Ihnen nun ein harmloses Geschichtchen von zwei närrischen jungen Leuten in einer Mietwohnung erzählt, die, gar nicht weise, einander ihre größten Schätze opferten. Zum Schluss sei den Weisen unserer Tage aber gesagt, dass von allen, die schenken, diese beiden am weisesten waren. Von allen, die schenken und beschenkt werden, sind ihresgleichen am weisesten. Das gilt für immer und überall. Sie sind die wahren Könige.

Eine genaue Untersuchung

Aus Deutschland erhielten wir einen Adventskalender, einen von diesen modernen. Früher enthüllten die 24 kleinen bunten Fenster ein Bild, der neue Kalender aber war aus Plastik, und in jedem Fenster lag ein kleines Stückchen Schokolade.

Wir haben drei Kinder, eine neunjährige Tochter und zwei Söhne, fünf und sieben Jahre alt. Da wir nur einen Kalender hatten, durfte jedes Kind alle drei Tage ein Fenster öffnen.

Mitte Dezember machten wir eine schreckliche Entdeckung: Alle Fenster waren geöffnet, und die Schokoladenstückchen fehlten. Jemand hatte den Weihnachtskalender geplündert. Dieser Vorfall erforderte eine neue Untersuchung.

Ein schlimmes Verbrechen war geschehen. Folgende Todsünden waren begangen worden: Diebstahl, Gefräßigkeit und Rücksichtslosigkeit. Nach dem Abendessen wurden die Kinder befragt und einem scharfen Verhör unterzogen. Aber niemand gab etwas zu, alle schauten mich mit reinen Unschuldsmienen an. Die Untersuchung wurde in meinem Arbeitszimmer fortgesetzt. Einer nach dem anderen wurde befragt.

»Sieh mal, dies ist eine ernste Angelegenheit, aber hab

keine Angst. Wenn du mir die Wahrheit sagst, wirst du dich gleich besser fühlen.« Aber auch mit dieser raffinierten Taktik kam Vater Poirot keinen Schritt weiter.

Dann ging es wieder an den Eßtisch, der in der Zwischenzeit abgeräumt worden war. Freunde hatten uns eine Pralinenschachtel geschenkt. Ich nahm diese Schachtel und öffnete sie. »Hmm! Seht nur diese herrlichen Süßigkeiten! Echte Schweizer Pralinés. Es gibt in der Welt keine besseren.« Ich nahm ein Praliné und hielt es zwischen Daumen und Zeigefinger gegen das Kerzenlicht; drei gierige Augenpaare verschlangen es beinahe. »Und jetzt«, sagte Vater Poirot, »wer mir jetzt die Wahrheit sagt und zugibt, daß er die Schokolade aus dem Kalender geklaut hat, den werde ich mit einem Praliné belohnen. Das ist wohl das erste Mal, daß eine Freveltat in aller Öffentlichkeit belohnt wird.« Es wurde still. Dann brach ein lauter Streit zwischen den beiden Jungen los: »Ich habe mehr genommen als du!« – »Nein, ich habe die meisten genascht.« Und sie zeigten auf jedes Fenster, das sie aufgebrochen hatten. »Hier, die habe ich geöffnet.« – »Und die habe ich genommen.« Der Krach ging eine ganze Weile weiter.

Vater Poirot verwandelte sich in König Salomon und sagte mit lauter Stimme: »Seid endlich ruhig! Dies ist ein friedliches Haus. Wir wollen nicht streiten und uns zanken. Da jetzt klar ist, daß ihr zwei Jungen die schändliche Tat begangen habt, wird jeder von euch ein Praliné bekommen. Hier, nehmt sie.

Und unsere brave Tochter, hier in der Ecke – sie bekommt die ganze Schachtel mit den köstlichen Pralinés, die so auf der Zunge zergehen.«

Mutter applaudierte, die Buben aber heulten vor Wut. Der eine warf sich in hysterischem Zorn auf den Boden, und der andere stampfte wütend mit den Füßen auf den Boden, während er einen Strom von Tränen vergoß.

Ich persönlich mache mir nichts aus Süßigkeiten. Irischer Whiskey ist meine große Schwäche. Und mit einem kräftigen Schluck aus dem Glas beendete ich den Fall und trank auf das kommende Fest, den Frieden und auf die immerwährende Gerechtigkeit auf Erden.

Fräulein Susannens Weihnachtsabend

Fräulein Susette oder, wie sie sich lieber nennt, Susanne, spazierte am Weihnachtsabend munter in ihrem Zimmer hin und her. Sie hatte viele Leute beschenkt, versetzte sich nun im Geiste zu dem und jenem der angenehm Überraschten und befand sich da sehr behaglich. Ihre zu kleinen, aber flinken und geschickten Hände schlugen gleichsam den Takt zu der Freudenmusik in ihrem Innern, indem sie die beinernen Nadeln der Strickerei rasch und gleichmäßig klappern ließen.

Anderen Vergnügen machen, ist ein Vergnügen für jeden natürlich gearteten Menschen, dachte sie, für mich aber, die so spät dazu kam, ein berauschendes Glück. – Wenn einem die Eltern missraten sind, wenn man ein langes Dasein der freudlosen Pflichterfüllung, der Unterwürfigkeit und Entbehrung hinter sich hat und erwacht eines Morgens selbständig, frei, wohlhabend, gar nicht mehr jung, aber mit einem ungehobenen Schatz an Heiterkeit im Herzen, ist das nicht zum Übermütigwerden? Fräulein Susanne wurde denn auch übermütig und machte ausschweifenden Gebrauch von ihrer Unabhängigkeit und von ihrem Reichtum.

Sie hatte viele Jahre mit ihrer begüterten, aber vom Geizteufel besessenen Großmutter in einer armen Leuten abgemieteten Dachkammer gelebt. Wie gelebt! Als geduldige und misshandelte Magd. Dennoch vergoss sie am Sterbebette ihrer Tyrannin ehrliche Tränen.

Nach dem Tode der alten Frau befand sich Susanne, deren einziges Enkelkind, an der Spitze eines nach ihren Begriffen großen Vermögens. Die Erbin bezog nun eine hübsche, aus drei Zimmern und einer Küche bestehende Wohnung im vierten Stock eines stattlichen Hauses in der Göttweihergasse. Sie nahm ein Dienstmädchen auf, ging oft spazieren und stieg, wenn sie müde wurde, in einen Stellwagen, ohne weiteres – wie eine Prinzessin.

Der Luxus jedoch, den sie am maßlosesten betrieb, war der Verschenkluxus. Ihm ergab sie sich immer, besonders aber um die gebenedeite Weihnachtszeit. Ein solcher Christabend, an dem Susanne auf und ab pendelte, in ihrer guten Stube – sorgfältig vermeidend, den Rand des kleinen, unter dem Tische liegenden Teppichs zu betreten, um ihn nicht abzunützen, und an alle die Menschen dachte, denen sie eine Freude bereitet hatte, ein solcher Christabend … niemand vermag seine stillen Entzückungen zu schildern. Susanne wusste nur eins: sich von den Hochgefühlen, die sie jetzt beseelen, immerwährend beseelt denken, und sie hat eine Vorstellung dessen, was himmlische Seligkeit ist.

Auf einmal blieb das Fräulein stehen und horchte. Durch die Wand, aus der Wohnung nebenan, war das Gekreische jubelnder Stimmen herübergedrungen. Haha, die Kunzelkinder! Nur zu! Dieser Jubel macht ihr kein geringes Vergnügen, denn sie ist dessen Urheberin. Sie hat den Christbaum gekauft und geschmückt, der jetzt solchen Beifallssturm erweckt. Ohne sie hätten die Nachbarn einen traurigen Weihnachtsabend gehabt. Sie war kürzlich dem

Haupte der Familie, dem Herrn Kürschnermeister Kunzel, und seinem ältesten Sprössling, dem siebenjährigen Toni, auf der Treppe begegnet und hatte zu dem Kinde gesagt: »Nun, Toni, freust du dich auf den Christbaum?«, worauf der Junge seine kleinen, tiefliegenden Augen gesenkt, die Unterlippe vorgeschoben und etwas Unverständliches gemurmelt, der Kürschnermeister jedoch mit einer weit ausholenden Schwenkung des Hutes und ehrfürchtiger Verbeugung geantwortet hatte: »Ach nein, gnädiges Fräulein, heuer hält sich das Christkinderl bei uns nicht auf ... Es wird ... es hat ...« Er stockte, fuhr langsam mit seiner breiten Hand über den Kopf und setzte verlegen hinzu: »Es muss sparen ... auf eine neue Wiege – mit Zubehör ... die alte tut's durchaus nicht mehr ...«

»Mein Gott, das sechste, und ich habe schon das vierte und das fünfte aus der Taufe gehoben!«, sagte Susanne zu sich selbst, und zu Herrn Kunzel sagte sie nichts, sondern ging stumm und unaufhaltsam ihrer Wege, was sie später sehr bereute. Wenn man auch keineswegs gesonnen ist, bei Nummer sechs Taufpatenstelle zu vertreten, läuft man doch nicht mit unanständiger Eile davon, weil einem dessen bevorstehende Ankunft angezeigt wird.

Das Schlimme, ja das Abscheuliche dabei ist, dass Susanne um die Gunst, die sie eben in Gedanken verweigerte – nicht gebeten worden ist, sie vielmehr selbst angeboten und sogar nach der Geburt von Nummer fünf aufgedrungen, als sie gehört hatte: Die Kürschnersleute finden keine Taufpatin für ihre Jüngste.

Wie überrascht waren sie gewesen, da Susanne im Augenblick der größten Verlegenheit als rettender Engel erschien, aber auch, wie ehrlich beschämt! Der Mann ganz rot und die Frau ganz blass, hatten zuerst an das großmütige Anerbieten kaum glauben können. Sie hatten einander bestürzt angesehen und gemurmelt: »Nein, Mutter … das wäre zu viel.« – »Nein, Vater, das gibt's nicht …«

Und einmal wieder hatte Susanne, was »zu viel« ist und »was es nicht gibt«, getan und einmal wieder in den auserlesensten Hochgefühlen geschwelgt und sich in eine neue Gelegenheit zu fortwährenden Opfern hineingestürzt mit Mucius Scävolaischer Begeisterung.

Das der wirkliche Sachverhalt, bei dem sich die Noblesse des braven Ehepaares so deutlich geoffenbart, und aus dem Susanne so wenig gelernt hatte, dass sie entfloh wie vor einer Gefahr, vor der Aussicht auf ein neues Kunzelchen.

»Welche Abgründe im Menschenherzen, sogar in einem ganz leidlichen!«, klagte sie. »Stille, schwarze Wässerchen, verborgene Miserabilitätsadern in einem scheinbar gesunden Organismus.«

Susanne hatte viel gelitten durch die Erinnerung an ihr schnödes Benehmen gegen Herrn Kunzel, und das Gejauchze seiner Kinder, das sie jetzt vernahm, wirkte unsagbar heilend auf ihre Seelenwunden. Gar lebhaft und innig regte sich in dem Fräulein der Wunsch, ein bisschen hinüberzugehen zu den guten Leutchen, um persönlich an ihrer Freude teilzunehmen. Aber der Respekt der Einsamen vor der Familie, die man an einem Tage, wie der heutige, in ihrem friedlichen Beisammensein nicht stören darf, hielt sie davon ab, und so fuhr sie fort, ihre Besuche vergnügt in Gedanken abzustatten.

Sie flog in die Brigittenau zu ihrer Wäscherin und von

da zu dem Buchbinder Hasse in Lerchenfeld und von Lerchenfeld in die Kumpfgasse zur alten Blumenresel, zu lauter wackeren, schwer ringenden Menschen, die heute aufatmen – Susanne hat sie von ihren drückenden Sorgen befreit. Von der Kumpfgasse begibt sich das Fräulein nach der Freyung, sie tut es ein wenig zögernd.

Ach – es kann nicht anders sein! ... Wenn sie von Leuten kommt, die sich eine Ehre aus ihr machen – jetzt naht sie einer Wohnung, die auch nur im Geiste zu betreten eitel Ehre für sie ist, denn in dieser Wohnung residiert ihr Vetter Josef, der Herr Hofrat. Ein Pracht- und Mustermensch, der Vetter Hofrat, angebetet von seinen Untergebenen, hoch geschätzt von seinen Vorgesetzten, ein Beamter mit großer Zukunft. Und was für ein Ehemann!

Die Ritterlichkeit, die Liebe selbst. Verehrter Josef! ... Ja, was für ein Ehemann! Was für ein Vater und – Susanne darf sagen – was für ein Vetter!

Musterhaft schon von jeher, hatte Josef aus reinem Pflichtgefühl die Großtante manchmal in ihrer Dachkammer besucht und auf Susanne einen Eindruck gemacht, dessen Tiefe sie erst ermaß, als sie hörte: Der Vetter heiratet ein schönes, sehr reiches Fräulein.

Sie erschrak tödlich über diese Nachricht und dann über ihr Erschrecken. Hatte sie denn auf ihn gehofft, den Hohen, Einzigen? – Niemals! Mit Seelenstärke überwand sie ihren unberechtigten Schmerz; sie begeisterte sich sogar für die Frau ihres Herrn Vetters und fuhr fort, ihn zu bewundern. Seine glänzende Heirat machte ihn nicht hochmütig, er blieb immer gleich huldvoll gegen die arme Susanne.

In ihren schwersten Tagen – nie wird sie es ihm vergessen –, wenn sie ihn auf der Straße traf und wegen ihres in der Auflösung begriffenen Fähnchens und ihres ärmlichen, alten Umhängetuches vor Beschämung am liebsten zu einem Schatten auf dem Trottoir zerflossen wäre – hatte er sie nie verleugnet. Im Gegenteil, er hatte sie immer gar freundlich gegrüßt mit zwei Fingern der schwedisch behandschuhten Rechten, die er eigens zu diesem Zwecke, sogar im Winter, aus der Tasche des kostbaren Paletots gezogen; manchmal auch: »Gut'n Morgen, Sette«, dazu gesagt …

»Gut'n Morgen, Sette!«… Wie lange, wie süß hatte es immer in ihr nachgehallt und sie mit einem Klange umschmeichelt, für den sie nur *eine* richtige Bezeichnung fand – einem balsamischen Klange.

Jetzt, zu Geld und Gut gekommen, zeigte Susanne sich dankbar, indem sie jede Gelegenheit ergriff, ihrem Vetter oder einem der Seinen eine Aufmerksamkeit zu erweisen, und mit den Christgeschenken trieb sie es großmütiger von Jahr zu Jahr. Ihr Budget wurde dadurch sehr beschwert – aber ihre Seele bekam Flügel.

Und – noch mehr …

Mit den Wonnen des heutigen Tages erschöpfte das Glück sich noch nicht. Es brachte eine Fortsetzung – einen unaussprechlich lieben Besuch. Morgen, Susanne darf darauf rechnen, nach der heiligen Messe, wird der Vetter weihrauchduftend erscheinen, in Begleitung seiner imponierend schönen Frau, seines lieben fünfzehnjährigen Sohnes und seiner kleinen Tochter. Sein mächtiges, glattrasiertes Gesicht wird von dem Lichte würdevollen Wohlwollens erhellt sein, und er wird sagen: »Wirklich, Sette, zu viel, wir bitten …«

Die schöne Base jedoch wird ihm ins Wort fallen – spöttisch lachend, wie sie pflegt, wahrscheinlich, weil es ihr so reizend steht: »Nein, wie die gute Susette nur jedes Mal errät, was wir uns am meisten wünschen! Wie sie das nur anfängt, die gute Susette!«

Eine große Verwirrung wird sich des Fräuleins bemächtigen. Sollte die Kammerjungfer das geheime Einverständnis, in dem sie sich befinden, verraten haben? – Aber nein, das wäre zu schlecht, solche Schlechtigkeit kann nicht vorkommen in der Nähe *dieser* Menschen. Damit wird sie sich trösten; es werden noch einige Reden gewechselt werden, dann wird Josef aufstehen und sprechen: »Wir sind auch gekommen, um dir glückliche Feiertage und ein glückliches neues Jahr zu wünschen, Sette. Kinder, gratuliert der Tante!«

Die wohlerzogenen, artigen Kinder werden sogleich die Absicht an den Tag legen, ihr die Hände zu küssen, was sie natürlich nicht zugeben wird. Und die schöne Cousine wird – abermals mit ihrem reizend spöttischen Lächeln, ihre Wange der Wange Susannens bis auf einen Zentimeter nähern und dabei die Luft küssen … Und dann werden sie gehen, und Susanne wird sie bis an die Haustür begleiten, ins Zimmer zurückeilen, die Arme ausbreiten und rufen: »Sie waren da! Sie waren da!«, und Rosi, die verdienstvolle Magd, wird ihre Zustimmung kundgeben.

»No jo. Dos sind holt Herrschoften. Do hobn's Fräulein auch amol an B'such von Herrschoften kriegt und nit immer nur von so Leut, die wos wolln. No joh!«

Ach, der Vorgenuss und der Nachgenuss, das sind die rechten. Der Augenblick selbst hat etwas Überwältigendes … Schon das gewisse Würgen im Halse, das sich einstellt, wenn um zwölf die Glocke ertönt …

Hilf, Gott! Just als sie es denkt, da läutet's. Was bedeutet das? Wem kann es nur einfallen, daherzukommen am Weihnachtsabend? Rosi erwartet allerdings ihre Schwestern, aber die klingeln nicht, die klopfen.

Etwas Unheimliches ist's zum Glücke nicht, das Fräulein hört ihre Dienerin auf dem Gange sehr heiter sprechen, und nun tritt die schmunzelnd ein und sagt:

»Eine Visit soll ich anmelden. Noh, Tonerl, is g'fällig?«

Es ist gefällig; der Angerufene, Toni Kunzel, erscheint. Mit ernster, geschäftsmäßiger Miene, den großen, lichtblonden Kopf vorgebeugt, kommt er daher, nähert sich dem Tische und legt drei Pakete von verschiedener Größe auf ihn hin. Zu grüßen hat er vergessen vor lauter Wichtigkeit. Er wickelt das Mitgebrachte schweigend aus den vielen, nicht eben blanken Papieren, in die es eingehüllt ist, knüllt jedes extra zusammen und steckt es in die rückwärtige Tasche seines grünen Jäckchens, das zuletzt wegragt wie ein Pfauenschwanz.

Nach und nach sind zum Vorschein gekommen: eine vergoldete Nuss, ein roter Apfel und ein lebzeltener Husar, mit einem von kleinen Zähnen etwas angenagten Federbusch. Toni legt alles schön nebeneinander, ändert die Reihenfolge einige Mal, bis sie ihm recht ist und der Husar zuerst und die Nuss zuletzt kommt. Dann fährt er mit dem Rücken der Hand an dieser Darbringung, sie gleichsam unterstreichend, vorbei und sagt: »So Fräul'n. Nimm Sie sich das. Weil heute Christabend is. Dass Sie auch was hat«, und sieht sie dabei so kapabel und überlegen an, aus unsagbar treuherzigen und unschuldigen Augen, und wartet siegessicher auf die Äußerung des Beifalls, den seine Großmut erwecken muss.

»O du, Toni!«, will Susanne ausrufen, aber mitten im Satz kippt ihre Stimme um; es schießt ihr heiß in die Augen, und ihr Näschen rötet sich. Sie nimmt den edlen Spender beim Kopf und drückt einen Kuss auf seinen Scheitel, und Toni, offenbar ungemein geschmeichelt und gerührt, packt ihre kleine Rechte und küsst sie zärtlich. Dann lässt er noch eine Anpreisung und Gebrauchsanweisung seiner Gaben folgen: »'s alles gut. Alles vom Christkindel. Sie kann alles essen, auch die Nuss. Aber schad wär's halt.«

Damit empfiehlt er sich.

Das Fräulein ist wieder allein. Süße, schöner denn je belebte Einsamkeit! ... »O du, Toni!« und: »Nein, das Kind!«, sagt sie unzählig Mal. Da hat sie nun die erste Christbescherung erhalten in ihrem ganzen Leben, und das macht ihr einen Eindruck ... sie wird ganz töricht, als sie sich Rechenschaft von ihm geben will ... Es ist ein himmelblauer Eindruck, meint sie und lacht und strickt dazu. Himmelblau mit goldenen Sternchen, und stellenweise, wo er durchsichtig wird, guckt ein wehmütig grauer Hintergrund heraus. Musik ist auch dabei, die Sternchen klingen. Ein wenig verrückt diese Idee ... sei's darum! Nach einem außerordentlichen Ereignis hat man eben andre als Werkeltagsgedanken – und was fährt Susannen nicht alles durch den Kopf! Viel angenehmer Unsinn, an den sie beileibe nicht glaubt, den sie sich aber doch vorspiegeln lässt von Dame Phantasie, weil die heute so gut bei Laune ist. Wenn ein Kind das Herzensbedürfnis empfand, dich zu beschenken, spricht die alte, ewig junge Faslerin, warum sollten nicht auch Erwachsene es empfinden? Warte nur, was heute noch alles kommt!

Susanne überlegt: Was sollte kommen? Wer sollte mir etwas schenken? Der es tun könnte, der Vetter, ein Familienvater, hat andere Sorgen – und meine übrigen Bekannten sind arme Leute.

Das macht nichts, auch die können geben. Die Blumenresel zum Beispiel, die gerade jetzt, dank deiner Verwendung, dreißig Jubiläumssträuße in der Singerstraße abzuliefern hat, könnte wohl im Vorübergehen eine schöne, frische Rose für dich abgeben. Sie brauchte sich deiner nur zu erinnern, wie der kleine Toni sich deiner erinnert hat … Und der Buchbinder Hasse in Lerchenfeld, für den du den Mietzins erlegtest und der aus Abschnitzeln so allerliebste Notizbüchelchen macht. Ein Dutzend davon hast du ihm abgenommen und gleich verschenkt bis auf eines, das du, kindische, alte Person gar zu gern selbst behalten hättest, das rehbraune mit dem vierblättrigen Klee. Du überwandest diese Regung des Geizes, denn Rosi lechzte ja förmlich nach dem Büchlein, im Interesse ihres Liebhabers, ohne Zweifel. Wenn nun dem guten Hasse einfiele, was dem Kunzel-Toni eingefallen ist, dass auch du am Christabend etwas haben sollst, wenn der Meister ein solches Büchlein brächte oder schickte durch die Post … Es wäre noch Zeit, eben schlägt's sieben, da kommt der Briefträger ins Haus …

Kling! Kling! O Tag der Wunder! Werden Hirngespinste zu Erlebnissen?

Es hat wieder geläutet: Rosi geht die Haustür öffnen und schreit so laut auf, dass man's deutlich bis ins Zimmer hört:

»Jo wos denn? No, so wos…« Und schon wirbelt sie herein, und ihr auf dem Fuße folgt ein Kommissionär, dessen Gesicht gerötet und dessen Gang etwas schwankend ist. Er trägt ein mit winzigen Kerzen bestecktes, mit dem feinsten Konfekt behangenes Christbäumchen.

Susanne starrt und starrt und bringt keine Silbe über die Lippen. Umso beredter ist Rosi, die spricht ohne Aufhören: »Von der Freyung Nummer sechzehn is er geschickt, sogt er. No joh, vom Herrn Vetter, und i sog's holt – die Herrschoften … 's is lang nix kommen, ober wenn emol wos kommt, kommt wos rechts. Do stellen S' es her auf'n Tisch, 's Christbäumerl.«

Merkwürdigerweise zögert der Kommissionär, er sieht sowohl Rosi wie Susanne betroffen an und sagt, er habe den Auftrag, das Präsent dem Fräulein persönlich zu übergeben. Die Versicherung Rosis, das Fräulein stehe vor ihm, will ihm nicht einleuchten. Fräulein Rainer mit einem A sei ihm gesagt worden.

»Reiner mit E«, berichtigt Susanne, und er wiederholt:

»Mit E?«, und stellt das Bäumchen auf den Tisch, um in seiner Tasche nach dem Adresszettel zu suchen, den ihm sein Auftraggeber eingehändigt hat. Rosis Geduld jedoch ist erschöpft. Sie nimmt den Mann bei den Schultern und schiebt ihn mit kräftigen Armen aus dem Zimmer. Der Angetrunkene sucht Widerstand zu leisten, es ist aber vergeblich. »Gib ihm einen Gulden!«, ruft Susanne ihrer Dienerin nach, und das kommt mit einem Jauchzen heraus, glückseliger als das der Kunzel-Kinder. Die Jugend ist die Zeit der Freude, sagen die Leute. Irrtum! Irrtum! Alt muss man sein und eine Freude kaum noch erwartet haben, um sie zu begrüßen, wenn sie erscheint, wie Frühlingsodem an einem Wintertag.

Unwillkürlich hat Susanne vor dem Bäumchen die Hände gefaltet. Ich lasse einen Glassturz darüber machen, beschließt sie, an meinem Sterbebette soll es stehen. Mein letzter Blick soll darauf fallen und Gott danken, dass er seine Menschen so gut gegen mich sein ließ.

Wie Susanne das Bäumchen immer aufmerksamer betrachtet, entdeckt sie halb verborgen im Moose, das den zierlichen Stamm umgibt, ein Päckchen in schneeweißem Papier. Sie entfaltet es: sein Inhalt besteht in einem mit rosafarbigem Atlas überzogenen Etui. Auf dem Deckel ist ein Papierstreifen angesteckt, der eine in der mikroskopischen Schrift des Vetters ausgeführte Widmung trägt. Sie lautet:

> *Es zeigt dir dieser Stein hier*
> *Was immer ist ohne Dir:*
> *Dein Seppel.*

Ohne »Dir« und – »Seppel« O verehrter Josef! – Nun, ein Scherz, aber, Susanne kann sich nicht helfen, er hat etwas Verletzendes für sie, und geradezu von Schwindel wird sie ergriffen, als sie das Etui öffnet und … Gott! Was blickt und blitzt ihr entgegen in allen Farben des Regenbogens? Ein wundervoll gefasster Solitär …

Wahrlich, das übersteigt das Maß, innerhalb dessen eine freudige Überraschung noch angenehm ist, das geht in das Gebiet des beunruhigend Unbegreiflichen über.

Am liebsten würde Susanne die Widmung von dem Etui herabnehmen und dieses, sorgfältig verpackt, sogleich mit

einigen dankend ablehnenden Zeilen an den Vetter zurück-
schicken. Doch fürchtet sie, ihn dadurch zu verletzen und
beschließt, die delikate Angelegenheit morgen mündlich
abzumachen. Halb im Scherz, halb im Ernst wird sie den
Vetter fragen, ob er sie für eine Person hält, die man ohne
weiteres grausam beschämen darf? Und den Solitär an das
Herz legen, an dem er seine Heimstätte zu suchen und zu
finden hat, das Herz der Gemahlin.

Susanne hat sich in Gedanken alles zurechtgelegt, aber
schlafen wird sie heute kaum. Die Sorge um den wertvollen
Schmuckgegenstand, den sie gegen ihren Willen in Ver-
wahrung hat, wird ihr die Ruhe rauben. Noch ist sie un-
entschieden, in welchem ihrer Schränke sie ihn bergen soll,
als derbe Schritte das Nahen Rosis anzeigen und Susanne
nichts übrigbleibt, als das Päckchen einstweilen wieder
im Moose zu verstecken. Mit einem brennenden Wachs-
stock in der Hand tritt die Magd ein, ist sehr unwirsch und
brummt: »Nit zum Wegbringen der Mensch. Betrunken
wie a Kanon am heiligen Obend. Steht noch auf der Stieg'n
und studiert sei schmierige Adress. Nummer fünf heißt's,
sogt er. Nummer drei heißt's, sog i, kennen S' nit lesen?«

»Nummer fünf?«, fragt das Fräulein beunruhigt. »Lieb
Rosi, wenn es wirklich fünf hieße und nicht drei?« Ihr
Bedenken wird mit einer Überlegenheit belächelt, die ihr
wohltut; dabei zündet die Magd Kerzlein um Kerzlein
an. Das reich geputzte Bäumchen erstrahlt in magischem
Glanze, und dieser Glanz dringt in alle Seelentiefen Susan-
nens und leuchtet jeden Zweifel, jede leise auftauchende
Sorge hinaus.

Sie ist völlig verzückt. Ihr gutes, kleines Mopsgesicht gewinnt einen Ausdruck rührend reiner Freude, und sie sagt glückselig bewegt: »Mein erster Christbaum, Rosi, mein erster Christbaum, Ro-«

Die zweite Silbe bleibt ihr in der Kehle stecken … Es hat wieder geläutet, hastig, ja wild. Susannens Augen richten sich erschrocken auf ihre Magd. Die jedoch ist ganz übermütig: »Heute geht's ober zu. Jo, jo! Vielleicht schickt Seine Majestät der Kaiser wos.«

Sie enteilt, um die Tür aufzureißen vor der neuen Überraschung, und eine Überraschung ist's, aber was für eine!

Draußen lässt das Drohen und Fluchen einer rauhen Männerstimme sich vernehmen. Ohne anzuklopfen, ohne die Mütze zu rücken, poltert der Kommissionär ins Zimmer, schimpft fürchterlich, als er die angezündeten Kerzen am Christbaum erblickt, bläst gleich drei, vier auf einmal aus und fährt Rosi, die ihm auf dem Fuße gefolgt ist, grob an. Er hat es ja gesagt, hinüber auf Nummer fünf gehört das Bäumerl, zur Rainer mit A, und nicht zu einer alten Schachtel mit E. Den Guldenzettel, den sie ihm gespendet hat, wirft er auf den Tisch. Da hat sie, was ihr gehört, und jetzt hofft er nur, dass ihm nichts weggekommen ist, sonst – den Weg zur Polizei kennt er, den braucht ihm niemand zu weisen.

Kurz, nachdem er sich benommen wie in einer Diebeshöhle, nimmt er das Bäumchen unter den Arm, trampelt davon und schlägt hinter sich die Tür zu, dass alles dröhnt.

Susanne ließ sich auf einen Sessel, nicht wie sie sonst pflegte aus Rücksicht für den Überzug, *niedergleiten*, sondern *niederfallen*, Rosi stand vor ihr, nahm einen Zipfel der blanken Schürze und steckte ihn in den Gürtel. Ihre

Augen funkelten vor Entrüstung, ihre Lippen wurden dick und scharlachrot. Sie kreuzte die nackten Arme und sprach erregt:

»No, dos is aber doch!«

Das Fräulein hat indessen ein stilles Gebet verrichtet:

Lieber Gott, gib mir Kraft vor diesem braven, aber der feinen Politur ermangelnden Mädchen, die Würde des Familienlebens meines verirrten Vetters zu wahren. Gib mir Kraft, ich brauche sie; ich glaube, ich habe keinen Puls, und meine Füße sind ganz steif. Wie mir jetzt ist, so dürfte es der Erde sein, wenn sie dereinst in die Eisperiode tritt. Oh, meine Sonne, mein Prachtmenschenexemplar – wie siehst du aus!

»Die Rainer«, nimmt Rosi wieder das Wort, »dos is die Lokalsängerin, wo neulich so viel in der Zeitung g'standen is. Doss die daneben wohnt, weiß freilich die ganze Straß'n. Doss aber der Herr Vetter zu der ihrer Bekonntschaft g'hört, hätt i mer net denkt. Hot so e scheene Frau und lauft der schiechen Astel nach.«

Susannes Zähne klappern aneinander, die Zunge klebt ihr am Gaumen, doch gelingt es ihr, dank ihrer heroischen Anstrengung, in ziemlich natürlichem Tone zu sagen: »Ja, meine liebe Rosi, die Rainer ist eben eine große Künstlerin.«

»So? Und drum schickt er ihr wos zu Weihnachten, und vielleicht gar hinterm Rücken der gnädigen Frau?«

»Liebe Rosi«, erwidert Susanne zurechtweisend und verleugnet ihre Wahrheitsliebe, um die Familienehre zu schützen, »dieses Geschenk, es wird von ihm und von ihr sein. Es ist so Sitte bei den Herrschaften, dass sie großen

Künstlerinnen zu passenden Gelegenheiten Blumen schicken oder – Christbäume.«

»Meinen S' Fräul'n? – No jo!«, spricht Rosi mit ihrem gewohnten überlegenen Lächeln und geht, das Abendessen anzurichten, das heute aus Fisch und Gugelhupf besteht. Dazu braucht sie einen großen Punsch für sich und ihre Schwestern.

Es geschieht ohne Wissen der Gebieterin, die nicht ahnen darf, dass in ihrem Hause Spirituosen, diese Mörder der Intelligenz, genossen werden.

Während der kleine Betrug an ihr verübt wird, bleibt Susanne ihren traurigen Betrachtungen überlassen.

Solitär, wenn er nicht bei Fräulein Rainer ist! Ein Ehegatte und Familienvater? – »Ohne *Dir* …« Sie sind also auf dem Du-Fuße – »Ohne *Dir*«, schauderhaft. Wenn er noch gesagt hätte: »Ohne Dich!« – Gott, wie sinkt man sofort in jeder Hinsicht, wenn man in einer das Gleichgewicht verloren hat.

Tief bekümmert fragt sich Susanne, ob sie dem ahnungslosen Vetter, hinter dessen tiefstes Geheimnis sie gekommen ist, je wieder unter die Augen wird treten können und gar seiner betrogenen Gattin und seinen armen Kindern, deren Vater, statt für sie zu sparen, Solitäre kauft für Fräulein Rainer.

Zu Tode schämen muss sie sich vor ihnen allen … sie, die Mitwisserin einer großen Schuld. Es wird ihr aufs Herz fallen, verdammende Stimmen werden ihr zurufen: Mitwisserin! – Ach, gar zu gerne hätte sie sich den morgigen Besuch, vor dem sie schaudert, erspart, sich krank melden, sich entschuldigen lassen. Doch nein! Sie hat leider schon gelogen am Heiligen Abend, sie wird nicht wieder lügen am heiligen Tage. Durch!, sagt sie mit Strafford, mitten durch die gehäuften Trümmer ihres schönsten Wahngebildes.

Nun sitzt sie da, die Hände im Schoße, wie sie nicht mehr gesessen, seitdem sie Totenwache gehalten hat an der Bahre ihrer Großmutter.

Rosi lässt sich wieder sehen, deckt den Tisch, stellt mit berechtigtem Stolze das Abendbrot auf und wünscht guten Appetit. Sie wird beurlaubt und kehrt zu ihren eben eingetroffenen Schwestern zurück.

In der Küche geht es munter zu. Man schmaust, man plaudert, man findet des Kicherns kein Ende. Susanne nickt zustimmend mit dem Kopfe, sofort sie Lachen hört: »Freut euch des Lebens, ihr Armen, euch glüht ja noch das Lämpchen des Glaubens an die Menschen«, sagt sie leise und würgt einige Stückchen Fisch hinunter.

Sie tut es nur, um Rosi, wenn die am nächsten Tag fragen sollte: »Hat's g'schmeckt?«, erwidern zu können: »Es war so gut, dass ich nicht alles auf einmal verspeisen wollte und mir etwas aufgehoben habe für heute.« – Ach Gott ja, morgen ist wieder ein Heute und übermorgen auch, und so geht es fort und dürfte noch lange fortgehen, denn Susanne hat eine eiserne Gesundheit. Vor ihr liegt ein weiter, ein einsamer Weg. Die Menschen, denen sie Gutes tut, was ist sie ihnen? Eine unermesslich reiche Person, die einen Teil ihres Überflusses dazu verwendet, sie aus drückender Not zu befreien. Mit der Erinnerung an diese schwindet auch die Erinnerung an die Befreierin.

Stunden verfließen. Im Hause ist alles still geworden. Das Fräulein geht sich überzeugen, ob die Wohnungstür versperrt und verriegelt und die Sicherheitskette vorgelegt ist. Jawohl, so müde und schläfrig Rosi gewesen sein mag, sie hat alles in Ordnung gebracht, ehe sie zur Ruhe ging. Brave Person! Eine brave Dienerin zu haben ist ein Glück, das ein einzelnstehendes weibliches Wesen nicht hoch genug schätzen kann. Als Susanne in ihrem Schlafzimmer niederkniet zum Abendgebet, dankt sie dem Himmel ganz besonders für diese Gnade; sie betet überhaupt sehr lange, gibt immer wieder ein'ge Vaterunser zu für einen vom rechten Wege weit Abgeirrten.

Endlich legt sie sich zu Bette und will schlafen. Aber der Wille gebietet dem Schlaf nicht, verscheucht ihn im Gegenteil durch energisches Herbeirufen. Schweige denn, Wille, weichet hinweg, Gedanken! Ein tiefer, gesunder Schlaf wird Susannen heute schwerlich erquicken, doch vielleicht gelingt es ihr, in einen ihre Traurigkeit abstumpfenden Dusel zu kommen. So dämmert sie in der Finsternis, die rings um sie, die in ihr herrscht, schließt die Augen und rührt sich nicht.

Nach einer Weile, was sieht sie mit ihren geschlossenen Augen? Gerade vor sich das Erklimmen eines schwachen Lichtscheins. Er wird immer heller und geht von einer vergoldeten Nuss aus, die langsam über den Rand des Bettes aufsteigt, wie ein kleinwinziger Mond. Das Licht, das er verbreitet, ist warm wie das Leben und rosig wie die junge Liebe. Allmählich nimmt er eine noch schönere Färbung an, und darüber braucht man sich nicht zu wundern, denn die Morgenröte ist dazugekommen, eine herrlich strahlende Morgenröte, die das Nahen der Sonne verkündet, und da flammt sie auch schon empor in Gestalt eines feuerfarbigen Apfels. Als Herold, mit etwas defektem Federbusch, sprengt ein gelber Reiter vor ihr her. Er gibt seinem Rosse die Sporen, ein mächtiger Satz, und da steht er salutierend auf dem Federbette des Fräuleins.

Sie fährt auf, schlägt sich vor die Stirn, hat im Nu Licht gemacht, schlüpft in ihre Pantoffelchen und eilt ins Nebenzimmer.

Da liegt auf dem Tische vergessen ihre Christbescherung, der sichtbare Beweis, dass es doch ein Wesen gibt, das sich ihrer am Heiligen Abende erinnert und das – *selbst* ein Kind, die Geschenke des Christkindleins mit ihr geteilt hat.

Dieses wunderbare Ereignis ist ihr aufgespart worden, ihr, der alten Jungfer, die gar keinen Anspruch machen darf auf die Liebe von Kindern. Kürzlich erst hat sie ein solches Glück erfahren, und statt sich seiner innigst zu freuen, setzt sie sich hin, die undankbare Kröte, und melancholisiert und überlässt sich feigem Selbstbedauern!

Beschämt und reuig, aber mit einer sozusagen wonnegetränkten Seele ergriff Susanne ihren Husaren, ihren Apfel, ihre Nuss und begab sich zurück ins Schlafgemach. Bevor sie ihr Lager wieder aufsuchte, legte sie die Geschenke Tonis auf das Nachtkästchen in derselben Reihenfolge, die er ihnen mit Ordnungssinn und feinem Gefühle für Rangunterschiede angewiesen hatte.

Sie blieb hellmunter und überließ sich heiteren Vorstellungen, deren Mittelpunkt Toni bildete.

Was für treuherzige Augen er hat, und *treuherzig* ist er und *warmherzig* dazu, das sprach sich gar deutlich in seinem Handkuss aus. Welch ein Unterschied zwischen diesem und den Quasi-Handküssen des höflichen Neffen und der zierlichen Nichte. Susanne erinnert sich vieler kleiner Züge, die ihr im Benehmen Tonis angenehm aufgefallen sind; des Ernstes, den sie so oft an ihm bewundert hat, des Buckels voll Sorgen, den er macht, wenn ihm die Obhut über seine jüngeren Geschwister anvertraut wird. Er nimmt seinen Teil der häuslichen Sorgenlast auf seine jungen Schultern. Und brav ist er und verlässlich und hat noch nie vergessen, einen Auftrag, den das Fräulein ihm gab, zu bestellen.

Zum Pfadfinder und Genie scheint Toni – wohl ihm! – keine Anlage zu haben, aber ein vortrefflicher Mann, geschickt in seinem Fache, ein Muster für seine Standesgenossen, die Vorsehung seiner Gehilfen könnte er werden, wenn er eine tüchtige Erziehung, wenn er Bildung bekäme, die echte, die von innen heraus kommt, den Wert des Menschen erhöht und den Stolz auf seinen Wert verringert.

Wenn er die bekommen *könnte*?, fragt Susanne und ruft auf einmal laut: »Er soll sie bekommen!«

Ein Gedanke über alle Gedanken ist raketenartig in ihr emporgeschossen; sie setzt sich auf in ihrem Bette, sie lacht und weint. Es vergeht eine lange Zeit, bevor die hochgehenden Fluten ihrer Empfindungen sanft und selig verebben. Endlich liegt ihr Kopf wieder auf dem Kissen, sie atmet leicht und wird gut schlafen.

Vorher aber komme noch einmal, Freundin Phantasie, und male die ihr am morgigen Tage bevorstehenden Ereignisse deutlich aus.

Sie sieht sich, schon um acht Uhr früh, in größter Parade und mit der Spitzencoiffe, federnden Ganges hinüberwandeln zu den Nachbarn Kunzel. Die Bedienerin lässt sie ein, und sie findet die Familie, wie immer zu dieser Stunde an einem Feiertage, um den Frühstückstisch versammelt.

Beim Eintreten des verehrten und unerwarteten Gastes springen alle auf. Sie aber spricht: »Sitzen bleiben! Ich allein stehe, wie sich's gehört für eine Bittende. Lieber Meister, liebe Meisterin, erlauben Sie mir, den Toni zu adoptieren. Er bleibt Ihr Sohn und wird auch der meine, und im nächsten Jahre nehme ich als Familienmitglied teil an Ihrem Weihnachtsfeste.«

Der gestohlene Weihnachtsbaum

Ein wesentlicher Unterschied zwischen Kindern und Erwachsenen ist der, daß die Großen ungefähr wissen, was sie vom Leben zu erwarten haben, die Kinder aber erhoffen noch das Unmögliche. Und manchmal behalten sie damit sogar recht.

Seit Mitte Dezember der erste Schnee gefallen war, dachte Herr Rogge wieder an den Weihnachtsbaum und die alljährlich wiederkehrenden endlosen Schwierigkeiten, bis er ihn haben würde. Die Kinder aber nahmen allmorgendlich ihre Schlitten und zogen in den Wald, den Weihnachtsmann zu treffen. Natürlich war es einfach lächerlich, daß es in diesem Lande mit Wald über Wald keine Weihnachtsbäume geben sollte. Überall standen sie, sie wuchsen einem gewissermaßen in Haus, Hof und Garten, aber sie gehörten nicht Herrn Rogge, sondern der Forstverwaltung. Der alte Förster Kniebusch aber, mit dem Herr Rogge sich übrigens verzankt hatte, verkaufte schon längst keine Baumscheine mehr.

»Wozu denn?« fragte er. »Es kauft ja doch keiner einen. Und wenn sie sich ihren Baum lieber ›so‹ besorgen, habe ich doch den Spaß, sie zu erwischen, und ein Taler Strafe für einen Baum, den ich ihnen aus den Händen und mir ins Haus trage, freut mich mehr als sechs Fünfziger für sechs Baumscheine.«

So würde also Herr Rogge sich entweder den Baum »so« besorgen müssen – was er nicht tat, denn erstens stahl er nicht, und zweitens gönnte er Kniebusch nicht die Freude –, oder er würde achtzehn Kilometer in die Kreisstadt auf den Weihnachtsmarkt fahren müssen, zur Besorgung eines Baumes, der ihm vor der Nase wuchs – und das tat er erst recht nicht, und den Spaß gönnte er Kniebuschen erst recht nicht. Blieb also nur die unmögliche Hoffnung auf den Weihnachtsmann und seine Wunder, die die Kinder hatten.

Gleich hinter dem Dorf ging es bergab, einen Hohlweg hinunter, in den Wald hinein. Manchmal kamen die Kinder hier nicht weiter, über dem schönen sausenden Gleiten vergaßen sie den Weihnachtsmann und liefen immer wieder bergan. Heute aber sprach Thomas zum Schwesterchen: »Nein, es sind nur noch drei Tage bis Weihnachten, und du weißt, Vater hat noch keinen Baum. Wir wollen sehen, daß wir den Weihnachtsmann treffen.«

So ließen sie das Schlitteln und traten in den Wald. Was der Thomas aber nicht einmal dem Schwesterchen erzählte, war, daß er Vaters Taschenmesser in der Joppe hatte. Mit sieben Jahren werden die Kinder schon groß und fangen an, nach Art der Großen ihren Hoffnungen eine handfeste Unterlage zu verschaffen. –

Der alte Kakeldütt war das, was man früher ein »Subjekt« nannte, wahrscheinlich, weil er so oft das Objekt behördlicher Fürsorge war. Aus dem mickrigen Leib wuchs ihm ein dürrer, faltiger, langer Hals, auf dem ein vertrocknetes Häuptlein wie ein Vogelkopf nickte. Wenn der Herr Landjäger sagte: »Na, Kakeldütt, denn komm mal wieder mit! Du wirst ja wohl auch allmählich alt, daß du vor den sehenden Augen von Frau Pastern ihre beste Leghenne unter deine Jacke steckst«, dann krächzte Kakeldütt schauerlich und klagte beweglich: »Ein armer Mensch soll es wohl nie zu was bringen, was? Die Pastern hat 'ne Pieke auf mich, wie? Und Sie haben auch 'ne Pieke auf mich, Herr Landjäger, wie? Natürlich in allen Ehren und ohne Beamtenbeleidigung, was?« Und bei jedem Wie und Was ruckte er heftig mit dem Häuptlein, als sei er ein alter Vogel und wolle hacken. Aber er wollte nicht hacken, er ging ganz folgsam und auch gar nicht unzufrieden mit.

Wir aber als Erzähler denken, wir haben unsere Truppen nun gut in Stellung gebracht und die Schlacht gehörig vorbereitet: Hier den alten Förster Kniebusch, der gern Tannenbaumdiebe fängt. Dort den Vater Rogge, in Verlegenheit um einen Baum. Ziemlich versteckt das anrüchige Subjekt Kakeldütt mit großer Findigkeit für fragwürdigen Broterwerb, und als leichte Truppen, die das Gefecht eröffnen, Thomas mit dem Schwesterchen, ziemlich gläubig noch, aber immerhin mit einem nicht einwandfrei erworbenen Messer in der Tasche. Im Hintergrund aber die irdische Gerechtigkeit in Gestalt des Landjägers und die himmlische, vertreten durch den Weihnachtsmann.

Alle an ihren Plätzen –? Also los!

Das erste, was man durch den dick mit Schnee gepolsterten, stillen Wald hört, ist: ritze-ratze, ritze-ratze … Kakeldütt, erfahrener auf dunklen Pfaden als der siebenjährige Thomas, weiß, daß ein Tannenbaum sich schlecht mit einem Messer, gut mit einer Säge von den angestammten Wurzeln lösen läßt.

Herr Rogge, in Zwiespalt mit sich, greift nach Pelzkappe

und Handstock: Hat man keinen Tannenbaum, kann man sich doch welche im Walde beschauen. Kniebusch stopft seine Pfeife mit Förstertabak, ruft den Plischi und geht gegen Jagen elf zu, wo die Forstarbeiter Buchen schlagen. Die Kinder haben unter einem Ginsterbusch im Schnee ein Hasenlager gefunden, hinten ist es zart gelblich gefärbt.

»Osterhas Piesch gemacht!« jauchzt Schwesterchen.

Die alte gichtige Brommen aber hat schon zwanzig Pfennig für den Kakeldütt, der ihr weißwohlwas besorgen soll, bereitgelegt. Ritze-ratze ... Ritze-ratze ...

Förster Kniebusch – die akustischen Verhältnisse in einem Walde sind unübersichtlich –, Förster Kniebusch ruft leise den Hund und windet. »I du schwarzes Hasenklein! War das nun drüben oder hinten –? Warte, warte ...«

Ritze-ratze ...

Thomas und das Schwesterchen horchen auch. Schnarcht der Weihnachtsmann wie Vater –? Hat er Zeit, jetzt zu schnarchen –?! Friert er nicht –? Erfriert er gar – und ade der bunte Tisch unter der lichterleuchtenden Tanne?!

Ritze-ratze ...

Herr Rogge hat die Fußspuren seiner Kinder gefunden und vergnügt sich damit, ihre Spuren im Schnee nachzutreten, mal Schwesterchens, mal Brüderchens. Auch er findet das Hasenlager, auch er spitzt die Ohren. Thomas wird doch keine Dummheiten machen? denkt er. Ich hätte doch in die Stadt fahren sollen.

»Ach nee, ach nee«, stöhnt ganz verdattert Kakeldütt, wackelt mit dem Vogelkopf und starrt auf die Kinder. »Wer seid denn ihr? Ihr seid wohl Rogges –?«

»Das ist der Weihnachtsbaum«, sagt Thomas ernst und

betrachtet die kleine Tanne, die mit ihren dunklen Nadeln still im Schnee liegt.

»Weihnachtsbaum – Weihnachtsmann«, brabbelt Schwesterchen und sieht den ollen Kakeldütt zweifelnd an. Ist das ein echter Weihnachtsmann? Enttäuschung, Enttäuschung – ins Leben wachsen heißt ärmer werden an Träumen.

»Ich hab 'nen Baumschein vom Förster, du Roggejunge«, verteidigt sich Kakeldütt ganz unnötig.

»Hilfst du mir auch bei unserer Tanne?« fragt Thomas und greift in die Joppentasche. »Ich hab ein Messer.«

In Kakeldütts Hirn erglimmen Lichter. Rogges haben Geld. Sie zahlen nicht nur zwanzig, sie zahlen fünfzig Pfennig für einen Weihnachtsbaum. Sie zahlen eine Mark, wenn Kakeldütt den Mund hält. »Natürlich, Söhning«, krächzt er und greift wieder zur Säge. »Nehmen wir gleich den –?«

Herr Rogge auf der einen, Förster Kniebusch auf der andern Seite den Tannen enttauchend, sehen nur noch Thomas und Schwesterchen. Keinen Kakeldütt.

»Thomas!« ruft Herr Rogge drohend.

»Rogge!« ruft Kniebusch triumphierend.

»Nanu!« wundert sich Thomas und starrt auf die Äste, die sich noch leise vom weggeschlichenen Kakeldütt bewegen.

Der Sachverhalt aber ist klar; ein abgeschnittener Baum, ein Junge mit einem Messer in der Hand …

»Ich freue mich, Rogge«, sagt Kniebusch und freut sich ganz unverhohlen. »Stille biste. Plischi!« kommandiert er dem Hund, der in die Schonung zieht und jault.

»Du glaubst doch nicht etwa, Kniebusch?« ruft Rogge empört. »Thomas, was hast du getan?! Was machst du mit dem Messer?«

»Deinem Messer, Rogge«, grinst Kniebusch.

»Hier war ’n Mann«, sagt Thomas unerschüttert. »Wo ist der Mann hin?«

»Weihnachtsmann«, kräht Schwesterchen.

Kinder zu erziehen ist nicht leicht – Kinder vorm Antlitz triumphierender Feinde zu erziehen ist ausgesprochen schwer. »Komm einmal her, Thomas«, sagt Herr Rogge mit aller verhaßten väterlichen Autorität. »Was machst du mit meinem Messer? Woher hast du mein Messer?« Er gerät unter dem Blick des andern in Hitze. »Wie kommt die Tanne hierher? Wer hat dir gesagt, du sollst eine Tanne abschneiden?«

»Hier war ’n Mann«, sagt Thomas trotzig im Bewußtsein guten Gewissens. »Vater, wo ist der Mann hin?«

»Weihnachtsmann weg!« kräht Schwesterchen.

»Sollst du lügen, Tom?« fragt Herr Rogge zornig. »Ekelhaft ist so was! Komm, sage ich dir …« Und mit aller väterlichen Konsequenz eilt er mit erhobener Hand auf den Sohn zu. Ausgerechnet angesichts von Kniebusch als Waldfrevler erwischt! Nichts mehr scheint eine väterliche Tracht Prügel abwenden zu können.

»Halt mal, Rogge!« sagt Förster Kniebusch mit erhobener Stimme und zeigt mit dem Finger auf den frischen Baumstumpf. »Das ist gesägt und nicht geschnitten.«

Rogge starrt. »Wo hast du die Säge, Junge?«

»Hier war ’n Mann«, beharrt Thomas.

»Und recht hat der Junge, und du hast unrecht, Rogge«, freut sich der Kniebusch. »Da die Spuren – das sind nicht deine und nicht meine. – Und du hast überhaupt meistens und immer unrecht, Rogge. Damals, als wir uns verzürnt haben, hattest du auch unrecht. Fische können nicht hören! Du bist rechthaberisch, Rogge, und was war hier für ein Mann, Junge?«

»Ein Mann.«

»Und wenn ich dieses Mal unrecht hab, aber ich hab's nicht, denn wozu hat er das Messer? – Damals hatte ich doch recht. Und Fische können sehr wohl hören …«

»Unsinn – in den Kuscheln muß er noch stecken, Rogge! Los, Plischi, such, du guter Hund! Los, Rogge, den Kerl zu fassen soll mir zehn Weihnachtsbäume wert sein. Los, Junge, faß deine Schwester an, wenn du ihn siehst, schreist du!«

Und los geht die Jagd, immer durch die Tannen, wo sie am dicksten stehen.

»Weihnachtsmann!« ruft Schwesterchen. Die Tannennadeln stechen, und der Schnee stäubt von den Zweigen in den Nacken.

»Also lassen wir es«, sagt nach einer Viertelstunde Förster Kniebusch mißmutig. »Weg ist er. Wie in den Boden versunken. – Du kannst doch die Tanne brauchen, fünfzig Pfennig zahlst du, und so hat das Forstamt wenigstens was von dem Gejachter.«

Aber wo ist die Tanne? Dies ist der Platz, denn hier steht der Stumpf – aber wo ist die Tanne?

»I du schwarzes Hasenklein!« sagt Förster Kniebusch verblüfft. »Der ist uns aber über, Rogge! Holt sich noch den Baum, während wir hier auf ihn jagen. Na, warte, Freundchen, wenn ich dir mal wieder begegne! Denn die Katze läßt das Mausen nicht, und einmal treffe ich sie alle … Gib mir das Messer, Junge, damit ihr wenigstens nicht leer nach

Hause geht. Ist der dir recht, Rogge? Schneidet sich elend schlecht mit 'nem Messer, das nächstemal bringst du besser 'ne Säge mit, Junge, weißt du, einen Fuchsschwanz ...«

»Kniebusch –!« schreit Herr Rogge förmlich. Aber auf diesen Streit der beiden brauchen wir uns nicht auch noch einzulassen, er ist schon alt und wird aller Wahrscheinlichkeit nach noch sehr viel älter werden.

Jedenfalls faßte Thomas auf dem Heimwege seine Meinung dahin zusammen: »Ich glaube, es war doch der Weihnachtsmann, Vater. Sonst hätt er doch nicht so verschwinden können, Vater! Wo der Hund mit war.«

»Möglich, möglich, Tom«, bestätigte Herr Rogge.

»Aber, Vater, klauen denn die Weihnachtsmänner Weihnachtsbäume?«

»Ach, Tom –!« stöhnte Herr Rogge aus tiefstem Herzensgrunde – und war sich gar nicht im klaren darüber, wie er diesen Wirrwarr in seines Sohnes Herzen entwirren sollte. Aber schließlich war in drei Tagen Weihnachten. Und vor einem strahlenden Tannenbaum und einem bunten Bescherungstisch werden alle Zweifel stumm und alle Kinderherzen gläubig.

Weihnachten bei den Earnshaws

Cathy blieb die fünf Wochen bis Weihnachten in Thrushcross Grange. Inzwischen war ihr Fußknöchel gut verheilt, und ihre Umgangsformen hatten sich gebessert. Meine Herrin besuchte sie öfters in der Zwischenzeit und begann ihren Erziehungsplan damit, daß sie ihr Selbstbewußtsein durch schöne Kleider und Schmeicheleien zu wecken suchte, worauf Catherine bereitwillig einging. So kam es, daß statt einer zügellosen, hutlosen kleinen Wilden eine sehr vornehme Dame von einem schönen schwarzen Pony stieg. Braune Locken ringelten sich unter dem Rande eines Federhutes hervor, und sie trug einen langen Tuchrock, den sie mit beiden Händen raffen mußte, um hereinzurauschen. Hindley hob sie vom Pferd und rief entzückt aus: »Cathy, du bist ja eine richtige Schönheit! Isabella Linton kann sich nicht mehr mit ihr vergleichen, nicht wahr, Frances?« – »Isabella hat nicht die natürlichen Vorzüge wie sie«, erwiderte seine Frau, »aber sie muß sich davor hüten, hier wieder zu verwildern. Nelly, hilf Miss Catherine aus ihren Sachen.« Ich nahm ihr den Mantel ab, und darunter kamen ein prachtvoll kariertes Seidenkleid, weiße Beinkleider und blankpolierte Schuhe zum Vorschein. Ihre Augen funkelten vor Freude, als die Hunde zur Begrüßung heransprangen, aber sie wagte sie kaum zu berühren, denn sie wollte ihre schönen Kleider schützen. Sie küßte mich sanft. Dann schaute sie sich nach Heathcliff um. Mr. und Mrs. Earnshaw erwarteten diese Begegnung gespannt. Nun mußte es sich zeigen, inwiefern sie hoffen durften, die zwei Freunde voneinander zu trennen.

Zunächst war es schwer, Heathcliff zu finden. War er schon vor Catherinens Abwesenheit vernachlässigt und verwahrlost gewesen, so war dies seither zehnmal schlimmer. Niemand außer mir erwies ihm die Teilnahme, ihn dazu anzuhalten, sich einmal wöchentlich zu waschen. Sein Gesicht und seine Hände waren hoffnungslos grau, gar nicht zu reden von seinen dichten, ungekämmten Haaren und den Kleidern, die er drei Monate lang in Staub und Schlamm getragen hatte. Er versteckte sich hinter einem Sessel, als er statt der unordentlichen Catherine von früher ein so schönes, anmutiges Fräulein sah.

»Heathcliff, du kannst herkommen«, rief Mr. Hindley. »Du darfst Miss Catherine begrüßen wie das übrige Gesinde.«

Cathy flog auf ihn zu, umarmte ihn und küßte ihn in einer Sekunde sieben- oder achtmal auf die Wange, dann trat sie zurück und fing an zu lachen: »Ach, siehst du schwarz und böse aus! Und wie komisch grimmig! Aber das kommt mir so vor, weil ich an Edgar und Isabella Linton gewöhnt bin. Na, Heathcliff, hast du mich vergessen?« Sie hatte Grund, diese Frage zu stellen, denn Scham und Stolz hatten sein Gesicht verdüstert, und er stand unbeweglich.

»Gib deine Hand, Heathcliff«, sagte Mr. Earnshaw herablassend, »diesmal sei es dir gestattet.«

»Ich will nicht«, antwortete der Junge, »ich will nicht dastehen und ausgelacht werden.«

»Ich wollte dich doch nicht auslachen«, sagte Miss Cathy, »ich konnte nur nicht an mich halten, Heathcliff, so gib mir wenigstens die Hand! Was bist du so brummig? Wenn du dein Gesicht und deine Hände wäschst, wird alles in Ordnung sein, aber du bist so schmutzig!«

Sie blickte besorgt auf ihr Kleid, das wohl keine Verschönerung durch die Berührung mit ihm erfahren hatte.

»Du mußtest mich nicht anfassen!« erwiderte er, indem er ihrem Blick folgte und seine Hand zurückriß. »Ich bin so schmutzig, wie es mir paßt, ich bin gern schmutzig, und ich will schmutzig sein.« Mit diesen Worten stürzte er aus dem Zimmer, unter dem Gelächter des Herrn und der Herrin und der ernsten Bestürzung Catherinens. Sie konnte nicht verstehen, warum ihre Bemerkungen einen solchen Ausbruch hervorgerufen hatten.

Nachdem ich bei Catherine Zofe gespielt, schob ich meine Kuchen in den Backofen und entfachte, wie es sich am Heiligabend gehört, im Haus und in der Küche helle, freundliche Feuer. Mr. und Mrs. Earnshaw fesselten des Fräuleins Aufmerksamkeit mit verschiedenen bunten Kleinigkeiten, die sie den kleinen Lintons in Erwiderung ihrer Freundlichkeit schenken sollte. Sie hatten sie eingeladen, den morgigen Tag in Wuthering Heights zu verbringen, und die Einladung war unter einer Bedingung angenommen worden: Mrs. Linton hatte gebeten, daß ihre Lieblinge von dem »ungezogenen, fluchenden Jungen« ferngehalten würden.

Unter diesen Umständen blieb ich einsam. Ich dachte

daran, wie der alte Earnshaw hereinzukommen pflegte, nachdem alles aufgeräumt war, mich ein scheinheiliges Mädchen nannte und einen Schilling als Weihnachtsgeschenk in meine Hand gleiten ließ. Von da wanderten meine Gedanken zu seiner Vorliebe für Heathcliff und seiner Befürchtung, daß er nach seinem Tode vernachlässigt würde; dies ließ mich natürlich über die gegenwärtige Lage des armen Burschen nachdenken, und es kam mir in den Sinn, daß es vernünftiger wäre, etwas von dem Unrecht wiedergutzumachen, anstatt Tränen darüber zu vergießen. So lief ich in den Hof, um ihn zu suchen. Ich fand ihn damit beschäftigt, das glänzende Fell des neuen Ponys zu striegeln und die anderen Tiere wie üblich zu füttern.

»Beeile dich, Heathcliff! Die Küche ist so gemütlich, und Joseph ist oben. Mach schnell, und laß mich dich schön anziehen, bevor Miss Cathy herauskommt, dann könnt ihr den ganzen Herdplatz für euch haben und einen langen Schwatz machen bis zum Schlafengehen!«

Er setzte seine Arbeit fort und wandte nicht einmal den Kopf nach mir um.

»Komm! Kommst du? Es gibt für jeden von euch einen kleinen Kuchen – sie sind fast fertig gebacken; und du brauchst eine halbe Stunde zum Anziehen.«

Ich wartete fünf Minuten, aber da ich keine Antwort bekam, ging ich fort. Catherine aß mit ihrem Bruder und ihrer Schwägerin. Joseph und ich teilten ein ungeselliges Mahl miteinander, gewürzt auf der einen Seite mit Vorwürfen und auf der anderen mit schnippischen Entgegnungen. Heathcliffs Kuchen und Käse blieben während der ganzen Nacht auf dem Tisch. Er brachte es fertig, seine Arbeit bis neun Uhr auszudehnen, um sich dann stumm auf sein Zimmer zu begeben. Am Morgen stand er früh auf, und da es Feiertag war, trug er seine schlechte Laune in das Moor spazieren und erschien erst wieder, als sich die Familie in die Kirche begeben hatte. Fasten und Nachdenken schienen ihn in bessere Stimmung versetzt zu haben. Eine Weile strich er um mich herum, und nachdem er Mut gefaßt hatte, rief er plötzlich: »Nelly, mach mich schön, ich werde brav sein.«

»Höchste Zeit, Heathcliff, du hast Catherine betrübt, ich glaube, es tut ihr leid, daß sie überhaupt nach Hause gekommen ist!«

»Hat sie gesagt, daß sie traurig sei?« fragte er sehr ernst.

»Sie weinte, als ich ihr sagte, du seist heute morgen wieder weggegangen.«

»Nun, ich habe gestern nacht geweint, und ich hatte mehr Grund zu weinen als sie.«

»Ja, du hattest Grund, weil du mit stolzem Herzen und leerem Magen zu Bett gingst. Stolze Menschen schaffen sich selbst Kummer. Aber wenn du dich deiner Empfindlichkeit schämst, mußt du sie um Verzeihung bitten, wenn sie hereinkommt.«

Während ich Heathcliff wusch und kämmte, plauderte ich mit ihm, und er fing an, ganz vergnügt zu werden, als plötzlich unser Gespräch durch ein polterndes Geräusch unterbrochen wurde, das von der Straße her kam und im Hof endete. Er sprang zum Fenster und ich zur Tür, gerade zur rechten Zeit, um zu sehen, wie die zwei Lintons aus der Familienkalesche kletterten und die Earnshaws von ihren Pferden stiegen. Im Winter pflegten sie nämlich häufig zur

Kirche zu reiten. Catherine nahm die Kinder bei der Hand und führte sie ins Haus zum Feuer.

Ich drängte nun meinen Gefährten, sich zu beeilen und sich von seiner liebenswürdigen Seite zu zeigen, und er gehorchte bereitwillig. Ein unglücklicher Zufall wollte es, daß, als er die Küchentür von der einen Seite öffnete, Hindley von der anderen Seite eintrat. Sie trafen zusammen, und Hindley, ärgerlich, ihn so sauber und fröhlich zu sehen, oder vielleicht auch nur, um sein Versprechen an Mrs. Linton zu halten, stieß Heathcliff heftig zurück und befahl Joseph wütend: »Laß den Kerl nicht ins Zimmer – schick ihn in die Bodenkammer, bis das Mittagessen vorüber ist. Fort, du Vagabund! Was, willst du hier den Gecken spielen? Warte, bis ich dich an diesen eleganten Locken fasse und sehe, ob ich sie nicht etwas länger ziehen kann!«

»Sie sind schon lang genug«, stellte Master Linton fest, als er verstohlen durch die Tür blickte. »Ich wundere mich, daß sie ihm keine Kopfschmerzen verursachen, sie fallen ihm wie eine Ponymähne über die Augen!«

Er machte diese Bemerkung ohne beleidigende Absicht, aber Heathcliff war nicht geneigt, auch nur den Anschein einer Frechheit zu ertragen von jemandem, den er schon damals als Nebenbuhler haßte. Er ergriff eine Schüssel voll heißer Apfelsauce (das erste, was er zu fassen bekam) und schleuderte sie dem Sprecher ins Gesicht, der augenblicklich ein Geschrei erhob, so daß Isabella und Catherine herbeieilten. Mr. Earnshaw packte sofort den Sündenbock und verschwand mit ihm in seinem Zimmer, wo er zweifellos ein kräftiges Mittel anwandte, um den Jähzornsanfall abzukühlen, denn Hindley kehrte atemlos mit gerötetem Gesicht zurück. Ich nahm das Geschirrtuch und rieb gereizt Edgars Nase und Mund und sagte, es sei ihm ganz recht geschehen, weil er sich eingemischt hätte. Seine Schwester fing zu weinen an und wollte nach Hause, und Cathy stand bestürzt daneben.

»Du hättest nicht mit ihm sprechen sollen!« warf sie dem jungen Linton vor. »Er war schlecht gelaunt, und nun hast du mir die Freude an eurem Besuch verdorben; er wird geprügelt und ich hasse es, wenn er geschlagen wird. Warum hast du denn mit ihm gesprochen, Edgar?«

»Ich hab' ja gar nicht«, schluchzte der Jüngling. »Ich habe Mama versprochen, kein Wort mit ihm zu reden.«

»Na, dann weine nicht«, entgegnete Catherine verächtlich, »du bist ja nicht tot, und mach keine weiteren Dummheiten, mein Bruder kommt, sei still!«

»So, Kinder, an eure Plätze!« rief Hindley, der geräuschvoll eintrat. »Dieses Scheusal von einem Jungen hat mir gehörig warm gemacht. Master Edgar, hol dir das nächste Mal dein Recht mit den eigenen Fäusten – das gibt Hunger!«

Der Anblick des üppigen Mahles versetzte die kleine Gesellschaft bald wieder in ausgeglichene Stimmung. Sie waren hungrig nach dem Ritt und trösteten sich schnell. Mr. Earnshaw füllte ihre Teller reichlich, und die Herrin erheiterte sie mit lebhaftem Geplauder. Ich stand hinter ihrem Stuhl, um aufzuwarten, und es berührte mich schmerzlich, zu beobachten, wie Catherine mit gleichgültiger Miene ihren Gänseflügel zerlegte. »Was für ein gefühlloses Kind«, dachte ich, »wie leicht sie über den Kummer ihres alten Spielgefährten hinweggeht. Ich hätte sie nicht für so selbstsüchtig gehalten.« Sie führte einen Bissen zum Mund, legte ihn aber dann wieder auf den Teller zurück; sie errötete, und Tränen strömten ihr über die Backen. Hastig ließ sie die Gabel auf den Boden fallen und bückte sich unter das Tischtuch, um ihre Erregung zu verbergen. Ich nannte sie nicht mehr gefühllos, denn ich sah, wie sie sich den ganzen Tag wie im Fegefeuer vorkam und sich bemühte, allein zu sein oder Heathcliff zu besuchen, der von dem Herrn eingeschlossen war; ich entdeckte dies, als ich versuchte, ihm etwas Nahrung zuzustecken. Am Abend wurde getanzt. Cathy bat nun, daß er befreit würde, da Isabella Linton keinen Partner hatte; ihr Flehen war umsonst, und ich mußte den Tanzherrn ersetzen. Im Eifer des Tanzes verflog unsere Trübsal, und unser Vergnügen steigerte sich durch das Eintreffen der fünfzehn Mann starken Musikkapelle aus Gimmerton. Sie machen die Runde in allen größeren Häusern und erhalten zu Weihnachten Geldspenden. Nach den üblichen Weihnachtsweisen baten wir sie um weltliche Lieder. Da Mrs. Earnshaw Musik liebte, gaben sie viel zum besten.

Auch Catherine schätzte Musik, aber sie meinte, es töne am schönsten oben auf der Treppe, und sie ging im Dunkeln hinauf. Ich folgte ihr; unten schlossen sie die Haustüre, ohne unsere Abwesenheit zu bemerken, es waren zu viele Leute da. Sie blieb nicht oben auf der Treppe stehen, sondern stieg höher hinauf zu der Dachkammer, in der Heathcliff eingeschlossen war, und rief nach ihm. Eine Zeitlang verweigerte er trotzig jede Antwort, als sie jedoch beharrte, konnte sie ihn schließlich überreden, sich mit ihr durch die Holzbretter zu unterhalten. Ich belästigte die armen Geschöpfe nicht und ließ sie ungestört miteinander plaudern, bis ich annahm, der Gesang neige sich dem Ende zu und die Sänger müßten eine Erfrischung bekommen; da kletterte ich die Leiter hinauf, um sie zu warnen. Anstatt aber Cathy draußen anzutreffen, hörte ich ihre Stimme nun drinnen. Das Äffchen war dem Dach entlang durch die Luke der einen Bodenkammer in die Luke der anderen gekrochen, und nur mit der größten Schwierigkeit konnte ich sie wieder hinauslocken. Mit ihr erschien Heathcliff, und sie bestand darauf, daß ich ihn in die Küche nehme, da sich Joseph bei einem Nachbarn aufhielt. Ich stellte Heathcliff einen Stuhl ans Feuer und bot ihm allerlei leckere Dinge an, aber es war ihm übel, und er konnte nur wenig essen; auch meine Versuche, ihn zu unterhalten, schlugen fehl. Er stützte seine Ellenbogen auf die Knie und verharrte in dumpfem Brüten. Als ich ihn fragte, woran er dächte, sagte er ernst: »Ich versuche mir vorzustellen, wie ich Hindley einmal alles heimzahlen werde. Es ist mir gleichgültig, wie lange ich warte, wenn es mir nur endlich gelingt. Ich hoffe, er stirbt nicht vor mir.«

Zu Weihnachten tickt eine Uhr

Haben Sie 'nen Franc für mich, Madame?«
So fing es an.

Michèle sah über den Arm voller Schachteln und Plastiktüten hinab auf einen kleinen Jungen in einem viel zu großen Wollmantel und mit einer Tweedmütze, die ihm über die Ohren gerutscht war. Er hatte große dunkle Augen und ein gewinnendes Lächeln. »Ja!« Sie warf ihm zwei Münzen zu, die sie nach dem Bezahlen des Taxis in der Hand behalten hatte.

»Merci, Madame!«

»Und das noch«, sagte Michèle, der auf einmal eingefallen war, daß sie kurz zuvor einen Zehnfrancschein in die Manteltasche gesteckt hatte.

Der Junge bekam den Mund nicht zu: »Ah, Madame – merci beaucoup!«

Eine Plastiktüte war ihr entglitten. Der Kleine hob sie auf.

Michèle lächelte, nahm die Tüte mit einem Finger und drückte mit dem Ellbogen auf den Türöffner. Die schwere Tür schwang klackend auf, und sie trat über die hohe Schwelle. Ein Stoß mit der Schulter ließ die Tür wieder zufallen. Sie ging über den Hof des Mietshauses; links und rechts säumten Bambusstengel den Weg wie schlanke

Wächter, und neben den Pflastersteinen vor Hof E wuchsen Lorbeer und Farne. Charles würde schon zu Hause sein, es war kurz vor sechs. Was würde er zu all den Päckchen sagen und zu den mehr als dreitausend Franc, die sie heute ausgegeben hatte? Na gut, die meisten Weihnachtseinkäufe hatte sie damit erledigt, und eins war als Geschenk für Charles' Familie bestimmt – darüber konnte er sich kaum beschweren. Der Rest war für Charles und für ihre Eltern. Für sie selber war nur eins, ein Gürtel von Hermès, dem sie nicht hatte widerstehen können.

»Ah, der Weihnachtsmann!« rief Charles, als Michèle hereinkam. »Oder seine Frau?«

Sie ließ die Päckchen im Flur auf den Boden fallen. »Puuh! Ja, ein guter Tag. Hab viel geschafft, mein ich. Wirklich!«

»Sieht ganz so aus.« Charles half ihr, Päckchen und Tüten wieder einzusammeln.

Michèle hatte den Mantel abgelegt und war aus den Schuhen geschlüpft. Sie warfen die Päckchen auf das große Doppelbett im Schlafzimmer. Michèle redete ununterbrochen, erzählte ihm von der schönen weißen Tischdecke für seine Eltern und von dem kleinen Jungen unten vor der Tür, der sie um einen Franc angebettelt hatte. »Ein einziger Franc – nach alldem, was ich heute gekauft habe! So ein süßer Bengel, etwa zehn Jahre alt. Und sah so arm aus – seine Kleider! Genau wie in den Weihnachtsgeschichten von früher, dachte ich. Tu sais? Wenn jemand, der weniger hat, um eine Kleinigkeit bittet.« Michèle lächelte strahlend, glücklich.

Charles nickte. Michèles Familie war reich. Charles

Clément hatte sich hochgearbeitet, vom Maurerlehrling mit sechzehn zum Chef seiner eigenen Firma, Athénas Constructions, mit achtundzwanzig. Mit dreißig hatte er Michèle kennengelernt, die Tochter eines Kunden, und sie geheiratet. Manchmal wurde ihm schwindelig, wenn er an seinen Erfolg dachte, im Beruf wie privat. Er vergötterte Michèle, sie war wunderbar. Aber ihm wurde klar, daß er sich leichter als den kleinen Jungen sehen konnte, der um einen Franc bettelte (was er selber nie getan hätte), als etwa Michèles Bruder, der seine Wohltaten wie seine Schwester mit einer ganz eigenen Haltung verteilte – gütig und herablassend zugleich. Diese Haltung war ihm auch bei seiner Frau bereits aufgefallen.

»Nur ein Franc?« fragte er schließlich. Und lächelte.

Michèle lachte. »Nein, ich hab ihm einen Zehnfrancschein gegeben, den hatte ich lose in der Tasche. Schließlich ist Weihnachten.«

Charles lachte leise. »Der Kleine wird wiederkommen.«

Michèle stand mit dem Gesicht zum Wandschrank vor der offenen Schiebetür. »Was soll ich heute abend anziehen? Das hellrote Kleid, das du so magst – oder das gelbe? Das Gelbe ist neuer.«

Charles legte den Arm um ihre Taille. Die lange Reihe Kleider, Blusen und Röcke sah aus wie ein Regenbogen zum Anfassen: schimmerndes Gold, samtiges Blau, Beige und Grün, Satin und Seide. Das hellrote Kleid konnte er unter all den anderen gar nicht entdecken, sagte dann aber:

»Ja, das Rote. In Ordnung?«

»Natürlich, chéri.«

Sie waren bei Freunden zum Abendessen eingeladen.

Charles ging zurück ins Wohnzimmer und vertiefte sich wieder in seine Zeitung, während Michèle duschte und sich umzog. Er trug seine Hausschuhe – wie ein alter Mann, dachte er, dabei war er erst zweiunddreißig. Allerdings hatte er diese Angewohnheit schon seit seiner Jugend, als er mit seinen Eltern in Clichy gewohnt hatte. Jeden zweiten Tag war er mit nassen Schuhen und Strümpfen nach Hause gekommen, nachdem er auf einer Baustelle in Schlamm oder Wasser gestanden hatte, und Filzpantoffeln hatten sich danach gut angefühlt. Sonst aber war Charles schon ausgehfertig angezogen: dunkelblauer Anzug, ein Hemd mit Manschettenknöpfen und Seidenschlips, den er noch nicht festgeknotet hatte. Er steckte sich seine Pfeife an – Michèle würde noch eine ganze Weile brauchen – und ließ den Blick durch sein schönes Wohnzimmer schweifen, in Gedanken schon bei Weihnachten. Das erste Anzeichen für das Fest war der dunkelgrüne, rund dreißig Zentimeter große Adventskranz, den Michèle am Vormittag gekauft haben mußte. Er lehnte auf dem Eßtisch an der Obstschale. Michèle würde ihn bestimmt an den Klopfer der Wohnungstür hängen. Das Messing am Kamin, Schürhaken und Feuerzangen, glänzte wie immer, poliert von Geneviève, ihrer *femme de ménage.* Vier der guten Handvoll Ölbilder an den Wänden zeigten Michèles Vorfahren, zwei davon in weißen Rüschenkragen. Charles goß sich einen kleinen Glenfiddich ein und trank ihn unverdünnt. Der beste Whiskey der Welt, fand er. Ja, das Schicksal hatte es gut mit ihm gemeint: Komfort und Luxus, wohin er auch schaute. Er streifte seine klobigen Hausschuhe ab und trug sie ins Schlafzimmer, wo er mithilfe eines silbernen Schuhlöffels in seine Ausgehschuhe schlüpfte. Michèle im Bad war noch mit Schminken beschäftigt und summte vor sich hin.

Zwei Tage später traf sie den kleinen Jungen wieder, dem sie den Zehnfrancschein gegeben hatte. Sie hatte die Haustür schon fast erreicht, da erst sah sie ihn, denn sie war mit ihrer Aufmerksamkeit ganz bei dem weißen Pudel gewesen, den sie gerade gekauft hatte. An der Straßenecke hatte sie ihr Taxi bezahlt und führte nun den Welpen vorsichtig an seiner neuen schwarzgoldenen Hundeleine den Bordstein entlang. Der Welpe wußte nicht, wohin; Michèle mußte ihn hinter sich herziehen. Er drehte sich im Kreis, wuselte in die falsche Richtung, bis sein Halsband ihn würgte, sah dann gutmütig zu Michèle auf und trottete hinter ihr her. Ein Mann blieb stehen und betrachtete ihn bewundernd.

»Keine drei Monate«, antwortete Michèle auf seine Frage. In diesem Moment bemerkte sie den kleinen Jungen. Er trug denselben Wollmantel, den Kragen gegen die Kälte hochgeschlagen, und jetzt fiel ihr auf, daß es das Tweedjakkett eines Mannes war, viel zu groß für ihn, die Ärmel aufgekrempelt, die Knöpfe versetzt, damit das Jackett enger an dem Kinderkörper anlag.

»B'jour, Madame!« sagte der Junge. »Ist das Ihr Hund?«

»Ja, hab ihn gerade gekauft.«

»Wieviel hat er gekostet?«

Sie lachte.

Der Junge zog etwas aus seiner Tasche. »Das hier hab ich Ihnen mitgebracht.«

Ein winziger Stechpalmenstrauß mit roten Beeren. Als Michèle ihn mit der freien Hand entgegennahm, bemerkte sie, daß er aus Plastik war. Die Beeren hingen an künstlichen Zweiglein, der kleine Blechtopf war zerdrückt. »Danke schön«, sagte sie amüsiert. »Und was bin ich dir dafür schuldig?«

»Gar nichts, Madame!« Stolz sah er ihr in die Augen, lächelte. Ihm lief die Nase.

Sie drückte den Türknopf ihres Hauses. »Willst du kurz mit hochkommen und mit dem Hündchen spielen?«

»Oui, merci!« Er wirkte angenehm überrascht.

Michèle ging voraus, über den Hof und in den Fahrstuhl. Sie schloß die Wohnungstür auf und ließ den Hund von der Leine. Dann gab sie dem Jungen ein Tempotaschentuch aus ihrer Handtasche, und er putzte sich die Nase. Der Junge und der Welpe verhielten sich gleich, dachte sie: sahen sich um, drehten sich im Kreis, schnieften und schnüffelten.

»Wie soll ich den Welpen nennen?« fragte Michèle. »Hast du eine Idee? Und wie heißt du?«

»Paul, Madame«, erwiderte der Junge und betrachtete wieder die Wände, das große Sofa.

»Gehen wir in die Küche. Du bekommst – eine Cola.«

Der Junge und der kleine Hund folgten ihr. Michèle stellte dem Welpen Wasser hin und holte eine Flasche Coca-Cola aus dem Kühlschrank.

Der Junge trank in kleinen Schlucken aus dem Glas, während sein Blick durch die große weiße Küche schweifte. Seine Augen erinnerten Michèle an offene Fenster. Oder an die Linse einer Kamera. »Geben Sie dem Hündchen biftek haché, Madame?« fragte der Kleine.

Michèle tat gerade mit einem Löffel rotes Fleisch aus dem Einwickelpapier auf eine Untertasse. »O ja, heute schon. Vielleicht auch jeden Tag, ein bißchen wenigstens.

Später bekommt er Dosenfutter.« Als sie das Fleisch wieder verpackte, aß es der Junge mit seinem Blick förmlich auf, und spontan fragte sie: »Möchtest du was davon? Einen Hamburger?«

»Ja, auch ungebraten – ein bißchen.« Er streckte die Hand aus (schmutzige Fingernägel) und nahm, was sie ihm auf einem Teelöffel hinhielt. Paul steckte das Fleisch in den Mund.

Michèle legte das eingewickelte Fleisch zurück in den Kühlschrank und drückte die Tür zu. Irgendwie machte der Hunger des Jungen sie nervös. Natürlich bekam er nicht oft Fleisch zu essen, wenn seine Familie arm war. Sie wollte ihn nicht danach fragen. Leichter fiel es ihr, Paul kurz danach ein paar Kekse aus einer fast vollen Dose anzubieten. »Greif zu!« Sie gab ihm die ganze Dose.

Langsam, stetig aß der Junge alle Kekse auf, während er mit Michèle zusah, wie der Welpe die letzten Bröckchen von der Untertasse leckte. Dann nahm er die Untertasse und trug sie zur Spüle.

»Richtig so, Madame?«

Sie nickte. Charles und sie besaßen eine Spülmaschine und nutzten die Spüle selten für dreckiges Geschirr. Der Junge warf die leere Keksschachtel in den gelben Abfalleimer. Der Eimer war fast voll, und der Kleine fragte, ob er ihn für sie leeren solle. Michèle war verwundert, sie schüttelte kaum merklich den Kopf; ihr war, als habe sich ein Weihnachtsengel in ihr Haus verirrt. Der Junge und der weiße Welpe – der Junge so hungrig und der Welpe so jung! »Hier entlang – aber das brauchst du nicht zu tun.«

Doch der Junge wollte helfen, also zeigte sie ihm den

grauen Plastiksack vor dem Dienstboteneingang, dort konnte er den Abfalleimer entleeren. Dann gingen sie zurück ins Wohnzimmer und spielten auf dem Teppich mit dem Welpen. Michèle hatte einen blauen Gummiball mit Glöckchen gekauft. Paul rollte den Ball behutsam auf das Hündchen zu. Höflich hatte er abgelehnt, den Mantel abzulegen oder sich zu setzen. Michèle bemerkte Löcher an den Fersen beider Strümpfe. Seine Schuhe waren noch schlechter dran: Risse zwischen Sohle und Oberleder. Sogar die Säume seiner Jeans waren zerschlissen. Wie sollte ein Kind bei diesem Wetter in Jeans nicht frieren?

»Merci, Madame«, sagte Paul. »Ich gehe jetzt.«

»Wuff, wuff!« kam es von dem Welpen, der wollte, daß der Junge ihm den Ball noch einmal zurollte.

Auf einmal war Michèle so verlegen, als sei sie mit einem erwachsenen Mann aus einem anderen Land, einer anderen Kultur zusammen. »Danke für deinen Besuch, Paul. Und falls wir uns nicht mehr sehen: Fröhliche Weihnachten.«

Auch Paul schien sich nicht wohl zu fühlen in seiner Haut; er wand sich und sagte: »Ihnen ebenfalls, Madame: Fröhliche Weihnachten.« Und zum weißen Welpen: »Dir auch!« Unvermittelt wandte er sich zur Tür.

»Ich würde dir gern etwas schenken, Paul«, sagte Michèle, die ihm folgte. »Wie wär's mit einem Paar Schuhe? Welche Größe hast du?«

»Ha!« Wurde der Junge etwa rot? »Zweiunddreißig. Vielleicht auch vierunddreißig, denn ich wachse ja noch, sagt mein Vater.« Er hob einen Fuß; es sah komisch aus.

»Was macht dein Vater beruflich?« Michèle war froh, daß ihr eine unverfängliche Frage eingefallen war.

»Liefert Getränke aus. Er holt Kisten von einem Laster herunter.«

Michèle stellte sich einen kräftigen Kerl vor, der von einem riesigen LKW Kisten mit Mineralwasser, Wein und Bier herabhievte und leere Kisten hinaufwarf. Solche Arbeiter sah sie täglich überall in Paris, vielleicht hatte sie ja sogar Pauls Vater schon gesehen. »Hast du Geschwister?«

»Einen Bruder, zwei Schwestern.«

»Und wo wohnst du?«

»Ach … In einem Keller.«

Michèle wollte nicht nachfragen, ob sie wirklich im Keller oder im Souterrain wohnten oder ob seine Mutter auch arbeite. Ihr Einfall, ihm Schuhe zu schenken, stimmte sie heiter. »Komm morgen gegen elf Uhr wieder, dann hab ich ein Paar Schuhe für dich.«

Paul schien ihr nicht zu glauben. Nervös wühlte er mit den Händen in den Manteltaschen herum. »Na gut. Um elf.«

Der Junge wollte alleine den Fahrstuhl nach unten nehmen, und Michèle ließ ihn gehen.

Am nächsten Morgen um kurz nach elf schlenderte Michèle über den Bürgersteig unweit ihrer Wohnung, den kleinen Hund an der Leine. Charles und sie hatten am Abend zuvor beschlossen, ihn Hesekiel zu nennen, was bereits zu Zeke verkürzt worden war. Auf einmal erblickte sie Paul, daneben ein noch kleineres Mädchen.

»Meine Schwester Marie-Jeanne.« Paul sah aus seinen großen, dunklen Augen zu ihr auf, dann hinab zu seiner Schwester, der er stumm bedeutete, Michèle die Hand zu geben.

Michèle ergriff die kleine Hand, sie begrüßten einander.

Die Schwester war eine kleinere Ausgabe ihres Bruders mit längerem schwarzem Haar. Die Schuhe – Michèle hatte Paul zwei Paar gekauft. Sie bat beide herauf. Wieder der Lift, das Öffnen der Wohnungstür, wieder dieses Staunen, diesmal in den Augen der Schwester.

»Probier sie an, Paul. Beide Paar«, sagte Michèle.

Paul saß auf dem Boden, aufgeregt und glücklich, und zog die Schuhe an. »Sie passen! Alle beide!« Zum Spaß schlüpfte er in den linken Schuh des einen und den rechten des anderen Paars.

Marie-Jeanne interessierte sich mehr für das Apartment als für die Schuhe. Michèle holte Coca-Cola. Eine Flasche für jeden dürfte reichen, dachte sie. Sie hatte die Kinder ins Herz geschlossen, fürchtete aber, es zu übertreiben, sich irgendwie nicht mehr im Griff zu haben. Als sie mit den kalten Softdrinks hereinkam, fing Zeke gerade an, auf einem der neuen Schuhe herumzukauen, und Paul mußte lachen. Rasch brachte seine Schwester den Schuh in Sicherheit, verschüttete dabei aber ein bißchen Cola auf dem Teppich. Michèle holte einen Schwamm aus der Küche, und Paul schrubbte am Fleck herum, dann spülte er den Schwamm aus.

Und auf einmal waren beide verschwunden, mit je einem Schuhkarton unter dem Arm.

Am Abend konnte Charles seinen Brieföffner nicht finden. Er lag immer auf seinem Schreibtisch, in einem Raum neben dem Wohnzimmer, der ihnen als Bibliothek und Charles als Arbeitszimmer diente. Er fragte seine Frau, ob sie ihn vielleicht genommen habe.

»Nein. Ist er runtergefallen?«

»Habe schon nachgesehen«, erwiderte Charles.

Dennoch vergewisserten sie sich noch einmal. Der Brieföffner war aus Silber; er sah aus wie ein flacher Dolch mit einem Knauf in Form einer zusammengerollten Schlange.

»Geneviève wird ihn irgendwo finden«, bemerkte Michèle, aber kaum hatte sie das gesagt, als sie schon Paul verdächtigte – vielleicht sogar seine Schwester. Sie erschauerte, wie peinlich berührt, als sei sie persönlich verantwortlich für den Diebstahl, der doch vorerst nur eine Vermutung war, keine Tatsache. Aber Michèle fühlte sich wirklich schuldig, als sie einen Blick auf das besorgte Gesicht ihres Mannes warf. Er öffnete den Brief mit dem Daumennagel.

»Was hast du heute gemacht, Liebling?« Charles lächelte schon wieder und legte den Brief in einem Geschäftsordner ab.

Michèle erzählte ihm, sie habe sich mit der Telefongesellschaft über ihre letzte Rechnung gestritten, mit Erfolg – dies hatte sie für Charles getan, der Zweifel an dem Betrag für ein Ferngespräch angemeldet hatte. Anschließend sei sie beim Friseur gewesen, doch nur für eine Stunde, dann mit Zeke dreimal Gassi gegangen und finde, der Welpe lerne schnell. Sie erwähnte weder die zwei Paar Schuhe, die sie für den Jungen namens Paul gekauft hatte, noch den Besuch des Jungen samt seiner Schwester in ihrer Wohnung.

»Außerdem hab ich den Kranz an der Tür aufgehängt«, sagte Michèle. »Nicht viel Arbeit, ich weiß, aber ist er dir denn nicht aufgefallen?«

»Doch, natürlich. Wie auch nicht?« Er nahm sie in den

Arm und küßte sie auf die Wange. »Sehr hübsch, mein Schatz – der Kranz.«

Das war am Samstag. Am Sonntag arbeitete Charles wie so oft ein paar Stunden alleine in seinem Zimmer. Michèle kaufte einen kleinen Weihnachtsbaum mit Kreuzständer und verbrachte am Nachmittag Stunden damit, den Baum zu schmücken. Schließlich stellte sie ihn nicht auf den Boden, sondern auf den Eßtisch, weil der Welpe nicht aufhören wollte, mit dem Christbaumschmuck zu spielen. Michèle freute sich nicht gerade auf den obligatorischen Weihnachtsbesuch bei ihren Schwiegereltern am kommenden Montag, Heiligabend, punkt fünf Uhr: Die beiden hatten noch nie einen Baum gehabt, und selbst Charles hielt Weihnachtsbäume für eine alberne, aus England importierte Unsitte. Seine Eltern lebten in einer großen, alten Wohnung im ersten Stock eines Hauses im achtzehnten Arrondissement. Dort würden sie Geschenke austauschen und heißen Rotweinpunsch trinken, von dem Michèle stets übel wurde. Der Rest des Abends, in der Wohnung ihrer eigenen Eltern in Neuilly, versprach fröhlicher zu werden: Gegen Mitternacht würden sie kalt soupieren, Champagner trinken und im Fernsehen den Beginn des Weihnachtsfests auf der ganzen Welt verfolgen. Das sagte sie Zeke: »Dein erstes Weihnachten! Und du bekommst – eine Truthahnkeule!«

Das Hündchen schien sie zu verstehen und tobte mit heraushängender Zunge durchs Wohnzimmer, den Schelm in seinen schwarzen Augen. Und Paul, Marie-Jeanne? Ob sie jetzt gerade guter Laune waren? Paul vielleicht, mit seinen beiden Paar Schuhen. Und womöglich fand sie noch Zeit vor Weihnachten, Marie-Jeanne eine Bluse oder ein

Hemd zu kaufen, auch einen Kuchen für den anderen Bruder, die andere Schwester. Sie könnte das morgen, am Montag, erledigen, und vielleicht würde sie Paul noch treffen und ihm die Geschenke mitgeben können. Weihnachten, das hieß Geben, Teilen, mit Freunden und Nachbarn verbunden sein, sogar mit Fremden. Bei Paul hatte sie damit angefangen.

»Wau-Wau-Wauu!« jaulte der Welpe, am Boden kauernd.

»Einen Moment, Zeke, mein Schatz!« Michèle lief seine Leine holen.

Sie warf sich eine Pelzjacke über und ging mit dem Hündchen nach draußen.

Sofort zog Zeke hin zum Rinnstein; Michèle lobte ihn dafür. Der edle Feinkostladen gegenüber hatte geöffnet; dort kaufte Michèle Pralinen in einer wunderschönen Blechdose, die über hundert Franc kosteten – nur weil ihr die rote Schleife auf der Dose ins Auge gesprungen war.

»Madame – bonjour!«

Wieder sah Michèle hinab auf Paul, in das Gesicht des Jungen, der zu ihr aufblickte.

»Noch einmal joyeux Noël, Madame!« Paul strahlte und stampfte mit den Füßen auf. Er trug die neuen braunen Schuhe, seine Hände hatte er tief in den Taschen vergraben.

»Hättest du gern eine heiße Schokolade?« fragte Michèle. Gleich ein paar Meter weiter war ein bar-tabac.

»Non, merci.« Schüchtern drehte der Junge den Kopf weg.

»Oder eine Suppe!« sagte Michèle bestimmt, von ihrer Idee begeistert. »Komm mit rauf!«

»Ich habe meine Schwester dabei.« Paul fuhr herum, steif vor Kälte, und im selben Augenblick kam Marie-Jeanne aus der Bar geschossen.

»Ach, Madame, bonjour!« Marie-Jeanne grinste. Sie hielt eine blaue, handgeflochtene Einkaufstasche in der Hand, die leer zu sein schien, doch dann öffnete sie die Tasche und zeigte sie ihrem Bruder: »Zwei Schachteln, stimmt doch, oder? – Zigaretten für meinen Vater«, fügte sie für Michèle hinzu.

»Wollt ihr zwei nicht kurz mit raufkommen und euch meinen Weihnachtsbaum anschauen?« Immer noch glühte Michèle vor Gastfreundschaft. Was war schon falsch daran, den beiden eine heiße Suppe und etwas Süßes anzubieten?

Sie kamen mit. In der Wohnung schaltete Michèle das Radio an; die Londoner BBC brachte Weihnachtslieder. Genau das richtige! Marie-Jeanne setzte sich vor dem Baum auf den Boden und plapperte mit ihrem Bruder über die schönen Präsentpakete, die sich vor dem Ständer auftürmten, über den Christbaumschmuck und die kleinen Geschenke in den Zweigen. Michèle wärmte eine Dose Erbsensuppe auf, zu der sie die gleiche Menge Milch hinzufügte. Wohltuend und nahrhaft! Der englische Knabenchor sang ein französisches Weihnachtslied, in das sie zu dritt einstimmten:

>»Il est né le divin Enfant …
>Chantez hautbois, résonnez musettes …«

Dann, wie schon beim ersten Mal, waren beide viel zu schnell wieder verschwunden, mit ihrem Gelächter und

Geplapper. Zeke bellte, als wolle er sie zurückrufen, und Michèle blieb mit den leeren Suppenschüsseln und dem zerknüllten Pralinenpapier zurück. Spontan hatte sie den beiden die schöne Dose mitgegeben. Und in ein paar Minuten mußte Charles nach Hause kommen. Michèle hatte gerade die Küche aufgeräumt und war ins Wohnzimmer zurückgekehrt, als sie das Klicken der Fahrstuhltür hörte, dann Charles' Schritte im Flur. Und gleichzeitig fiel ihr die Lücke auf dem Kaminsims auf: die Uhr – Charles' goldene Bronzeuhr! Sie konnte doch nicht verschwunden sein! Aber so war es.

Der Schlüssel drehte sich im Schloß, die Tür ging auf.

Michèle schnappte sich einen gelb eingeschlagenen Karton – Hausschuhe für Charles – und stellte ihn statt der Uhr auf den Sims.

»Hallo, Liebling!« Er küßte sie.

Charles wollte eine Tasse Tee: Draußen wurde es kälter, er hätte sich beinah erkältet, als er auf ein Taxi wartete. Michèle machte Tee für zwei und setzte sich so, daß Charles einen Sessel wählen würde, in dem er mit dem Rücken zum Kamin saß. Doch das klappte nicht; Charles nahm sich einen anderen Sessel.

»Was soll denn das Geschenk da oben?« Er meinte das gelbe Päckchen.

Charles hatte ein Auge für Ordnung. Lächelnd und immer noch gutgelaunt ließ er die erste Tasse Tee stehen und trat an den Kamin, nahm das Päckchen, drehte sich zum Weihnachtsbaum um und sah dann zurück zum Kamin: »Und wo ist die Uhr? Hast du sie weggenommen?«

Michèle biß sich auf die Zunge. So gern hätte sie gelogen

und gesagt, ja, sie habe sie in einen Schrank gestellt, um auch den Kaminsims für Weihnachten dekorieren zu können, doch wäre das sinnvoll? »Nein, ich –«

»Stimmt etwas nicht mit der Uhr?« Charles wirkte jetzt ernst, so als frage er nach dem Befinden eines lieben Verwandten.

»Ich weiß nicht, wo sie ist«, sagte Michèle.

Charles runzelte die Stirn, schien auf einmal verspannt. Er warf das leichte Päckchen auf den Tisch, wo der Weihnachtsbaum stand. »Hast du diesen Jungen wieder getroffen? Hast du ihn etwa heraufgebeten?«

»Ja, Charles. Ja, ich – ich weiß, ich –«

»Und er war wohl heute nicht zum erstenmal hier?«

Michèle schüttelte den Kopf. »Nein.«

»Um Himmels willen, Michèle! Du weißt auch, wohin mein Brieföffner verschwunden ist, nicht? Aber die Uhr! Mein Gott, die ist wichtiger! Verdammt viel wichtiger. Wo wohnt dieser Bengel?«

»Keine Ahnung.«

Charles ging zum Telefon, blieb dann aber stehen. »Wann war er hier? Heute nachmittag?«

»Ja, vor knapp einer Stunde. Charles, tut mir furchtbar leid.«

»Weit weg kann er nicht wohnen. Wie mag er das angestellt haben, mit dir hier im Zimmer?«

»Seine Schwester war auch hier.« Michèle hatte ihr gezeigt, wo die Toilette war. Natürlich, Paul mußte in diesen Minuten die Uhr an sich genommen und in die blaue Einkaufstasche gesteckt haben.

Charles verstand, er nickte grimmig. »Na ja, wenn sie

die versetzen, werden sie fröhliche Weihnachten haben. Und ich wette, wir sehen für lange Zeit keinen von beiden wieder – wenn überhaupt. Wie konntest du diese kleinen Gauner nur in die Wohnung lassen?«

Michèle zögerte; sein Zorn schockierte sie. Der Zorn galt ihr. »Sie froren und hatten Hunger – und waren arm.« Sie sah ihrem Mann in die Augen.

»Das war mein Vater auch«, erwiderte Charles langsam, »als er diese Uhr kaufte.«

Michèle wußte das: Die Bronzeuhr war Stolz und Freude der Familie Clément gewesen, seit Charles etwa zwölf Jahre alt war. In ihrem Arbeiterhaushalt war sie das einzige schöne Stück gewesen. Gleich bei Michèles erstem Besuch bei den Cléments war ihr die Uhr aufgefallen, denn die übrige Einrichtung war scheußlich: Möbel im style rustique, überall billiges Furnier und Resopal. Außerdem hatte Charles' Vater ihnen die Uhr zur Hochzeit geschenkt.

»Das Dreckschwein«, murmelte Charles und zog an seiner Zigarette. Er starrte auf die leere Stelle über dem Kamin. »Du kennst solche Typen vielleicht nicht, meine liebe Michèle. Aber ich. Mit denen bin ich aufgewachsen.«

»Dann solltest du mehr Mitgefühl haben! Wenn wir die Uhr nicht wiederbekommen, Charles, dann kauf ich uns eine andere, die ihr so ähnlich ist wie möglich. Ich weiß noch ganz genau, wie sie aussieht.«

Charles schüttelte den Kopf, kniff die Augen zusammen und wandte sich ab.

Michèle räumte das Teegeschirr ab und verließ das Zimmer. Zum ersten Mal überhaupt hatte sie ihren Mann den Tränen nahe gesehen.

Charles wollte nicht zu dem Diner gehen, zu dem sie abends eingeladen waren. Er fand, sie solle allein hingehen und sich irgendeine Entschuldigung für ihn ausdenken. Michèle sagte zuerst, sie werde ebenfalls zu Hause bleiben, überlegte es sich dann aber anders und zog sich um.

»Ich sehe nicht, was falsch daran sein soll, eine neue Uhr zu kaufen«, sagte sie. »Ich verstehe nicht –«

»Wirst du wohl auch nie«, unterbrach sie ihr Mann.

Michèle kannte Bernard und Yvonne Petit seit Jahren und Jahren. Beide waren schon vor der Heirat mit Charles ihre Freunde gewesen. Michèle drängte es, Yvonne die Sache mit der Uhr zu erzählen, aber das war keine Geschichte, die man bei einem Abendessen für acht von sich geben konnte, und als es Zeit für den Kaffee war, hatte sie beschlossen, sie lieber gar nicht zu erzählen: Charles war ernsthaft verärgert, und das war ihre Schuld. Als Michèle jedoch gehen wollte, fragte Yvonne sie, ob sie etwas bedrücke, was Michèle erleichtert zugab. Yvonne führte sie in eine Bibliothek, die der ihrigen ähnelte, und dort platzte Michèle mit der ganzen Geschichte heraus.

»Wir haben hier genau die Uhr, die du brauchst!« sagte Yvonne. »Bernard gefällt sie nicht einmal besonders. Ha! Schrecklich, so was zu sagen, nicht? Aber die Uhr steht gleich dort drüben, meine liebe Michèle. Sieh mal!« Yvonne rückte ein paar Weihnachtskarten beiseite, so daß auf dem Wandsims die Uhr auf ihrem konvexen Sockel deutlich zu sehen war: schwarze Zeiger und ein rundes Zifferblatt mit einer krönenden Tiara aus vergoldeten Knäufen und Schnörkeln.

Tatsächlich glich die Uhr der gestohlenen fast wie ein

Ei dem andern. Während Michèle noch überlegte, holte Yvonne aus der Küche Zeitungspapier und eine Plastiktüte und wickelte die Uhr sorgfältig ein. Sie drückte sie Michèle in die Hand. »Ein Weihnachtsgeschenk!«

»Aber bei der Sache geht's Charles ums Prinzip. Ich kenne ihn. Und du auch, Yvonne. Wäre die gestohlene Uhr ein Erbstück meiner Familie, dann würde es mir nicht so viel ausmachen, das weiß ich, selbst wenn sie mich mein Leben lang begleitet hätte.«

»Ich weiß, ich weiß.«

»Und es geht darum, daß diese Kinder arm sind – und daß Weihnachten ist. Ich habe sie heraufgebeten, Paul zuerst, da war er ohne seine Schwester unterwegs. Allein ihre strahlenden Gesichter zu sehen, war so wundervoll für mich. Sie waren so dankbar – schon für einen Teller Suppe. Paul hat mir gesagt, sie lebten irgendwo im Keller.«

Yvonne hörte zu, auch wenn ihr Michèle das nun schon zum zweitenmal erzählte. »Stell die Uhr einfach auf den Sims, dort wo die andere stand. Und dann hoffe das Beste.« Dabei lächelte sie zuversichtlich.

Als Michèle mit dem Taxi nach Hause kam, lag Charles im Bett und las. In der Küche packte sie die Uhr aus und stellte sie auf den Sims. Erstaunlich, wie sehr sie der anderen glich! Charles hinter seiner Zeitung sagte, er sei vor einer halben Stunde mit Zeke draußen gewesen. Dann verstummte er, und Michèle versuchte nicht, mit ihm zu reden.

Am nächsten Tag, Heiligabend, entdeckte Charles morgens die neue Uhr auf dem Kaminsims, als er von der Küche ins Wohnzimmer kam. Dort hatten Michèle und er gerade gefrühstückt. Empört wandte Charles sich ihr zu: »*Bon*, Michèle, das reicht jetzt.«

»Yvonne hat sie mir gegeben. Uns, meine ich. Ich dachte – nur für Weihnachten …« Was genau hatte sie sich gedacht? Wie hatte sie diesen Satz beenden wollen?

»Du verstehst eben nicht«, sagte er bestimmt. »Ich habe der Polizei gestern abend jene Uhr beschrieben. Ich bin aufs Revier gegangen, und ich habe fest vor, das Ding zurückzubekommen! Ich habe ihnen auch einen etwa ›zehnjährigen‹ Jungen und seine Schwester gemeldet, die irgendwo hier im Viertel im Keller wohnen.«

Charles klang, als habe er einem furchteinflößenden Feind den Krieg erklärt. Michèle fand das grotesk. Dann redete Charles, immer noch im Brustton kaum unterdrückten gerechten Zorns, über Unehrlichkeit, Sozialhilfe für verantwortungslose Almosenempfänger, die sie nicht verdienten, ja sich nicht einmal entsprechend Mühe gaben, über den mangelnden Respekt der Asozialen vor Privateigentum, und allmählich verstand Michèle ihn: Für Charles war es, als sei jemand in seine Burg eingedrungen, als habe seine eigene Frau dem Feind das Tor geöffnet – und als stehe sie auf dessen Seite. Bist du Kommunistin, hätte er sie ebensogut fragen können. Michèle hielt sich nicht für eine Kommunistin, nie und nimmer.

»Ich glaube lediglich, daß die Reichen teilen sollten«, unterbrach sie ihn.

»Seit wann sind wir denn reich? Richtig reich, meine ich?« versetzte Charles. »Ja, ja, ich weiß schon: Deine Familie, die ist wirklich reich, und du bist daran gewöhnt. Das hast du so mitbekommen. Ist nicht dein Fehler.«

Warum um alles in der Welt sollte es ihr Fehler sein, fragte sich Michèle. Dieses Terrain war ihr schon vertrauter: Oft genug hatte sie in Büchern und Zeitungen gelesen, daß in diesem Jahrhundert Reichtum geteilt werden müsse, sonst würde alles noch schlimm enden.

»Tja, was diese Kinder betrifft – ich würd's wieder tun«, sagte sie.

Charles' Wangen zitterten vor Empörung: »Die haben uns beleidigt! Das war Diebstahl!«

Das Blut stieg ihr zu Kopfe. Sie verließ das Zimmer, genauso wütend wie ihr Mann. Aber sie meinte, nicht ganz falsch zu liegen – mehr als das, sie hatte recht. Sie sollte ihre Gedanken in Worte fassen, sich Argumente zurechtlegen. Ihr Herz raste. Sie sah kurz zur offenen Schlafzimmertür hinüber, wartete darauf, Charles zu sehen, seine Stimme zu hören, seine Bitte, zurückzukommen. Nichts, Stille.

Charles ging eine halbe Stunde später ins Büro und sagte, er werde wahrscheinlich nicht vor halb vier zurück sein. Zwischen vier und fünf wurden sie im Haus seiner Eltern erwartet. Michèle rief Yvonne an, und während sie redeten, ordneten sich ihre Gedanken, und die wenigen Tränen versiegten.

»Ich finde seine Haltung falsch«, sagte sie.

»Aber das darfst du einem Mann nicht sagen, meine liebe Michèle. Sei vorsichtig.«

Nachmittags gegen vier begann sie ganz taktvoll: Sie fragte Charles, ob ihm das Geschenkpapier des Präsents für seine Mutter gefalle. Das Päckchen enthielt die weiße Tischdecke, die sie Charles gezeigt hatte.

»Ich gehe nicht hin. Ich kann nicht.« Und trotz Michèles

Protesten fuhr er fort: »Glaubst du denn, ich könnte meinen Eltern ins Gesicht sagen, daß die Uhr gestohlen ist?«

Warum die Uhr überhaupt erwähnen, dachte Michèle? Es sei denn, er wollte ihnen Weihnachten verderben. Sie wußte, daß es aussichtslos war, ihn zum Mitkommen überreden zu wollen, also gab sie gleich auf. »Ich werde gehen. Und die Geschenke nehme ich mit.« Und sie ließ Charles verärgert brütend zu Hause zurück, wo er, wie er gesagt hatte, auf einen Anruf der Polizei wartete.

Michèle war beladen mit Geschenken aufgebrochen, Geschenke für Charles wie auch für ihre Eltern. Charles hatte gesagt, er werde gegen acht in der Wohnung ihrer Eltern in Neuilly aufkreuzen. Doch er kam nicht. Michèles Eltern schlugen vor, sie solle ihn anrufen: Vielleicht war er eingeschlafen oder arbeitete und hatte darüber die Zeit vergessen. Aber Michèle rief nicht an. Bei ihren Eltern war alles so heiter und schön – der Weihnachtsbaum, Champagner in Eiskübeln, ihre eigenen schönen Geschenke, darunter ein Reiseregenschirm im Lederfutteral. Charles und die Uhr warfen einen häßlichen, schwarzen, bedrohlichen Schatten auf den goldenen Schimmer des elterlichen Wohnzimmers, und Michèle platzte wiederum mit der ganzen Geschichte heraus.

Ihr Vater lachte leise: »Ich erinnere mich an die Uhr, glaub ich jedenfalls. Nichts Großartiges. Schließlich war sie nicht von Cellini.«

»Aber es geht doch um die Gefühle, Edouard«, sagte Michèles Mutter. »Jammerschade, daß es ausgerechnet zu Weihnachten passieren mußte. Und du warst unvorsichtig, Michèle. Andererseits muß ich dir zustimmen – ja, sie sind bloß kleine Rotzbengel von der Straße. Und die Uhr war eine Versuchung für sie.«

Michèle fühlte sich weiter bestärkt.

»Ist nicht das Ende der Welt«, brummelte Edouard und schenkte Champagner nach.

Am nächsten Tag, dem ersten Weihnachtstag, dachte Michèle an die Worte ihres Vaters. Auch am Tag danach. Das Ende der Welt war es nicht, aber irgend etwas ging zuende. Die Polizei hatte die Uhr noch nicht gefunden, doch Charles gab die Hoffnung nicht auf. Er hatte mit den Beamten gesprochen – nicht ohne Nachdruck, versicherte er seiner Frau – und ihnen eine farbige Zeichnung der Uhr übergeben, die er mit vierzehn angefertigt hatte.

»Natürlich werden die Diebe sie nicht so schnell versetzen«, sagte er zu Michèle, »aber sie werden sie auch nicht in die Seine werfen. Früher oder später wollen sie Geld dafür haben, und dann kriegen wir sie.«

»Ehrlich gesagt, finde ich deine Einstellung unchristlich, ja sogar grausam«, sagte sie.

»Und deine find ich – dämlich.«

Das Ende der Welt war es nicht, aber das ihrer Ehe. Danach konnten keine Worte, keine Küsse und Umarmungen, so es sie denn gab, Michèle für die Worte ihres Mannes entschädigen. Und was genauso wichtig war: Sie spürte im Fühlen und Denken ihres Mannes eine tiefe Abneigung, einen wirklichen Widerwillen gegen sie. Und sie selbst? Empfand sie nicht ähnlich für ihn? Charles hatte das verloren, was Michèle für Menschlichkeit hielt – wenn er es je besessen hatte. Als Kind armer, unterprivilegierter Eltern hätte er mehr Mitleid haben sollen als sie, fand Michèle.

Was war richtig? Was falsch? Sie war verwirrt, so wie manchmal, wenn sie über die Verse eines Weihnachtsliedes oder Gedichtes nachdachte, Verse, die ganz unterschiedlich interpretiert werden konnten – und doch suchte und fand das Herz, oder das Gefühl, anscheinend immer seinen eigenen Weg, so wie ihr eigenes Herz. Und war das nicht auch richtig? War es nicht richtig zu vergeben, zumal in dieser Jahreszeit?

Ihrer beider Freunde und Eltern rieten zur Geduld. Sie sollten sich für ein, zwei Wochen trennen; Weihnachten mache die Menschen immer nervös; Michèle könne solange zu Yvonne und Bernard ziehen – was sie auch tat. Danach könnten Charles und sie noch einmal reden. Was sie auch taten. Doch eigentlich hatte sich nichts geändert, gar nichts.

Vier Monate später waren Charles und Michèle geschieden. Und die Uhr wurde nie gefunden.

Heiligabend bei der Großmutter

In der Mühle wie im Forsthaus und auf der Alten Bleiche herrschte der Brauch, dass jeder, der am Heiligen Abend oder Heiligen Tag vorüberkam, so viel essen und trinken durfte, wie er wollte; wäre niemand gekommen, hätte sich Großmutter einen Gast an der nächsten Wegkreuzung gesucht. Welche Freude hatte sie diesmal, als vor dem Heiligen Abend unverhofft ihr Sohn Kaspar und der Sohn des Bruders aus Oleschnitz kamen! Einen halben Tag lang weinte sie vor Freude, und immer wieder lief sie vom Backen fort ins Zimmer, wo die Gäste bei den Kindern saßen, um den Sohn zu sehen und den Neffen zu fragen, was dieser und jener in Oleschnitz mache, und den Kindern wiederholte sie einige Male: »So wie ihr hier den Onkel seht, genauso war euer Großvater, wie aus dem Gesicht geschnitten ist er ihm, nur die Statur hat er nicht von ihm.« Die Kinder betrachteten die Onkel von allen Seiten, und sie gefielen ihnen sehr, weil sie auf alle ihre Fragen freundlich antworteten.

Jedes Jahr wollten die Kinder fasten, um das goldene Schweinchen zu sehen, aber dazu kam es nie; der Wille war gut, aber der Leib war schwach. Am Heiligen Abend wurde jeder reich beschenkt, auch das Geflügel und das Vieh bekamen Striezel, und nach dem Abendessen nahm

Großmutter von allem, was aufgetragen worden war, einige Stückchen; diese warf sie zur Hälfte in den Bach, die andere Hälfte vergrub sie im Garten unter einem Baum, damit das Wasser rein und gesund und die Erde fruchtbar bleibe; dann klaubte sie alle Brosamen zusammen und warf sie ins Feuer, damit es keinen Schaden anrichte. Hinter dem Stall schüttelte Betka den Fliederbusch und rief: »Schüttle, schüttle dich, Flieder, bring mir meinen Liebsten wieder!« In der Stube gossen die Mädchen Blei und Wachs, und die Kinder ließen in Nussschalen Kerzchen schwimmen. Jan stieß heimlich gegen die Schüssel, damit das Wasser die Schalen bewege, denn sie bedeuten die Lebensschiffe, die sich vom Rand gegen die Mitte bewegten; schließlich rief er freudig aus: »Schaut, ich komme weit, weit in die Welt hinaus!« – »Ach, Bub, wenn du in den Strom des Lebens gerätst, in Strudel und Riffe, wenn die Wogen dein Lebensschiff hin und her werfen, dann wirst du dich nach dem stillen Hafen zurücksehnen, aus dem du ausgefahren bist«, sagte die Mutter vor sich hin und schnitt als Glücksorakel für den Knaben einen Apfel quer in zwei Hälften. Das Kerngehäuse bildete einen Stern, drei Strahlen waren klar, zwei verkümmert und wurmig. Sie legte den Apfel mit einem leisen Seufzer zur Seite, schnitt den zweiten für Barunka auf, und als sie wieder einen verdunkelten Stern sah, sagte sie vor sich hin: »Weder der eine noch die andere wird ganz glücklich sein.« Sie zerschnitt noch Äpfel für Wilhelm und Adelchen, darin zeigten sich gesunde Sterne mit vier Strahlen. Die werden es vielleicht, dachte die Mutter. Adelchen riss sie aus ihren Gedanken und beklagte sich, dass ihr Schifflein nicht vom Rande weiterschwimmen wolle, und das Kerzchen sei schon fast niedergebrannt. – »Auch meins erlischt schon und kam nicht weit«, sagte Wilhelm. Da stieß wieder jemand gegen die Schüssel, das Wasser schaukelte und die gegen die Mitte schwimmenden Schifflein sanken. »Ätsch! Ätsch! Ihr werdet früher sterben als wir!«, riefen Adelchen und Wilhelm. – »Das macht nichts, wenn wir nur weit in die Welt hinauskamen«, antwortete Barunka, und Jan stimmte ihr zu. Die Mutter schaute nachdenklich auf die erloschenen Lichter, und eine Ahnung bemächtigte sich ihrer Seele, dass dieses Spiel doch die Zukunft der Kinder voraussagen könnte.

»Wird uns das Christkind etwas bringen?«, fragten die Kinder leise die Großmutter, als der Tisch abgeräumt wurde.

»Das kann ich nicht wissen. Ihr werdet hören, ob es läutet«, antwortete die Großmutter.

Die kleineren Kinder stellten sich vors Fenster, denn sie meinten, das Christkind müsste an den Fenstern vorüberkommen und sie könnten es hören.

»Wisst ihr nicht, dass das Christkind weder zu hören noch zu sehen ist?«, sagte die Großmutter. »Es sitzt im Himmel auf einem lichten Thron und schickt den braven Kindern die Gaben durch seine Engel, die auf goldenen Wolken herabschweben. Ihr könnt nichts als das Spiel der Glocken hören.«

Die Kinder schauten in die Fenster, während sie der Großmutter andächtig zuhörten. Da huschte ein Schein an den Fenstern vorbei, und von draußen klang ein Glöcklein. Die Kinder falteten die Hände, und Adelchen flüsterte: »Großmutter, der Schein war das Christkind, nicht wahr?«

Großmutter bestätigte es, da trat auch schon die Mutter herein und meldete, das Christkind habe in Großmutters Stube beschert. Das war ein Rennen, das war eine Freude, als sie den erleuchteten und geschmückten Baum sahen und darunter die herrlichen Geschenke. Großmutter hatte diesen Brauch nicht gekannt, er wurde im Volk nicht gepflegt, aber er gefiel ihr. Schon lange vor Weihnachten kümmerte sie sich um den Baum und half der Tochter beim Schmücken. »In Neiße und Glatz kennt man den Christbaum auch. Erinnerst du dich, Kaspar? Als wir dort lebten, warst du schon ein großer Junge«, sagte die Großmutter zu ihrem Sohn, überließ die Kinder der Freude an den Geschenken und setzte sich neben Kaspar auf die Ofenbank.

»Wie sollte ich mich daran nicht erinnern?«, sagte Kaspar. »Es ist ein schöner Brauch, und du tatest gut, Theres, ihn einzuführen. Die Kinder werden einmal in der Mühsal des Lebens schöne Erinnerungen an ihn haben. In diesen Tagen denkt der Mensch vor allem in der Fremde daran, das habe ich in den vielen Jahren, die ich in der Welt war, erfahren. Ich hatte es bei meinem Meister recht gut, aber stets dachte ich: Wenn ich lieber bei der Mutter wäre, alles gute Essen hätte ich für Honigbrei, Mohnkuchen und Erbsen mit Kraut hergegeben.«

»Unser Essen«, sagte die Großmutter lächelnd und nickte mit dem Kopf. »Aber du hast das Dörrobst vergessen.«

»Ihr wisst, das mochte ich nicht gern. In Dobruschka nennen sie es die Musik. Aber an noch etwas hab ich mich gern erinnert. Das haben wir alle gern gehört.«

»Ich weiß, was du meinst: den Umzug der Hirten. Den

gibt es auch hier. Wart nur, gleich wirst du das Lied hören«, sagte die Großmutter, und kaum dass sie es gesagt hatte, erklang draußen vor dem Fenster die Trompete des Schäfers. Zuerst blies er die Melodie des Hirtenlieds, dann begann er zu singen: »Auf, auf, ihr Hirten, euch nicht verweilet, nach Bethlehem eilet, geboren im Stall ward der Erlöser, das freuet euch all!«

»Du hast recht, Kaspar. Wenn ich dieses Lied nicht hörte, wäre mir der Heilige Abend nicht so fröhlich«, sagte die Großmutter, die aufmerksam lauschte. Dann ging sie hinaus und legte dem Hirten einen Lohn in den Sack.

Am Stephanstag zogen die Burschen in die Mühle und ins Försterhaus. Wären sie nicht gekommen, hätte die Frau Mutter gemeint, die Decke sei über ihnen eingestürzt, und sie wäre in die Alte Bleiche heruntergekommen. Aus dem Försterhaus kamen dafür Adalbert und Franz herunter und sangen auf der Alten Bleiche.

Die Weihnachtstage gingen vorbei. Die Kinder sprachen schon davon, dass nun bald die Drei Könige kommen würden, und mit ihnen die Kurrendeschüler und der Herr Lehrer, der an die Tür die Namen der Drei Könige schrieb.

Die Weihnachtsfrage

Was Geri am Dezember stört, sind die andern.
Er selbst hätte kein Problem damit. Im Gegenteil: Er liebt es, wenn es weihnächtelt. Die Heilsarmee, die Maronistände, die glitzernden Schaufenster und diese kollektive Torschlußpanik gefallen ihm tief im Innersten. Aber anmerken läßt er sich nichts. Wie könnte er, als Stammgast einer Bar, in der im Dezember und Januar kein Christbaum steht, dafür den ganzen Rest des Jahres?

Den Christbaum hatte Weihnachten vor fünf Jahren Pamela zurückgelassen. Pam stammt aus L. A. und war eines Tages in Begleitung eines männlichen Fotomodells in der SchampBar aufgetaucht und von diesem noch am selben Abend wegen eines anderen männlichen Fotomodells sitzengelassen worden. Das hatte die Stammgäste derart empört, daß sie Charly, den Barman, genötigt hatten, die aufgelöste, mittellose und hübsche Pam vom Fleck weg zu engagieren. Schon nach wenigen Tagen nervte Pam die Gäste mit ihrer künstlichen Herzlichkeit und ihrem »Hi honey, how are we today?«. Aber Charly verliebte sich in sie und ließ nichts auf sie kommen, obwohl sie ihn, wie die Bar vermutete, nie erhörte und ihn ihrerseits nach kurzer Zeit wegen eines Industrie-Fotografen (das »Industrie« hatte er ihr verheimlicht) sitzenließ. Charly war so getroffen, daß er das künstliche Christbäumchen mit den blinkenden bunten Kerzchen, das Pam ungefragt, aber unwidersprochen neben der Kasse aufgebaut hatte, unberührt stehenließ.

Die Stammgäste spürten, daß das Bäumchen Charly als Pamela-Altar bei seiner Trauerarbeit half, und ließen es pietätvoll unerwähnt. Erst als es nach den Sommerferien immer noch traurig vor sich hin blinkte, wagte Robi Meili die Bemerkung: »Aber über die Festtage räumst du es ab?«

Seither steht das Bäumchen von Anfang Februar bis Ende November nonkonformistisch neben der Kasse und wird über die Festtage weggeräumt. »Aus Protest gegen den Weihnachtskonsumterror«, wie es Carl Schnell nennt. Ein schwacher Protest, denn ob sich die Weihnachtszeit durch ein Bäumchen ankündigt oder durch dessen plötzliches Fehlen, kommt aufs gleiche hinaus, findet Geri Weibel. Aber er ist nicht dafür geschaffen, gegen den Strom zu schwimmen.

So ignoriert auch er an diesem ersten Dezember wieder die leere Stelle neben der Kasse und beteiligt sich an den Gesprächen, die sich um alles drehen außer um das, was der Dezember bringt. Weihnachten steht vor der Tür, und was die SchampBar betrifft, bleibt es auch dort stehen.

Die Bar ist während der ersten Dezemberwochen die einzige weihnachtsfreie Zone der Stadt. In ihr drängen sich die, die so tun, als wäre nichts, und die doch ein wenig lauter sind als sonst. Selbst die Abendverkäufe hinterlassen keine Lücken am dichtbesetzten Tresen. Und die Einkaufstaschen an den Haken über der Fußstange enthalten Grundnahrungsmittel, keine Geschenkpäckli.

Aber je konsequenter man in der SchampBar die Weihnachtszeit verschweigt, desto gegenwärtiger wird sie. Ab der Monatsmitte wird es Zeit, daß jemand den Bann dadurch bricht, daß er ihn beim Namen nennt. Wie immer ist das Robi Meili, der Mann mit dem Gefühl für das Richtige zur rechten Zeit. »Da draußen sind wieder einmal alle am Durchdrehen«, stößt er verächtlich aus, als er die Schamp-Bar betritt wie ein Polarforscher die rettende Forschungsstation. Erleichtert nehmen die andern den Faden auf.

»Wie wenn es ab morgen verboten wäre, häßliche Krawatten und pädagogisch wertvolle Spielsachen zu kaufen«, sagt Freddy Gut.

»Ich dachte, die Leute hätten kein Geld«, wundert sich Susi Schläfli.

»Lieber Schulden als keine Geschenke«, schnaubt Carl Schnell. Der Weihnachtsrummel wird ein toleriertes Thema in der SchampBar und verliert dadurch etwas von seinem Schrecken.

Aber in der letzten Woche vor dem »eiligen Abend«, wie Robi Meili sagt, lichten sich die Reihen und beginnen die Blicke derer, die ausharren, zu flackern. Die erste, die einbricht, ist Susi Schläfli. »Keine Geschenke an Erwachsene, habe ich gesagt«, verteidigt sie sich, als Alfred »Izmir« Huber sie auf den Goldbändel anspricht, der aus ihrer großen Handtasche blitzt.

Und Freddy Guts Einkaufstasche enthält angeblich nur deshalb ein Geschenk, weil er in einem Moment der Abgelenktheit die Verkäuferin nicht gehindert hat, seinen neuen Weinführer geschenkzuverpacken.

Geri gibt sich keine Blöße. Diskret tätigt er am 23. Dezember seine Panikeinkäufe. Und er würde auch weiterhin als immun gegen das Weihnachtsfieber gelten, wäre er am Packtisch nicht Carl Schnell begegnet, der sich eben ein elektrisches Brotmesser geschenkverpacken läßt.

Liebesbriefe von Rolf

Es passte mir nicht – ausgerechnet am 23. Dezember erreichte mich die traurige Nachricht. Ich hätte noch unerhört viel einkaufen und vorbereiten müssen. Für meinen Mann hatte ich noch gar kein Geschenk, er würde sich wie stets gegenüber den Kindern zurückgesetzt fühlen. Ich wusste aber genau, dass ich es auch meinen Sprösslingen nie recht machen konnte, ihre Erwartungen waren immer umfangreicher als mein Budget. Das größte Problem an Weihnachten ist ja die Familie, wenn man die abschaffen könnte, wäre es ein wunderbares Fest.

Eine Nachbarin hatte meine Tante tot aufgefunden und bereits einen Arzt alarmiert, doch weiter hatte sie keinen Finger gerührt.

Meine Kinder trieben sich – wie nicht anders zu erwarten – an ihrem ersten freien Schultag bei ihren Freunden herum, hatten ihre Handys ausgeschaltet und waren nicht zu erreichen. Ich schrieb je eine Liste mit dringenden Aufträgen für Sohn und Tochter, rief die Sekretärin meines Mannes und zwei Freundinnen an und setzte mich ins Auto. In etwa einer Stunde konnte ich an Ort und Stelle sein, falls es keinen Feiertagsstau geben sollte.

Eigentlich war es nicht unbedingt meine Pflicht, mich um alles zu kümmern, was mit Mielchens Beerdigung und

Wohnungsauflösung zusammenhing. Aber Mutter, die es bestimmt stöhnend und gern getan hätte, lag im Krankenhaus. Meine Schwester, die sonst immer alles tatkräftig regelte, lebte seit einem Jahr mit einem neuen Liebhaber in Australien.

Auf der Autobahn hatte ich Zeit zum Nachdenken. Als wir Schwestern noch sehr klein waren, hatten wir uns immer über die Weihnachtsbesuche der Tante gefreut. Zwar hatte sie uns nie fünf DM in die Hand gedrückt, dafür stundenlang vorgelesen und kein noch so blödes Würfelspiel verschmäht. Ihre Geschenke waren gediegen und pädagogisch wertvoll: gute Bücher, Orff-Instrumente, Waldorf-Spielzeug aus Holz. Vor allem aber Puppenkleider nach unseren Wünschen und Angaben. Ein Teddypullover in blau-weißem Norwegermuster – wer außer uns besaß schon so etwas! Jedes Jahr hatte Mielchen mit uns aufgeräumt, geputzt, gebacken, gespielt, gefeiert und mit Inbrunst gesungen.

Bis wir in ein Alter kamen, in dem wir uns über Vorlesen, Würfeln und Puppenmode nicht mehr freuten. Auf einmal bemerkten wir, dass Mielchens grauer Dutt eine unmögliche Frisur war, dass sie selbstgestrickte und handgewebte Kleider trug. Meine Tochter könnte so ein graues Trachtenjäckchen und den halblangen, erbswurstfarbenen Bordürenrock vielleicht an Fastnacht anlegen und als komisches Landei losziehen. Meine Schwester und ich fanden Mieles Garderobe jedoch gar nicht lustig, sondern einfach grässlich. Unmodern oder gar spießig war übrigens nicht der richtige Ausdruck, Tante Mielchen war auf ihre spezielle Art ein Neutrum und zeitloses Wesen.

Seit ich erwachsen war, habe ich sie auf Drängen meiner Mutter mehrmals besucht, das letzte Mal vor fast fünf Jahren, wie ich beschämt nachrechnete. Ihre Wohnung hatte mich nicht überrascht. Nein, nicht direkt spießig. Säuberlich, altdeutsch, rechtschaffen, anthroposophisch bis evangelisch, nirgends Kunststoff, vielmehr Keramiklampen mit Leinenschirm, Schaffelle auf dem Sofa, sogar eine Andeutung von Unordnung und keineswegs nur langweilige Bücher.

Damals, als Teenager, hatten wir kurz vor Weihnachten in der Küche gesessen und über Tante Mielchen gelästert. Nicht direkt bösartig, eher reichlich arrogant. Auf einmal hörten wir eine Tür zufallen und wussten nicht genau, ob die Tante uns eine Weile belauscht hatte. Falls ja, was hatte sie mitgekriegt? Es war so peinlich, dass wir nicht wagten, mit Mutter oder gar mit der Tante selbst darüber zu sprechen. Im Übrigen blieb sie gleichbleibend freundlich, hatte also wahrscheinlich überhaupt nichts mitbekommen. Ab dem folgenden Weihnachtsfest besuchte sie uns nicht mehr, schickte aber immer ein liebevolles Päckchen. Teils waren wir froh darüber, meine Mutter eingeschlossen, teils fehlte sie.

Mielchen war die ältere, einzige Schwester meines Vaters, die einzige Verwandte überhaupt, die von seiner Seite übriggeblieben war. Unsere Eltern hatten früh geheiratet, mein Papa hatte rasch zwei Töchter gezeugt, dann war er tödlich verunglückt. Wir wussten wenig über ihn, und eigentlich wusste Mutter auch nicht viel. Zuweilen erzählte Mielchen von ihrem Bruder, meistens waren es harmlose oder drollige Kindergeschichten. Immer hatte ich vorgehabt, sie zu ausführlicheren Informationen zu motivieren, nun war es zu spät.

Kleidung und Lebenswandel meiner Tante waren stets von keuscher Bescheidenheit. Es hätte daher gut zu ihr gepasst, wenn sie Diakonisse geworden wäre, wo sie doch jahrelang in einem christlichen Krankenhaus gearbeitet hatte.

Nach aufreibender Fahrt kam ich in Mielchens phantasieloser Neubausiedlung an, klingelte bei der Flurnachbarin und wurde mit einem Wortschwall empfangen. Frau Falkenberg hatte die Leblose gefunden, war leicht verstört und jetzt erleichtert, durch meine Anwesenheit aller Verantwortung enthoben zu sein. Sie schloss auf und führte mich in Tante Mielchens Zweizimmerwohnung. Die Tote lag angezogen auf dem Bett, nur die zwei obersten Blusenknöpfe geöffnet. Sie wirkte so manierlich wie immer. Der Herzstillstand hatte sie überrascht, glücklicherweise hatte es keine Krankheit, keine einsame Leidenszeit gegeben.

Die Nachbarin ließ mich allein. Eine Weile saß ich neben der Toten und betrachtete ihr gesammeltes, ernstes Gesicht. Dann galt es zu handeln. Der Arzt war bereits hier gewesen, ein Totenschein lag auf dem kleinen Sekretär. Ich suchte im Telefonbuch die Nummer eines Bestattungsunternehmens heraus und rief an. Der Personalausweis, die Geburtsurkunde oder der Taufschein sollten bereitliegen. In drei Stunden würde der Leichnam abgeholt.

Ich öffnete die oberste Schreibtischschublade und fand sofort alles Nötige. Die Tante hatte vorgesorgt. Übersichtlich, ja penibel abgeheftet lagen sämtliche Papiere bereit, sogar ihre Examensurkunde und der Mietvertrag. Außerdem ein handgeschriebenes Testament.

Zu meinem Erstaunen war ich als Alleinerbin eingesetzt. Warum nicht meine Mutter oder Schwester, eine kirchliche Einrichtung oder ein Waisenhaus? War es, weil wir uns irgendwie ähnlich sahen? Viel gab es wohl ohnedies nicht zu erben, aber ich blätterte doch im Sparbuch: Die Summe war kaum höher, als ich erwartet hatte. Außerdem gehörte mir nun ihr gesamtes Inventar, weder antik noch neu. Schlicht, aber geschmacklos, würde mein ambitionierter Herr Sohn dazu sagen. Auf jeden Fall musste ein professioneller Entrümpler her.

Ich sah meine Tante immer wieder an: Sie sah friedlich aus, entrückt, fast wie eine Schlafende. Irgendwann konnte ich es nicht mehr ertragen, holte ein Laken aus dem Kleiderschrank und deckte es pietätvoll über die kleine Gestalt.

Nun wartete ich auf den Bestatter, zündete eine der vielen Honigkerzen an, machte mir Kaffee, öffnete Fenster, Schubladen und Schränke und schloss sie wieder. Sollte ich eine Todesanzeige verschicken? Vor kurzem hatte ich eine in der Zeitung gesehen, schwarz umrahmt, aber ohne larmoyanten Text. Das hatte mir eigentlich gefallen. Oder hätte Tante Mielchen eine Formulierung bevorzugt wie: *unsere über alles geliebte Verstorbene* und *in tiefer Trauer*? Aber wem sollte ich diese Botschaft überhaupt schicken? Sie hatte ja nur uns.

Man müsste ein Adressbüchlein finden, vielleicht gab es doch eine Freundin oder entfernte Verwandte, von denen ich nichts wusste. Ich suchte erneut.

Die unterste Schublade der Wäschekommode war der

Korrespondenz vorbehalten. In Schuhkartons lagerte die Post, mit hellblauen Schleifen gebündelt wie bei jungen Mädchen. Kurze Nachrichten meiner Mutter, Bedankmich-Kärtchen von meiner Schwester und mir, Briefe einer Freundin, die vor vier Jahren gestorben war. Sogar ein paar Postkarten meines Vaters. *Mielemaus* schrieb er und *Schwesterherz*.

Ein extra Karton, als einziger mit handgeschöpftem Papier bezogen. *Dein Rolf,* wer war das denn? *Sehr geehrtes Fräulein Emilie, liebes Mielchen, über alles geliebtes Mielchen.*

Hatte die Tante doch nicht immer ein Nonnenleben geführt? Meine neugierige Mutter würde nach diesen Briefen fiebern, doch ich war die Alleinerbin. Sollte ich Tante Mielchens Geheimnis ergründen oder alle Liebesbriefe taktvoll vernichten? In dieser Richtung habe ich zwar gedacht, aber nur kurz, dann begann ich in chronologischer Reihenfolge mit dem Lesen.

Rolf bedankte sich umständlich für ein Buch und ließ sich lange über den Inhalt aus. *Die Bedeutung von Yoga für den Asthmakranken.* Von Einsamkeit war die Rede. Der Kranke lebte vielleicht in einem Sanatorium, mutmaßte ich. Die nächsten Briefe waren genauso artig. Mir schien, Rolf und Mielchen schrieben sich, ohne einander zu kennen. Eine Stelle gab mir indes zu denken: *In meiner zwar selbst verschuldeten, aber moralisch abgebüßten Isolation …*

Der Kerl saß im Knast, das war's.

Ich ging mir die Hände waschen. Im Bad: Kaiser Borax, eine blaue Niveadose, Uralt Lavendel, eine runde Pappschachtel mit langen, gewellten Haarnadeln. Im Apothekenschränkchen: Klettenwurzelöl, Globuli, Sennesblättertee und weitere Naturheilmittel. Es roch ein wenig nach Sagrotan.

Bevor ich mich wieder an die Briefe machte, durchwühlte ich ein Kästchen mit Fotos. Häufig begegnete ich mir selbst – mit Zöpfen, Pagenkopf, Dauerwelle, zu Weihnachten, Ostern, Geburtstag. Irgendwann wollte ich auch meine eigenen kindlichen Ergüsse durchgehen – was mich bestimmt gerührt und leicht verlegen machen würde, doch jetzt war ich auf Rolfs Spur. Im Übrigen fanden sich nur wenige Fotos von Männern, sie stammten von meinem Vater und Großvater. Beide ähnelten sich durch ihre wölfische Physiognomie, die weder Mielchen noch ich selbst geerbt haben. Endlich entdeckte ich ein unbekanntes Gesicht, auf der Rückseite des Fotos stand: *In Liebe Dein Rolf.*

Er war ein mickriger Mann mit schlechter Haut, so um die fünfzig. Korrekt gekleidet, Seitenscheitel, verkniffener Mund, wache Augen hinter einer dicken Brille. Die linke Hand erschien am Bildrand, und ich entdeckte eine große Narbe.

Zwei Jahre lang schrieben sie Briefe, ohne sich je getroffen zu haben. Dann kam eine Wendung: Rolf freute sich auf ihren angekündigten Besuch zu Weihnachten.

Ich begann zu rechnen. Richtig, es war das erste Christfest, an dem Tante Mielchen uns nicht besucht hatte. Jahrzehntelang hatten mich Schuldgefühle geplagt, weil ich mich als Urheberin ihres Fernbleibens fühlte. All die Zeit hatte ich geglaubt, meine Schwester und ich hätten die sensible Tante tief gekränkt. Doch so war es anscheinend nie gewesen. Mielchen hatte unser dummes Geschwätz entweder nicht verstanden oder zeigte sich erhaben und nahm uns nicht ernst.

Ich wanderte wieder durch Flur, Küche, Bad. Tante Mielchen hatte wohl gewollt, dass ich alles über ihre Liebesbeziehung erführe. Sie hätte sonst Rolfs Briefe und sein Foto vernichtet, wo sie doch alles so geordnet und griffig für den Fall ihres plötzlichen Ablebens hinterlassen hatte. Noch eine Stunde bis zum Eintreffen des Leichenwagens, dann konnte ich eigentlich heimfahren und erst nach den Feiertagen hier ausmisten und räumen.

Irgendwann konnte ich es nicht mehr aushalten und rief zu Hause an. Niemand meldete sich, also versuchte ich, meinen Mann per Handy zu erreichen.

»Ich habe Liebesbriefe gefunden«, platzte ich aufgeregt heraus und wartete gespannt auf einen Kommentar.

Nach kurzer Pause sagte er mit dünner Stimme: »Das kommt von deiner ewigen Schnüffelei. Aber nun weißt du es wenigstens.« Er legte auf.

Der ist aber schlechter Laune, dachte ich, wahrscheinlich wird er vor Weihnachten mit seiner Arbeit nicht fertig, und wir müssen es ausbaden. Ich wandte mich also wieder den Briefen zu und las weiter:

Ich will alles vor Dir offenlegen, kein Geheimnis soll zwischen uns stehen, schrieb Rolf und legte einen Zeitungsausschnitt bei. Es ging um einen Prozess, der bereits Jahre zurücklag. Rolf war kein Hochstapler, wie ich vermutet hatte. Da Untreue und Eifersucht als mildernde Umstände im Spiel waren, hatte man ihn wegen Totschlags zu zwölf Jahren verurteilt.

Niemals hätte ich diesem Männlein zugetraut, dass er

seine Frau umgebracht hatte. Wie mochte es das brave Mielchen aufgenommen haben?

In den nächsten Briefen ging es um Kupferdraht, den Rolf benötigte und von Mielchen erhielt. Er erfand neue Formen von Büroklammern, dreieckige, ovale, quadratische, runde. Das Patentamt lehnte ab, ein harter Schlag für Rolf. Schon andere Bastler hatten sich in langweiligen Schreibtischstunden etwas Ähnliches einfallen lassen. Nun schrieb er direkt an große Firmen, bot Büroklammern in individueller Form an, beispielsweise eine vw-Klammer oder einen stilisierten Büstenhalter. Er bekam nur Absagen, bloß mein gutes Tantchen spendete wohl den benötigten Beifall.

Hin und wieder durfte Mielchen ihren Rolf besuchen, vielleicht dreimal im Jahr. Die Briefe fielen jetzt etwas leidenschaftlicher aus; Rolf hatte wohl wenig Kurzweil und freute sich sehr auf seine Brieffreundin. Außerdem schien er zu kränkeln, abgesehen vom Asthma litt er noch an anderen Leiden, und er liebte es, sich seitenlang darüber auszulassen. Ich schenkte mir die Krankheitsberichte.

Doch plötzlich war von Begnadigung die Rede und sofortiger Überweisung in eine Klinik. Rolf bat, ja flehte Tante Mielchen an, Urlaub zu nehmen, sich in der dreihundert Kilometer entfernten Stadt einzuquartieren und ihn dort täglich im Krankenhaus zu besuchen. Rolf hatte Angst, das las man aus jeder Zeile heraus. Der nächste Brief war kurz.

Rolf schrieb, er sei unendlich dankbar, dass Mielchen kommen wolle. Und wenn die lebensrettende Operation hinter ihm liege, solle sie seine liebe Frau werden.

Ich war gerührt, denn anfangs hatte ich Rolf für einen Schleimer gehalten, jetzt sah ich ihn in milderem Licht, und eine Spur von Wohlwollen und Teilnahme breitete sich in mir aus. Träumerisch blickte ich aus dem Fenster und stellte mir meine Tante vor, wie sie Rolfs Briefe gelesen und auf ihre alten Tage noch eine Lovestory erlebt hatte. Wie schön für sie.

Noch ein letzter Brief lag zuunterst im Karton, allerdings nicht von Rolf.

Kurz nachdem Sie abreisen mussten, ist Ihr Lebensgefährte entschlafen, schrieb eine fremde Krankenschwester.

Lebensgefährte? Mielchen, meine grundehrliche Tante, hatte einer Kollegin gegenüber ein bisschen angegeben. Ich las noch, dass Rolfs Krebs inoperabel gewesen war und wie gut für ihn, dass sich seine Leidenszeit nicht noch wochenlang hingezogen hatte.

Es klingelte an der Tür, pünktlich erschienen zwei grau gekleidete Männer. Nach fünf Minuten fuhren sie mit Mielchen im Sarg davon.

Eigentlich konnte ich jetzt auch aufbrechen, aber ich wollte zuvor nach Familienschmuck suchen. Hatte Mielchen je etwas Glitzerndes getragen? Ganz hinten im Kleiderschrank befand sich zwischen blütenweißen Leintüchern ein Ebenholzkästchen mit abgeblätterter Bemalung. Nicht viel drin, ein abgewetzter Ehering – wahrscheinlich von meiner Großmutter –, ein Granatkettchen. Die geschnitzte Elfenbeinbrosche gefiel mir eher, eine schmale weiße Hand mit einer Rose. Die große Überraschung steckte jedoch in einer separaten, mit jadegrünem Samt ausgeschlagenen Schmuckschatulle. Vor mir lag ein schwerer Goldring mit einem monströsen, feurigen Rubin und einem handgeschriebenen Kärtchen.

Inzwischen kannte ich Rolfs verschnörkelte Schrift. Er schrieb: *Meine Mutter war Krankenschwester wie Du und wurde als junge Frau auf einer Missionsstation in Indien eingesetzt. Dort lernte sie einen Großmogul kennen und wurde seine Geliebte. Nach fünf Jahren wurde sie in Gnaden entlassen und erhielt zum Dank einige Edelsteine, die sie verkaufte. Von diesem Rubinring mochte sie sich jedoch niemals trennen. Er gehört jetzt Dir.*

Und jetzt mir, dachte ich, das ist ja fast wie im Märchen! Zwar stammte das Schmuckstück aus leicht anrüchiger Quelle, denn es war sozusagen die Bezahlung für Liebesdienste. Das störte mich jedoch nicht im Geringsten. Wenn die Geschichte stimmte und der Edelstein echt war, konnte ich mich als reiche Frau fühlen. Frohgemut stieg ich in den Wagen, um wieder heimzufahren.

Wie immer gingen mir tausend Gedanken durch den Kopf. Wie würde mein Mann über meinen wertvollen Ring wohl staunen! Als ich ihm von den Briefen erzählte, hatte er sich allerdings recht seltsam benommen und mir sogar Schnüffelei vorgeworfen – im Zusammenhang mit Mieles Tod war das eine geradezu infame Unterstellung! Schließlich hatte er noch ein »Nun weißt du es endlich!« hinterhergenuschelt.

Plötzlich fiel es mir wie Schuppen von den Augen. Ich wurde so wütend, dass ich fast auf einen Transporter auffuhr. Mein Mann war wohl gar nicht informiert worden, dass man mich an ein Totenbett gerufen hatte, und glaubte nun, ich hätte in seinen persönlichen Papieren gekramt und etwas völlig anderes entdeckt: Briefe, die seine Untreue bewiesen. Am Ende von seiner langjährigen Sekretärin, der ich stets hundertprozentig vertraut hatte. Aber eigentlich brauchte die ihm keine Briefe zu schicken, wo sie sich doch täglich gegenübersaßen. Wahrscheinlich war es eine Volontärin, ein junges Flittchen, eine ebenso langbeinige wie unbedarfte Blondine. Und mit Sicherheit kam er nicht so häufig erst spät nach Hause, weil er sich für die Familie aufopferte und abrackerte, sondern er vergnügte sich in Wirklichkeit mit seiner Barbie in der Besenkammer.

Mit deiner Bemerkung hast du dich plump verraten, alter Freund, schimpfte ich zähneknirschend. Na warte nur, Rache ist süß! Unter diesen Umständen würde ich ihm von meinem unverhofften Erbe kein Sterbenswörtchen verraten oder gar mit ihm teilen.

Zu Hause waren alle ausgeflogen. Offenbar waren die Kinder während meiner Abwesenheit gar nicht hier aufgetaucht, mein Sohn hatte weder die Tanne vom Balkon gewuchtet und in den Ständer gehievt noch den Baumschmuck vom Speicher geholt, die Tochter weder das Silber geputzt noch den Rotkohl geschnitten.

Ihr könnt mich alle mal, ich werde einfach abhauen, schwor ich, das war das letzte gemeinsame Fest! Wenn ich den Ring günstig verkaufe, werde ich mir einen Lover nehmen, mich zu meiner Schwester nach Australien absetzen und Dingos anfüttern, statt Kinder zu bedienen. Laut fluchend holte ich den Weihnachtskram vom Dachboden, kickte die Kiste die steile Stiege hinunter, so dass rote und goldene Kugeln heraushopsten und in zackige Scherben zersprangen, setzte Nudelwasser auf, wühlte im Kühlschrank nach Pesto, stopfte mir Marzipankartoffeln in den Mund, kehrte die Glassplitter auf und vergoss dabei ständig ein paar Tränen.

Inzwischen waren die Spaghetti viel zu weich, aber irgendwann kamen natürlich alle zum Essen eingetrudelt und starrten mich mit großen Augen an. Anscheinend sah ich aus wie ein Alien. Niemand fragte nach Mielchen.

»Nun mach schon den Mund auf, dann hast du es hinter dir«, sagte mein Mann und nickte unserem Sohn aufmunternd zu. Der Junge wurde rot.

»Mama, ich wollte es dir erst nach Weihnachten sagen«, begann er. »Aber wo du die Briefe gefunden hast, kannst du ja wohl zwei und zwei zusammenzählen.«

Ich verstand gar nichts. »Die Briefe von Rolf?«, fragte ich ratlos.

»Nein, von Paul«, stotterte mein Sohn. Ich stutzte nur kurz, dann nahm ich ihn in den Arm.

»Ich habe keinen deiner Briefe gelesen, trotzdem ahne ich seit langem, dass Paul dir mehr bedeutet als deine anderen Freunde.«

Obwohl ich etwas beleidigt war, dass sich mein Sohn meinem Mann und wohl auch seiner Schwester bereits anvertraut hatte, rettete ich die angespannte und rührselige Situation und erzählte ausführlich von Mielchens langjährigem Geheimnis. Meine Familie war begeistert.

Am Heiligen Abend verteilte ich Gutscheine. Eine Waschmaschine für den Sohn, der nach dem Abitur mit seinem

Freund Paul zusammenziehen wollte. Dieses Geschenk war ebenso wenig uneigennützig wie ein Sprachurlaub für unsere Tochter, die schon wieder eine Fünf in Französisch erhalten hatte. Mein rehabilitierter Mann durfte sich auf eine gemeinsame Kreuzfahrt freuen. So heiter und zufrieden, so lustig und entspannt wie in diesem Jahr hatte meine Familie seit langem nicht mehr gefeiert. Mit einem Glas Champagner und einem Hoch auf Tante Mielchens Ring klang der 24. Dezember aus.

Der Zauber des seitlich
dran Vorbeigehens

Wie schön wäre es, wenn ich mal einen Brief bekäme, in dem es heißt: »Bitte schreiben Sie niemals eine satirische Weihnachtsgeschichte, denn Autoren, die so was tun, sind echt das Letzte.« Stattdessen gibt's jedes Jahr folgende Botschaft: »Wir hätten gern eine wunderbar satirische Weihnachtsgeschichte von Ihnen!«

Den Teufel werd ich tun. Das Schlimmste an Weihnachten ist die alljährliche Flut von satirischen Weihnachtskommentaren in Schrift, Musik und Schauspiel. Scharen von Kleintalentverwesern, die sich das ganze Jahr hervorragend und mit persönlichem Profit auf den Kapitalismus verstehen, wittern alljährlich, wenn der Winter naht, einen Konsumterror, der in seinen vermeintlichen Opfern einen Konsumrausch auslöst. Terror aber ruft gemeinhin Angst und Trauer hervor; wäre er dafür bekannt, Räusche zu erzeugen, hätte der Terror so manchen auch gutbürgerlichen Verehrer. Wer wiederum das Heimtragen von Plastiktüten mit Kinderspielzeug für einen Rausch hält, dem sei anzuraten, im Zugangsbereich von Diskothekentoiletten bestimmte aus naiver Sicht unnötig lange dort herumstehende Personen zu fragen, ob sie etwas hätten, womit man ihren Irrtum bezüglich des Begriffes Rausch ausräumen könne.

Seit Jahrzehnten werden nun schon alldezemberlich Programme aufgeführt mit Titeln, die selten wesentlich anders als »Süßer die Kassen nie klingeln« lauten, und in Kino und tv laufen heiter glucksende Komödchen, in denen Weihnachtsmänner bald entführt werden, bald aufgrund organisatorischer Mißverständnisse zu Dutzenden im Bescherungszimmer aufkreuzen oder aber, in derberer Genrevariation, sich an der Feuchte der Hausfrau zu schaffen machen. Im Soundtrack, meist von Haindling oder Konstantin Wecker, tönen volkstümliche Motive, die, ganz im Stil althergebrachter Gesellschaftskritik, durch leichte Dissonanzen aufgerauht werden. Grundsätzlich werden diese Filmwerke stereotyp als »bitterböse« angekündigt. Das sind sie aber nie, sie funkeln rot und gold und grün vor augenzwinkerndem Einverständnis, welches sagt: Ja, das ist ja schon der helle Wahnsinn, dieses Weihnachtstreiben, aber, Hand aufs Herz, lieben wir's nicht letztlich alle doch? Schon allein wegen der leuchtenden Kinderaugen!

Wer allerdings seine Kinder ganzjährig observiert, wird feststellen, daß ihre Augen auch ganzjährig leuchten. Ein Augenarzt könnte diese Naturerscheinung gewiß ohne Mühe allgemeinverständlich erklären, und vielleicht wüßte er hinzuzufügen, daß, wenn Kinderaugen nicht mehr leuchten, Allerschlimmstes eingetreten sein muß, das mit Geschenken nicht – und noch nicht mal mit Liebe – kuriert werden kann. Was sich freut, ist eben feucht und leuchtet!

Ich freu mich auch und leuchte feucht, doch wird mein Lebensleuchten nicht grad auf Weihnachtsmärkten angefeuert.

Vor lauter Volkstümelei ist wahrscheinlich noch nie jemandem die Idee gekommen zu prüfen, ob es überhaupt den Auflagen des Denkmalschutzes entspricht, sorgsam restaurierte historische Marktplätze für geschlagene fünf Wochen mit billigen Sperrholzverschlägen zu möblieren, die landauf, landab identisch sind, was aber bestimmte Frauen nie daran gehindert hat, busladungsweise im Lande herumzureisen und nach unzähligen vergleichenden Studien schließlich zu beratschlagen, welcher Weihnachtsmarkt der »allerallerwunderwunderschönste« sei. Wer gewohnt ist, seinen Geschmack nicht als gottgegebene Eigenschaft wie seine Augenfarbe zu betrachten, sondern als eine Größe, an der beständig gearbeitet werden muß, wird vielleicht Schwierigkeiten haben, an einem Weihnachtsmarkt etwas schön zu finden, aber diesen Einwand werden die Leute abschmettern und sagen: »Was ist schon schön?« Das habe ich freilich bis vor kurzem auch nicht so genau gewußt, aber seit mir ein tschechisches Sprichwort wie gerufen in die Quere kam, weiß ich's endlich ganz genau. Das Sprichwort lautet: »Schön ist, was tschechisch ist.« Endlich herrscht Klarheit in dieser Frage, endlich Schluß mit dem alten, noch nicht mal von Shakespeare stammenden Zinnober, daß Schönheit im Auge des Betrachters liege – nein, schön ist, was tschechisch ist! Man sollte freilich hinzufügen, daß die Tschechen diesen Merksatz heute häufig ins Sarkastische verkehrt verwenden, wenn sie z. B. an tristen Bauten aus sozialistischer Zeit vorbeigehen.

So gesehen sind Weihnachtsmärkte natürlich perfekte Botschafter ironisch verdrehten tschechischen Schönheitssinns: Bretterbuden mit aufgetackertem Fichtengrün, vor denen man, gruppenweise stehend, auf die dümmste Art, die Menschen möglich ist, minderwertige Lebensmittel verzehren kann. Nur Leuten mit dem Weitblick eines Nostradamus würde ich es abnehmen, wenn sie nun sagten, sie kennten noch dümmere Arten, Golden-Delicious-Äpfel aus Drei-Kilo-Plastiksäcken zur Verköstigung zu bringen, als sie auf meist morsche Stäbe gespießt in rot gefärbten Zuckerlack zu tauchen. Dümmer wäre nämlich lediglich, wenn man mit dem Paradiesspieß versehentlich an seinen Schal käme – auch noch voll Schalfusseln, das rote Gruselding. Man könnte nun noch fortfahren und aufwendig den Brauch kritisieren, die Mandelernte vom vorvorigen Jahr durch Karamelisierung zu entsorgen, wobei man hinzufügen müßte, daß man denjenigen, die das essen, wohl auch kandierte Zigarettenstummel vorsetzen könnte, aber das würde ohne Zweifel überhaupt nichts nützen. Viel lieber sage ich folgendes: Wenn ich nur einen schlechten Rotwein hätte, eine Alkoholzufuhr aber für dringend sachdienlich hielte, würde ich den Wein so weit wie möglich runterkühlen. Man weiß ja von Coca-Cola und manchem Milchspeiseeis, daß eklige Dinge halbwegs tolerabel schmecken, wenn man sie stark kühlt. Ich würde den schlechten Wein jedenfalls nicht zur drastischeren Offenlegung seiner minderen Qualität auch noch erwärmen!

Weihnachten ist eine der drei großen Volksschwächen. Die anderen beiden sind Autos und Fußball. Wer bevorzugt, sich seinen persönlichen Defekten zu widmen, und daher schon terminlich Schwierigkeiten hat, an Massenschwächen teilzunehmen, sollte sich aber mit ihnen arrangieren, denn politische Systeme, die die Macht hätten, die Volksschwächen auszurotten, haben den Nachteil, daß sie mit rauchenden Ruinen und Leichenbergen zu enden pflegen. Wir wollen also gar nicht erst damit anfangen, leise tickende Taschen auf Weihnachtsmärkten abzustellen, sondern gehen kühl lächelnd, geführt von ruhigem, friedlichem Desinteresse, seitlich an ihnen vorbei – und dank der guten baupolizeilichen Bestimmungen in Deutschland ist es ja möglich, seitlich an so ziemlich allem, was häßlich ist, vorbeizugehen!

Weihnachten heißt Schenken

In den ersten zwölf Jahren unserer Ehe haben Beth und ich mit Vergnügen in der gesamten Nachbarschaft Maßstäbe gesetzt, was Komfort und Luxus betraf. Es wurde akzeptiert, daß wir intelligenter und erfolgreicher waren, aber die Gemeinschaft schien unsere Überlegenheit ohne Murren hinzunehmen. Ich hatte eine vollautomatische Feinschnitt-Heckenschere, eine elektrische Schaufel und drei Rolex-Gasgrills, die nebeneinander im Hintergarten standen. Einer war für Hühnchen, einer für Rindfleisch, und den dritten hatte ich speziell zum Dämpfen der asiatischen Pfannkuchen ausstatten lassen, die uns immer so besonders mundeten. Wenn die Vorweihnachtszeit tobte, pflegte ich einen Umzugswagen zu mieten und in die Stadt zu fahren, wo ich mir jede grelle neue Extravaganz schnappte, die mir ins Auge stach. Unsere Zwillinge, Taylor und Weston, konnten immer mit dem neuesten elektronischen Spielzeug oder Sportartikel rechnen. Beth bekam vielleicht einen Staubsauger mit Rennsattel oder ein paar pelzgefütterte Jeans, und das war nur das, was der Nikolaus einem in den Stiefel stopfte! Es gab Boote zum Wegschmeißen, extrarauhe Wildleder-Basketbälle, zinngetriebene Wandertornister und Solarzellen-Spielkartenmischer. Ich kaufte ihnen Schuhe und Kleidung und eimerweise Geschmeide in den feinsten Juweliergeschäften und Warenhäusern. Fern lag mir jede Schnäppchenjagd, jedes Feilschen um Skonto und Prozente. Ich habe immer Spitzenbeträge gezahlt, weil ich fand, daß diese einen Drittelmeter langen Preisschilder tatsächlich etwas über Weihnachten *aussagten*. Nach dem Auspacken der Geschenke nahmen wir zu einem aufwendigen Diner Platz und labten uns an jeder nur denkbaren Spielart von Fleisch und Pudding. Wenn wir gesättigt waren und uns ein leichtes Unwohlsein beschlich, steckten wir uns einen Silberstab in den Hals, übergaben uns und fingen noch mal von vorne an. Letztlich unterschieden wir uns nicht sehr von allen anderen Menschen. Weihnachten war die Zeit des Schwelgens, und nach außen waren wir wohl so ziemlich die schwelgerischsten Menschen, die man sich nur vorstellen konnte. Wir dachten, wir wären glücklich, aber all das änderte sich an einem frischen Thanksgiving-Morgen, kurz nachdem die Cottinghams erschienen waren.

Wenn ich mich recht entsinne, haben die Cottinghams vom ersten Augenblick an, als sie nebenan eingezogen waren, Ärger gemacht. Doug, Nancy und ihre unattraktive acht Jahre alte Tochter Eileen waren ausnehmend neidische und gierige Menschen. Ihr Haus war ein bißchen kleiner als unseres, aber das hatte durchaus seinen Sinn, da wir zu viert waren und sie nur zu dritt. Trotzdem muß sie etwas an der Größe unseres Hauses so gestört haben, daß sie ihren ersten Koffer noch nicht ausgepackt hatten, als sie auch schon mit dem Bau einer überdachten Eisbahn und eines Eintausend-Quadratmeter-Pavillons begannen, in dem Doug mit seiner Sammlung präkolumbianischer Schlafcouchen protzen konnte. Weil uns danach war, begannen Beth und ich mit dem Bau einer Fußballhalle und einer 1666 Quadratmeter großen Rotunde, in der ich bequem *meine* Sammlung *prä*-präkolumbianischer Schlafcouchen ausstellen konnte. Doug erzählte allen Nachbarn, ich hätte ihm die Idee geklaut, aber ich hatte schon lange über prä-präkolumbianische Schlafcouchen nachgedacht, bevor die Cottinghams in die Stadt eingefallen waren. Sie mußten einfach Ärger machen, egal, um welchen Preis. Als Beth und ich ein Multiplex-Kino mit sieben Leinwänden bauten, mußten sie sich natürlich eins mit *zwölfen* bauen. Das ging immer so weiter, und, um die Geschichte abzukürzen, ein Jahr später blieb weder denen noch uns ein halbwegs unbebauter Quadratmeter. Die beiden Häuser grenzten nun praktisch aneinander, und wir ließen die Fenster nach Westen zumauern, um nicht in ihr knalliges Fitness-Center oder den Schießstand im dritten Stock blicken zu müssen.

Obwohl sie so vom Konkurrenzdenken geprägt waren, versuchten Beth und ich, gute Nachbarn zu sein, und luden sie gelegentlich zu Grillpartys auf dem Dach und so weiter ein. Ich bemühte mich um zivilisierte Konversation und sagte so etwas wie: »Ich habe gerade achttausend Dollar für ein Paar Sandalen gezahlt, die mir nicht mal passen.« Dann konterte Doug und sagte, er habe gerade zehntausend für eine einzelne Gummilatsche bezahlt, die er nicht mal anziehen würde, *falls* sie ihm paßte. Er war in dieser Hinsicht immer sehr aggressiv. Wenn eine Zahnfüllung siebzigtausend Dollar gekostet hatte, konnte man drauf wetten, daß sie bei ihm mindestens hundertfünfundzwanzigtausend gekostet hatte. Ich ertrug seine Gesellschaft fast ein Jahr lang, bis wir eines schönen Novemberabends einen Knatsch darüber hatten, welche Familie die aussagekräftigsten Weihnachtskarten verschickt. Beth und ich nahmen uns meist einen bekannten Fotografen, der ein Porträt von der ganzen Familie, umgeben von den Geschenken des Vorjahres, knipste. Wenn man die Karte aufklappte, war aufgelistet, wieviel die Geschenke gekostet hatten, und dazu die Botschaft »Weihnachten heißt Schenken«. Die Cottinghams fanden *ihre* Karte schöner, die aus einer Fotokopie von Dougs und Nancys Aktien-Portfolio bestand. Ich sagte, es sei zwar durchaus schön und gut, Geld zu *haben,* ihre Karte sage aber nichts darüber aus, wie sie ihr Geld *ausgäben.* Weihnachten heiße, wie es so schön auf unserer Karte stehe, Schenken, und selbst wenn er seinen Börsenbericht mit ein paar aufgebügelten Zuckerstangen aufmotzte, würde dieser immer noch nicht die angemessene Weihnachtsbotschaft vermitteln. Die Konversation wurde hitziger, und die Frauen tauschten sogar Schläge aus. Wir hatten alle ein paar Drinks intus, und als die Cottinghams das Haus verließen, wurde allgemein davon ausgegangen, daß es aus war mit unserer Freundschaft. Ich dachte noch einen, zwei Tage lang über diesen Vorfall nach und widmete meine Aufmerksamkeit dann den bevorstehenden Feiertagen.

Wir hatten gerade eins unserer üppigen, allzu üppigen Thanksgiving-Festmahle hinter uns, und Beth, die Jungens und ich sahen uns einen Stierkampf im Fernsehen an. Damals konnten wir noch alles kucken, was wir wollten, weil wir noch unsere Satellitenschüssel hatten. Juan Carlos Ponce de Velásquez hatte gerade etwas Wildes aufgespießt, und wir waren alle schön aufgeregt, als es an der Tür klingelte. Ich nahm an, einer der Jungens habe eine Pizza bestellt, öffnete die Tür, und vor mir stand zu meinem Erstaunen ein übelriechender Bettler. Er war dünn, barfuß, hatte Schorfstellen in Peperoni-Größe an den Beinen, und sein ungepflegter Bart war mit mehreren verschiedenen Sorten Marmelade vollgeschmiert. Ich spürte, daß es die Marmelade war, die wir am Vorabend in den Müll geworfen hatten, und ein Blick auf unseren umgekippten Mülleimer sagte mir, daß ich richtig lag. Das machte mich ziemlich ungehalten, aber bevor ich etwas sagen konnte, zog der alte Penner eine Blechtasse hervor und begann, um Geld zu winseln.

Als Beth fragte, wer an der Tür sei, rief ich: »Roter Bereich!« was unser geheimes Signal war, die Hunde loszulassen. Wir hatten damals zwei von den Biestern, große Dobermänner namens Butterscotch und Mr. Lewis. Beth versuchte sie aus dem Eßzimmer herauszukommandieren, aber da sie sich mit Truthahn und Füllung vollgestopft hatten, gelang es ihnen knapp, den Kopf zu heben und sich zu übergeben. Ich sah, daß sie verhindert waren, ließ mich selbst auf Hände und Knie nieder und biß den Typ persönlich. Vielleicht lag es an dem Stierkampf –, ich hatte jedenfalls plötzlich Lust auf Blut. Meine Zähne ritzten kaum die Haut, aber das genügte bereits, um den alten Zausel zu den Cottinghams weiterhumpeln zu lassen. Ich sah zu, wie er gegen ihre Tür hämmerte und wußte genau, was geschehen würde, wenn er Doug, dem alten Nachmacher, bei dessen Konkurrenzwahn berichtete, daß ich ihm popligerweise kurz in die Wade gebissen hatte. Beth rief mich aus irgendeinem Grunde ins Haus, und als ich ein paar Minuten später an die Tür zurückkehrte, sah ich, wie Helvetica, das Dienstmädchen der Cottinghams, ein Foto davon machte, wie Doug, Nancy und Eileen dem Landstreicher einen Ein-Dollar-Schein aushändigten.

Ich wußte, daß etwas im Busch war, und, richtig, zwei Wochen später fand ich genau den Schnappschuß auf der Weihnachtskarte der Cottinghams, und dazu die Worte »Weihnachten heißt Schenken«. Das war immer *unser* Wahlspruch gewesen, und hier hatte er ihn gestohlen und die Botschaft verfälscht, um uns egoistisch aussehen zu lassen. Es war nie unsere Art gewesen, andere zu beschenken, aber ich begann, anders darüber zu denken, als ich die phänomenalen Reaktionen bemerkte, die die Cottinghams mit ihrer Weihnachtskarte bewirkt hatten. Plötzlich waren sie das einzige Gesprächsthema. Man konnte auf eine x-beliebige Weihnachtsparty gehen, und schon hörte man: »Haben Sie sie gesehen? Ich finde sie absolut zauberhaft. Da haben diese Leute doch tatsächlich einem wildfremden Menschen Geld gespendet! Ist das zu überbieten? Einen ganzen Dollar an einen Stadt- oder Landstreicher verteilt, der keinen roten Heller hatte. Wenn Sie mich fragen, sind diese Cottinghams sehr tapfre und großzügige Menschen.«

Doug würde wahrscheinlich sagen, daß ich ihm unfairerweise seine Idee geklaut habe, als ich ebenfalls ein großzügiger Mensch wurde, aber das ist nicht der Fall. Ich hatte bereits mit dem Gedanken gespielt, großzügig zu werden, als er noch längst nicht den Schauplatz betreten hatte, und, außerdem, wenn er mir illegal meinen Weihnachtswahlspruch stibitzt, warum soll ich dann nicht ganz unauffällig ein Konzept ausborgen, das es seit gut zehn Jahren gibt? Als ich zum erstenmal laut sagte, ich hätte der Innenstädtischen Kopfschmerzstiftung zwei Dollar gespendet, wandten sich die Menschen von mir ab, als glaubten sie mir nicht. Dann spendete ich der Kopfschmerzstiftung *tatsächlich* zwei Dollar, und da hätten Sie sie sehen sollen, als ich anfing, mit meinem gesperrten Scheck zu wedeln! Großzügigkeit kann den Menschen tatsächlich ganz schön zu schaffen machen, wenn man nur genug darüber redet. Mit »zu schaffen machen« meine ich nicht, daß man sie langweilt, sondern etwas noch viel Lohnenderes. Wenn sie korrekt angewandt wird, kann Großzügigkeit Scham, Unzulänglichkeitsgefühle und sogar Neid hervorrufen, um nur ein paar Reaktionen zu nennen. Am allerwichtigsten ist, daß man irgendeinen schriftlichen oder sichtbaren Beweis für die Schenkung in Händen hält, sonst kann man die Mildtätigkeit gleich lassen. Doug Cottingham würde jetzt bestimmt sagen, ich hätte ihm diesen Spruch geklaut, aber ich bin ziemlich sicher, daß ich ihn in einer Informationsbroschüre der Steuerbehörde gefunden habe.

Ich nahm meinen gesperrten Scheck auf alle wichtigen Weihnachtspartys mit, aber bald nach Neujahr verloren die Menschen das Interesse daran. Die Jahreszeiten kamen und gingen, und ich hatte meine Großzügigkeit schon völlig vergessen, als zu Thanksgiving der alte Tramp in unsere Gegend zurückkehrte. Er mußte sich noch an den Biß ins Bein vom letzten Jahr erinnern, denn er wollte gerade vorübergehen, als wir ihn hereinriefen, um ihm eine ordentliche Dosis Güte zu verpassen. Erst machten wir ein Video von ihm, wie er sich etwas Restfüllung von der

Handfläche leckte, und dann mußte Beth ein Foto knipsen, wie ich dem alten Krauter eine Videokamera überreiche. Es war eine alte Betamax, oben zum Nachladen, aber ich habe eine neue Schnur drangemacht, und ich bin sicher, sie hätte prima funktioniert. Wir sahen dann zu, wie er sie sich auf den Rücken band und sich nach nebenan aufmachte, um weiterzubetteln. Der Anblick dieser Videokamera war alles, was dieses Stinktier Doug Cottingham brauchte, um ins Haus zu gehen, zurückzukommen und den alten Kauz mit einem achtspurigen Cassettenrecorder zu beschenken, und, ja, wieder stand das Dienstmädchen bereit, um ein Bild davon zu machen. Da riefen wir den alten Tramp zu unserem Haus und gaben ihm einen ein Jahr alten Fön. Die Cottinghams reagierten mit einem Riesentoaster. Binnen einer Stunde hatten wir uns zu Billardtischen und StairMasters hochgearbeitet. Doug schenkte ihm eine Golfkarre, und ich schenkte ihm meine Satellitenschüssel. Dies beschleunigte sich, bis jeder Narr deutlich sehen konnte, wohin es noch führen mochte. Als er die Schlüssel zu seiner eigens angefertigten motorisierten Reisesauna überreichte, bedachte Doug Cottingham mich mit einem Blick, der zu sagen schien: »*Übertriff* das erst mal, Nachbar!« Beth und ich hatten diesen Blick bereits gesehen, und wir haßten ihn. Ich hätte ihn mit seiner Reisesauna leicht in den Schatten stellen können, aber uns ging allmählich der Film aus, und ich fand, es war an der Zeit, Nägel mit Köppen zu machen. Wozu diese nutzlose Eskalation, wenn wir doch alle wußten, was am wichtigsten war? Nach einer kurzen Konferenz riefen Beth und ich den Tramp wieder zu uns und fragten ihn, was er lieber möge, kleine Jungs oder kleine Mädchen.

Zu unserem großen Entzücken sagte er, Mädchen bereiteten ihm zuviel Kopfschmerzen, er habe aber vor seinem letzten Besuch in der Staatsvollzugsanstalt durchaus Spaß mit Jungs gehabt. Nach diesen Worten schenkten wir ihm unsere zehnjährigen Söhne, Taylor und Weston. Übertriff's doch, Nachbar! Sie hätten Doug Cottinghams Gesichtsausdruck sehen sollen! In jenem Jahr war die Weihnachtskarte so aussagekräftig wie nie zuvor und danach nie wieder. Auf ihr war der tränenreiche Abschied von unseren Söhnen abgebildet, versehen mit der Botschaft »Weihnachten heißt Schenken, bis es wehtut«.

Wir waren die Stars der Feiertage, wieder ganz oben, wo wir hingehörten. Beth und ich waren *das* Ehepaar, das man auf eine Cocktailparty oder zum zwanglosen Baumschmücken einladen mußte.

»Wo sind denn diese supergroßzügigen Leute mit der entzückenden Weihnachtskarte?« fragte bestimmt jemand, und der Gastgeber zeigte auf uns, während die Cottinghams bitter mit den Zähnen knirschten. Als allerletzten Versuch, wieder ein bißchen was herzumachen, spendeten sie ihre pferdegesichtige Tochter Eileen einer Bande bedürftiger Piraten, aber jeder, der Bescheid wußte, sah das als die verzweifelte Geste, die es ja auch war. Wieder waren wir diejenigen, mit denen jeder zusammensein wollte, und der warme Schein der allgemeinen Bewunderung brachte uns gut durch die Feiertage. Eine zweite Portion Ehrfurcht bekamen wir im Frühsommer ab, als die Jungens tot in Doug Cottinghams ehemaliger Reisesauna aufgefunden wurden. Alle Nachbarn wollten uns Blumen schicken, aber wir sagten, eine Spende in unserem Namen an die Nationale Sauna-Beratung oder den Verteidigungsfonds für Sexualstraftäter wäre uns lieber. Das war ein guter Schachzug, und bald galten wir als »christusgleich«. Die Cottinghams waren natürlich rasend und setzten sogleich ihre rührenden Versuche fort, uns eine Nasenlänge voraus zu sein. Das war wahrscheinlich das einzige, was sie im Kopf hatten, aber uns bereitete es keine einzige schlaflose Minute.

Für das nächste Christfest hatten wir uns auf das Thema »Weihnachten heißt Schenken, bis es blutet« geeinigt. Kurz nach Thanksgiving hatten Beth und ich unserer örtlichen Blutbank einen Besuch abgestattet, wo wir die kostbaren Konten unserer Körper beinahe aufgelöst hätten. Von unseren Anstrengungen bleich und benommen, konnten wir nur noch matt eine Hand heben und einander von unseren jeweiligen Pritschen zuwinken. Doch bald erholten wir uns und klebten gerade unsere Kuverts zu, als der Briefträger die Weihnachtskarte der Nachbarn brachte, auf welcher »Weihnachten heißt Etwas-von-sich-selbst-Schenken« stand. Zu sehen war Doug, auf einem Operationstisch ausgestreckt, während ein Team von Chirurgen mit Eifer und Bedacht einen der Cottinghamschen glitzernden Lungenflügel entnahm. Wenn man die Karte aufklappte, sah man eine Fotografie des Organempfängers, eines abgehärmten Steinkohlekumpels, der ein Schild mit der Aufschrift »Doug Cottingham hat mir das Leben gerettet« in die Höhe hielt.

Wie konnte er das wagen! Beth und ich hatten das Thema »Medizinische Großzügigkeit« praktisch erfunden, und die kalte Wut erfaßte uns angesichts dieses selbstgefälligen, überlegenen Gesichtsausdrucks, der unter der Atemmaske unseres Nachbarn hindurchsickerte. Jedes langverheiratete Ehepaar kann, in Zeiten der Krise, ohne Worte kommunizieren. Diese Tatsache wurde bildhaft, als meine Frau und ich zur Tat schritten bzw. sprangen. Indem sie ihr halb zugeklebtes Kuvert fallen ließ, rief Beth im Krankenhaus an, während ich von unserem Autotelefon aus einen Fotografen bestellte. Die entsprechenden Vereinbarungen wurden getroffen, und bevor die Nacht vorüber war, hatte ich beide Augen, eine Lunge, eine Niere und mehrere wichtige Adern nächst dem Herzen gespendet. Da sie eine unnatürliche Zuneigung zu ihren inneren Organen gefaßt hatte, brachte Beth ihre Kopfhaut, ihre Zähne, ihr rechtes Bein und beide Brüste ein. Erst nach der Operation wurde uns klar, daß die Beiträge meiner Frau nicht übertragbar waren, aber da war es bereits zu spät, sie wieder anzunähen. Die Kopfhaut schenkte sie einem verdutzten Krebspatienten, aus ihren Zähnen bastelte sie eine Souvenir-Halskette, und Bein und Brüste brachte sie ins Tierheim, wo sie von Hand an einen Wurf verhungernder Border-Collies verfüttert wurden. Das kam sogar in die Abendnachrichten, und wieder waren die Cottinghams grün vor Neid, weil wir es so günstig getroffen hatten. Organspenden an Menschen waren zwar nicht zu verachten, aber angesichts dessen, was Beth für diese armen, verlassenen Welpen getan hatte, waren natürlich alle schier aus dem Häuschen. Auf jeder, aber auch jeder Weihnachtsparty bettelten die Gastgeber meine Frau an, sich vom Hund des Hauses Pfötchen geben zu lassen oder über dem Panzer ihrer kränkelnden Schildkröte einen Segen zu sprechen. Der bergmännische Empfänger von Doug Cottinghams Lunge war gestorben, als seine Zigarette Bettdecke und Brustverband in Brand gesteckt hatte, und nun war der Name Cottingham praktisch wertlos.

Wir waren auf der Heiligabend-Party bei den Hepplewhites, als ich zufällig hörte, wie Beth flüsterte: »Dieser Doug Cottingham konnte nicht einmal eine anständige Lunge spenden!« Dann lachte sie, lange und heftig, ich legte ihr die Hand auf die Schulter und spürte den sanften Biß ihrer Souvenir-Halskette. Zweifellos erregte ich ebenfalls einiges Aufsehen, aber diese Nacht gehörte Beth, und ich überließ sie ihr gern, war ich doch so ein großzügiger Mensch. Wir waren ein Team, sie und ich, und wenn ich auch nicht sehen konnte, wie die Menschen uns anblickten, so konnte ich es doch so deutlich fühlen wie die Wärme, die das tosende Kaminfeuer der Hepplewhites abstrahlte.

Es würde andere Christfeste geben, aber ich glaube, Beth und ich wußten beide, daß dieses etwas ganz Besonderes war. Innerhalb eines Jahres sollten wir das Haus, unser Geld und was uns noch an Eigentum verblieben war, verschenken. Nachdem wir uns nach einer passenden Gegend umgesehen hatten, zogen wir in ein Dorf aus Pappkartons direkt unter dem Autobahnkreuz Ragsdale. Die Cottinghams zogen, wie es ihre Art war, nebenan in einen kleineren Karton. In der Vorweihnachtszeit klappte es mit dem Betteln recht gut, als aber der Winter so richtig hereinbrach, wurde das Leben immer schwerer, und Woge um Woge wurden wir von Kummer und Krankheit heimgesucht. Beth starb nach langem, verzweifeltem Kampf an Tuberkulose, aber erst, nachdem Doug Cottingham und seine Frau an Lungenentzündung eingegangen waren.

Ich versuchte, mich nicht davon beeindrucken zu lassen, daß sie zuerst gestorben waren, aber in Wahrheit machte es mir doch schwer zu schaffen. Immer, wenn mich mein Neid zu übermannen drohte, ließ ich jene perfekte Heiligabend-Party bei den Hepplewhites vor meinem geistigen Auge erstehen. Unter meiner Decke aus feuchten Zeitungen bibbernd, versuchte ich, mich an den tröstlichen Klang von Beths sorglosem Gelächter zu erinnern und mir ihren baren Schädel vorzustellen, wie sie ihn ausgelassen zurückwarf, dieses feucht glänzende Zahnfleisch, wie es das Licht eines Kristall-Kronleuchters reflektierte. Mit etwas Glück würde mich die Erinnerung an unsere Liebe und Großzügigkeit in einen tiefen und schweren Schlaf wiegen, der bis zum Morgen andauerte.

Geschichte des alten Mädchens

Ich hätte eigentlich den Heiligen Abend bei meiner verheirateten Schwester verbringen sollen wie sonst. Da sind Kinder, da ist ein Christbaum. Aber mit einmal konnte ich nicht. Ich konnte nicht mehr. Es ging nicht. Ich hab' sagen lassen, ich sei krank. Nun werden sie morgen zu mir kommen und sich freuen, dass ich mich so schnell erholt habe. Warum es nicht ging?

Als kleines Kind – ich war das Jüngste – wurde ich, wenn es zur Bescherung klingelte, vom Vater aus dem Kinderzimmer geholt, ging an seiner Hand durch ein dunkles Zimmer, und im nächsten, dessen Tür halb aufstand, war Kerzenlicht. Nie wieder habe ich solche Freude empfunden wie in diesen paar Augenblicken in dem dunklen Zimmer. Es waren gar nicht die Geschenke, auf die ich mich freute, es war vielleicht dieser Kerzenglanz. Aber ihm entgegenzugehn war noch schöner als nachher ganz nah bei ihm, in ihm zu sein.

Oder habe ich die große Freude unterm Baum vergessen? Vergisst man die ganz großen Freuden? Wenn ich an die Weihnachten meiner Kindheit denke, bin ich immer in dem dunklen Zimmer an meines Vaters Hand.

Er nahm mich sonst selten an der Hand. Mit den andern, den Jungen und meiner Schwester, war viel mehr anzufangen. Ein Nesthäkchen bin ich nicht gewesen, obwohl ich das Jüngste war. Meist trug ich die abgelegten Kleider meiner Schwester; sie wuchs so schnell heraus. Ich blieb lange klein. Und als ich einmal ein eigenes, ganz neues Kostümchen bekam, war mir gar nicht gut darin. Die Mutter fragte:

»Freust du dich denn gar nicht über dein neues Kleid?« – »Ja, Mutter«, sagte ich und wollte in die Hände schlagen, aber es glückte nicht.

Meine Schwester hab' ich immer sehr lieb gehabt und auch die, die sie lieb hatten. Als wir aus dem Spielalter heraus waren und Tanzstunde hatten – wir hatten zusammen Tanzstunde und ich war wohl noch ein bisschen zu jung dafür, ich hatte noch nicht so die richtige Freude daran. Sie verstehn –, da war ich so gern dabei, wenn sie mit einem unsrer Primaner oder Studenten die Gesellschaft verließ. Sie hatte auch anfangs nichts dagegen. Nur schickte sie mich meistens nach einer Weile fort und sagte mir, wann ich wiederkommen sollte. Inzwischen hab' ich für die beiden aufgepasst – na ja unsre Kleinstadt! –, es war schön allein zu sitzen auf einer Wiese etwa und an sie und ihn zu denken, wohl eigentlich mehr an sie. Einer war unter den jungen Leuten, den hatten wir beide besonders gern, und ich glaubte, sie würde ihn heiraten, aber daraus ist nichts geworden. Er war zu mir immer besonders aufmerksam. Damals schenkte man sich noch Goldschnittbücher bei uns. Ich habe noch ein Bändchen *Waldmeisters Brautfahrt* von ihm. Das bekam ich, als er meiner Schwester den *Trompeter von Säckingen* brachte. Lang ist das her. Und nun denken Sie, diesen Jungen, der inzwischen weit in der Welt herumgekommen ist, den hab' ich vor ein paar Tagen wiedergesehn. Er ist hier bei Verwandten zu Besuch, der Junge, der inzwischen ein älterer Herr, Doktor und Diplomat, geworden ist. Ich traf ihn auf der Straße, bevor er zu meinen Leuten gekommen ist. Er nahm mich am Arm, mich altes Mädchen. Wir gingen die kleinen Gassen am alten Domplatz hinauf und herunter. Er erzählte und erzählte – nun, das kann Sie nicht interessieren –, aber er erkundigte sich gar nicht nach meiner Schwester. Erst ganz zuletzt. Als er dann fragte: »Wann darf ich Sie wiedersehn?«, da sagte ich: »Kommen Sie nicht zu Erna?« Da erst fing er an, sich zu erkundigen nach dem, was er noch nicht von ihr wusste, fragte nach den Kindern und ihrem Mann. Und dann ist er bei ihr gewesen, und es wurde verabredet, er solle am Heiligen Abend bei uns sein. Denn seine Leute machten eine Skitour, und denen wollte er erst am Sonntag nachreisen. Am Ende liebt sie ihn doch noch, dachte ich, dass sie ihn zum Heiligen Abend zu kommen bittet. »Du freust dich doch gewiss sehr, wenn der Doktor Decker Weihnachten zu uns kommt?«, fragte mich meine Schwester und sah mich groß und etwas – komisch an. »Und du?«, sagte ich. »Na gewiss freut's mich. Wir haben ein langes Gespräch gehabt über dich.« – »Über mich?« Sie küsste mich wie als wir Kinder waren, indem sie mir beide Ohren zuhielt und den Kopf in den Nacken drückte. »Ach Liesl, Liesl Warteweilchen«, sagte sie dann und lachte lustig. So nannte sie mich oft, und das hieß unter uns etwa, was man jetzt Liesl mit der langen Leitung nennen würde. Ich verstand nicht recht, warum sie so lieb und lustig mit mir war. Liebt sie ihn am Ende doch noch?, dachte ich.

Heute früh ist der Doktor Decker bei mir gewesen. Ich und meine kleine Stube, wir waren auf Besuch gar nicht gefasst. Erschrocken bin ich, als er mit seinem Blumenstrauß in der Tür stand. Und nun, denken Sie, nun hat er so herumgeredet; er wäre ja nicht mehr jung und er wüsste nicht, was ich wohl seither erlebt habe, aber da wir doch von Kindheit an gute Freunde seien – nun kurzum, es wurde ein regelrechter Antrag. Da, – da ist etwas eiskalt geworden in mir. Und mit einmal bin ich wütend gewesen auf das ganze Leben und auf meine arme Jugend. Na, wütend, das ist vielleicht zu viel. Ich wurde ganz still. Ich hätte gern geweint, aber es kamen keine Tränen. Er sagte: »Ich verstehe, Sie können sich nicht so schnell entscheiden, ich habe Sie überrumpelt, aber –« und da lächelte er und sah aus wie damals als Junge, wenn ich ihm auf Wiedersehn sagte und ihn mit meiner Schwester allein ließ. Er lächelte und sagte: »Aber heut' Abend unterm Christbaum sehn wir uns wieder.«

Und da habe ich denn, als ich allein war, nachgedacht, nachgefühlt, ob ich doch hingehn sollte. Ach vielleicht hätte meine Schwester es gern gesehn, wenn ich seinen Antrag angenommen hätte. Sie hätte mir vielleicht zuzureden verstanden, aber nein, dies abgetragene Kleid will ich nicht tragen, nein, dann will ich lieber in Lumpen gehn –

Die kleine Frau sah erschrocken auf, so laut hatte die sonst so Leise die letzten Worte gesprochen. »Oh, Gott«, sagte sie, »was geht das Sie an, meine Damen und Herren? Verzeihen Sie. Aber Sie werden vielleicht verstehen, dass ich heute Abend allein geblieben bin. Ach und so schön wie damals, als der Vater mit mir durchs dunkle Zimmer ging, kann Weihnachten wohl doch nie wieder sein. Gute Nacht.«

Ida

Wir frühstückten einst um die Weihnachtszeit zu viert – drei alte Freunde und ein gewisser Georgij Iwanowitsch – im Großen Moskauer Restaurant.

Während der Feiertage war es im Großen Moskauer Restaurant leer und kühl. Wir schritten durch den alten Saal, der von dem grauen Frosttag blass erhellt war, und machten im Türrahmen zum neuen halt, überlegend, wo man gemütlicher sitzen könne, wobei wir uns die Tische ansahen, über die soeben Tischtücher, weiß wie Schnee, straff gespannt worden waren. Ein Geschäftsführer, der vor Sauberkeit und Liebenswürdigkeit glänzte, machte eine ebenso bescheidene wie erlesene Geste zu einer entfernten Ecke hin, wo ein runder Tisch vor einem halbrunden Diwan stand. Wir begaben uns dorthin.

»Meine Herren«, sagte der Komponist, während er sich mit seinem stämmigen Körper auf den Diwan niederließ, »meine Herren, heute will ich aus bestimmten Gründen Gastgeber sein und wünsche hervorragend zu feiern. Und somit richten Sie, dienstbarer Geist, uns ein möglichst üppiges Tischleindeckdich her«, sagte er, dem Kellner sein breites Bauerngesicht mit den Schlitzaugen zuwendend. »Sie kennen ja meine großfürstlichen Gewohnheiten.«

»Wie sollte man die nicht kennen, es war Zeit genug, sie

auswendig gelernt zu haben«, antwortete der alte gescheite Kellner, den ein reines silbernes Bärtchen schmückte, mit einem zurückhaltenden Lächeln, während er den Aschenbecher vor ihn stellte. »Keine Sorge, Pawel Nikolajewitsch, wir werden uns Mühe geben …«

Und eine Minute darauf standen vor uns die Schnapsgläser und Römer, die Flaschen mit den verschiedenfarbigsten Schnäpsen, der rosige Lachs, der trüb fleischfarbene Stör, die Schüsseln mit den auf Eissplittern liegenden geöffneten Muscheln, das orangefarbige Viereck des Chesters, der schwarze schimmernde Klumpen des Presskaviars und der weiße vor Frost schwitzende Kübel mit dem Champagner. Wir begannen mit einem Pfefferschnaps. Der Komponist liebte es, selber einzuschenken. Und somit goss er drei Schnapsgläser voll, dann aber zauderte er scherzhaft.

»Heiligster Georgij Iwanowitsch, gestatten auch Sie?«

Georgij Iwanowitsch, dessen einzige und überaus sonderbare Betätigung es war, der Freund bekannter Schriftsteller, Künstler und Artisten zu sein – ein sehr stiller und ausnahmslos prächtig aufgelegter Mann, errötete zart – er errötete immer, bevor er etwas äußerte – und entgegnete mit einer gewissen Unverfrorenheit lässig:

»Und sogar sehr, sündigster Pawel Nikolajewitsch!«

Worauf der Komponist auch ihm einschenkte, mit seinem Gläschen leicht an unsere Gläser stieß, den Schnaps mit den Worten: »Helf Gott!« in den Mund schüttete und sich dann, während er auf seine Schnurrbarthaare blies, an den Imbiss machte. Auch wir machten uns daran und befassten uns mit diesem Geschäft ziemlich lange. Danach bestellten wir eine Fischsuppe und fingen an zu rauchen.

Im alten Saal begann ein Musikautomat nach vorwurfsvollem Krächzen zärtlich und traurig zu singen. Und da sagte der Komponist, sich nach einem Zug aus seiner Zigarette auf dem Diwan zurücklehnend, und nach seiner Gewohnheit viel Luft in die hochgewölbte Brust einziehend:

»Meine teuersten Freunde, ungeachtet der Freuden meines Bauches bin ich heute traurig gestimmt. Und zwar deswegen traurig, weil ich heute, kaum dass ich erwacht war, mich an eine kleine Geschichte erinnern musste, die einem meiner Freunde zustieß, einem, wie sich später herausstellte, absoluten Esel, und zwar genau vor drei Jahren am zweiten Weihnachtsfeiertag …«

»Eine kleine Geschichte, doch steht außer jedem Zweifel, dass es eine Liebesgeschichte ist«, sagte Georgij Iwanowitsch mit seinem mädchenhaften Lächeln.

Der Komponist schielte zu ihm hinüber.

»Eine Liebesgeschichte?«, sagte er kalt und spöttisch. »Ach, Georgij Iwanowitsch, Georgij Iwanowitsch, wie werden Sie einmal wegen Ihrer Lasterhaftigkeit und Ihres gnadenlosen Verstandes beim Jüngsten Gericht bestehen können? Nun ja, Gott mit Ihnen. Je veux un trésor qui les contient tous, je veux la jeunesse!« – er zog die Brauen hoch, summte die Melodie des Musikautomaten, der aus dem Faust spielte, und fuhr fort, zu uns gewendet:

»Meine Freunde, dies ist die Geschichte. Zu einer gewissen Zeit in einem gewissen Reiche verkehrte im Hause eines gewissen Herrn eine gewisse Jungfrau, die Freundin seiner Frau, die die gleichen Kurse wie sie besuchte und die derart unkompliziert und lieb war, dass der Herr sie einfach Ida nannte, das heißt, nur bei ihrem Namen. Ida hin und

Ida her, ihren Vatersnamen kannte er nicht einmal richtig. Er wusste nur, dass sie aus einer anständigen, aber wenig vermögenden Familie stammte, dass sie die Tochter eines Musikanten war, der einmal ein bekannter Dirigent gewesen, und dass sie bei ihren Eltern wohnte und wie es sich gehörte, auf einen Freier wartete, und weiter nichts …

Wie soll man Ihnen diese Ida nur schildern? Der Herr empfand eine große Zuneigung für sie, doch beachtete er sie, ich wiederhole es, eigentlich gleich null. Wenn sie kam, sagte er zu ihr: Ah, teuerste Ida! Guten Tag, guten Tag, herzlich erfreut, Sie zu sehen! Sie aber lächelte nur zur Antwort, steckte ihr Taschentuch in den Muff, schaute klar, wie es sich für junge Mädchen schickte (und auch ein wenig gedankenlos): Ist Mascha zu Hause? – Sie ist zu Hause, darf ich bitten. – Kann man zu ihr? – Und begab sich hierauf ruhig durchs Speisezimmer zu Maschas Tür: Mascha, darf man bei dir eintreten? – Eine tiefe Stimme, bis in die letzte Faser hinein aufwühlend, und fügen Sie zu dieser Stimme alles Weitere hinzu: die Frische der Jugend und der Gesundheit, den Wohlgeruch der jungen Dame, die gerade aus dem Frost ins Zimmer kommt … und dazu den ziemlich hohen Wuchs, Schlankheit, eine seltene Harmonie und Natürlichkeit aller Bewegungen … Auch in ihrem Gesicht lag etwas Rares, – auf den ersten Blick schien es ganz gewöhnlich zu sein, sah man aber genauer hin, konnte man sich daran delektieren: Die Tönung der Haut war gleichmäßig und warm – wie ein Apfel von allererster Güte getönt –, die Farbe der Veilchenaugen war lebendig und tief …

Ja, sah man genauer hin, konnte man sich daran delektieren. Dieser Lümmel aber, das heißt, der Held unserer

Erzählung, der konnte nur schauen, er geriet dann in ein kälbriges Entzücken und sagte: Ach, Ida, Ida, Sie kennen Ihren eigenen Wert nicht! – und registrierte ihr liebes, wenn auch vielleicht nicht ganz aufmerksames Lächeln zur Antwort – und begab sich in sein Zimmer, in sein Kabinett, und machte sich dort wiederum an irgendeinen Quatsch, Schaffen genannt, hol ihn der Teufel mit Haut und Haar. Und so verstrich die Zeit und so kam es, dass unser Herr sich kein klein bisschen jemals über diese selbe Ida ernsthaft Gedanken machte, und dass er, stellen Sie sich das bloß vor, absolut nicht bemerkte, wie sie um eine gewisse Zeit herum völlig verschwunden war. Keine Ida mehr da, und er kam nicht einmal darauf, seine Frau zu fragen: Wohin könnte unsere Ida nur verschwunden sein? Zuweilen gedachte er ihrer, und dann fühlte er, dass ihm etwas fehle, dann stellte er sich die süße Pein vor, mit der er ihren Körper hätte umarmen können, dann sah er in Gedanken ihren Muff aus Eichhörnchenpelz, ihre Gesichtsfarbe und ihre Veilchenaugen, ihre wunderbare Hand, ihre englische Bluse, und dann war er eine Minute lang bekümmert – und vergaß sie sogleich. Und auf diese Weise verging ein Jahr und ein weiteres … Bis es eines Tages für ihn notwendig wurde, in eine westliche Provinz zu reisen …

Das war genau um die Weihnachtszeit. Doch trotz alledem war es nötig, die Reise zu machen. Und somit bestieg unser Herr, nachdem er von den Sklaven und dem Hausgesinde Abschied genommen, sein riesiges Ross und ritt dahin. Er ritt einen Tag lang und eine Nacht lang, und erreichte endlich einen großen Knotenpunkt, wo man umsteigen musste. Doch dazu muss gesagt werden, dass er diesen mit bedeutender Verspätung erreichte, und somit sprang er, kaum dass der Zug längs den Bahnsteigen langsamer fuhr, aus dem Eisenbahnwagen, packte den ersten besten Träger am Kragen und schrie: ›Ist der Schnellzug nach dort und dorthin schon abgefahren?‹ Der Träger aber lachte nur höflich und äußerte: ›Soeben abgefahren. Sie geruhten ja, sich um ganze anderthalb Stunden zu verspäten.‹ – ›Wie, du Taugenichts? Machst wohl Spaß? Was soll ich jetzt anfangen? Nach Sibirien müsste man dich verschicken, zur Zwangsarbeit, zur Hinrichtung!‹ – ›Meine Sünde, meine Sünde‹, entgegnete der Träger, ›ein reuiges Haupt wird aber vom Schwert verschont, Euer Durchlaucht. Geruhen Sie den Personenzug abzuwarten …‹ Und somit pilgerte unser berühmter Reisender gesenkten Hauptes ergeben zum Stationsgebäude …

Das Stationsgebäude war voll von Menschen, dort war es angenehm, gemütlich und warm. Schon seit einer Woche herrschten Schneestürme, und auf den Eisenbahnen war alles durcheinander geraten, alle Fahrpläne waren zum Teufel gegangen, die Knotenpunkte waren restlos überfüllt. Natürlich fand das Gleiche auch hier statt. Überall Menschen und Gepäck, die Büfetts den ganzen Tag offen, den ganzen Tag roch es nach Speisen und nach Samowar, was, wie man weiß, bei Frost und Schneesturm keine schlechte Sache ist. Außerdem jedoch war dieser Bahnhof reich und geräumig, so dass unser Reisender alsbald merkte, es wäre kein großes Unglück, hier sogar einen ganzen Tag zu verweilen. Ich will mich ein bisschen in Ordnung bringen und dann möglichst gut essen und trinken, – dies waren seine aufgeräumten Gedanken, als er den Wartesaal betrat und sich sogleich anschickte, seine Absichten durchzuführen. Er rasierte sich, er wusch sich, er legte ein frisches Hemd an und begab sich, als er nach einer Viertelstunde den Waschraum, um zwanzig Jahre verjüngt, verließ, direkt zum Büfett. Dort hob er einen, hierauf einen Zweiten, er verspeiste zunächst eine Pastete, danach einen auf jüdische Art zubereiteten Hecht und beabsichtigte bereits noch einen zu heben, als er plötzlich hinter sich eine schrecklich bekannte Frauenstimme vernahm, die zauberhafteste auf der Welt. Und hierauf drehte er sich natürlich ›fieberhaft‹ um, und können Sie sich bloß vorstellen, wen er da vor sich stehen sah? Es war Ida!

Vor Freude und Verwunderung konnte er in der ersten Sekunde kein Wort hervorbringen und sah sie nur immerzu an, wie der Hammel das neue Tor. Sie jedoch – meine Freunde, was eine Frau alles vermag! – zuckte nicht einmal mit den Augenbrauen. Gewiss, auch sie konnte nicht mehr, als sich wundern, und ihr Gesicht zeigte sogar eine gewisse Freude, indes ich sage, sie bewahrte eine ausnehmende Ruhe. ›Mein Teurer‹, sagte sie, ›und wie ist das nur möglich? Welch eine angenehme Begegnung!‹ Und dabei sah man es ihren Augen an, dass sie die Wahrheit sprach, doch sie sagte das alles so unwahrscheinlich einfach und ganz und gar nicht auf die Art, wie sie vormals gesprochen, die Hauptsache aber war dabei … eine Spur spöttisch oder so. Unser Herr jedoch war restlos verdattert, schon deswegen, weil Ida auch in allem anderen völlig unkenntlich geworden war: Sie war so erstaunlich erblüht, wie nur eine wunderschöne Blume im reinsten Wasser aufblühen kann, in irgend so einem kristallenen Kelch, und entsprechend war sie gekleidet: mit großer Zurückhaltung, mit großer Koketterie, und sie trug einen Winterhut, der satanisch viel Geld kostete, und auf den Schultern eine Zobelstola für Tausende … Als der Herr ungeschickt und demütig ihre in blendenden Ringen schimmernde Hand küsste, neigte sie leicht den Hut nach rückwärts über die Schultern und sagte nachlässig: ›Apropos, machen Sie sich mit meinem Gatten bekannt‹, und alsbald trat hinter ihr schnell, zwar bescheiden, doch mit bravouröser Haltung ein Student vor, der sich militärisch vorstellte.«

»Ach, so ein Frechling!«, rief Georgij Iwanowitsch. »Ein gewöhnlicher Student?«

»Das ist es ja, teurer Georgij Iwanowitsch, dass er in der Tat ein ungewöhnlicher war«, sagte der Komponist mit einem unfrohen Lächeln. »Es scheint, unser Herr hatte während seines ganzen Lebens noch kein solch, wie man sagt, adliges, solch ein wunderbares marmornes Jünglingsantlitz zu sehen bekommen. Gekleidet war er wie ein Stutzer: Eine zweireihige Uniformjacke aus dem nämlichen feinen hellgrauen Tuch, das nur von den allergrößten Modehelden getragen wird, schloss sich eng um den prächtigen Torso, Beinkleider mit Stegen, eine dunkelgrüne Schirmmütze von preußischem Muster, und ein prachtvoller Mantel mit Biberpelz à la Nikolai I. Und bei all dem sympathisch und bescheiden wie kaum einer. Ida murmelte einen der allerberühmtesten russischen Familiennamen, er aber nahm mit der einen Hand im Handschuh aus weißem sämischem Leder geschwind die Schirmmütze ab – natürlich flimmerte in der Mütze das rote Futter aus Moiréseide – und entblößte schnell die andere Hand, so fein, so bläulichweiß und vom

Handschuh fast ein wenig bestäubt, knallte die Hacken aneinander und neigte respektvoll den kleinen und sorgfältig frisierten Kopf auf die Brust. ›Das ist mir ein Ding!‹ – überlegte unser Held mit noch größerem Erstaunen und sah noch einmal stumm zu Ida hin – und erfasste im Nu aus dem Blick, den jene über den Studenten gleiten ließ, dass sie natürlich die Herrscherin sei, jener aber der Sklave, indes ein Sklave keineswegs von gewöhnlicher Art, sondern einer, der seine Sklaverei mit größter Genugtuung und sogar mit Stolz trägt. ›Sehr, sehr erfreut, die Bekanntschaft machen zu dürfen!‹, sagte dieser Sklave aus voller Seele und richtete sich mit einem munteren und angenehmen Lächeln auf. ›Und ein alter Verehrer von Ihnen, ich habe viel über Sie von Ida gehört‹, sagte er mit freundschaftlichem Blick und war bereits im Begriff, eine dieser Begegnung entsprechende Plauderei anzuspinnen, als er völlig unverhofft unterbrochen wurde: ›Schweig, Petrik, bring mich nicht in Verlegenheit‹, sagte Ida eilig und wandte sich zum Herrn: ›Mein Teurer, ich habe Sie ja seit tausend Jahren nicht gesehen! Ich möchte endlos mit Ihnen reden, doch ich habe nicht die geringste Lust, in seiner Gegenwart zu sprechen. Für ihn sind unsere Erinnerungen uninteressant, es wird ihn nur langweilen, und vor Langeweile wird es ihm peinlich sein, darum lassen Sie uns gehen, wollen wir auf dem Bahnsteig auf und ab laufen …‹ Und nahm, nachdem sie dies gesagt, den Arm unseres Wanderers und führte ihn auf den Bahnsteig hinaus, dort aber ging sie mit ihm längs des Bahnsteiges fast eine Werst weit, wo der Schnee schon knietief lag, und – erklärte ihm völlig unverhofft, dass sie ihn liebe …«

»Das heißt, wieso liebe?«, fragten wir einstimmig.

Statt einer Antwort pumpte der Komponist wieder Luft in die Brust, wobei er sich aufplusterte und die Schultern reckte. Er schlug die Augen nieder, erhob sich plump, zog aus dem silbernen Kübel und dem klirrenden Eis eine Flasche und goss sich selber den größten Pokal voll. Seine Backenknochen wurden purpurn, der kurze Hals rötete sich. Gebückt, um seine Verwirrung zu verbergen, trank er den Wein bis auf den Grund aus und summte zum Musikautomaten: »Laisse moi, laisse moi contempler ton visage«, indes er brach sogleich ab, und sagte, seine noch enger werdenden Augen entschieden auf uns richtend:

»Ja, das heißt also, dass sie ihn liebe … Und diese Erklärung war zum Leidwesen die aufrichtigste und allerernsthafteste. Dumm, nicht wahr, wüst, unerwartet, unwahrscheinlich? Ja, versteht sich, indes so war es. Es war genauso, wie ich es Ihnen berichte. Sie gingen den Bahnsteig entlang, und sie begann ihn sogleich hastig und mit gespielter Lebhaftigkeit nach Mascha auszufragen, und auch danach, wie es ihr ginge und wie es ihren gemeinsamen Moskauer Bekannten ginge, und was es überhaupt in Moskau Neues gäbe und so weiter, und dann berichtete sie ihm, dass sie schon seit zwei Jahren verheiratet sei und dass sie mit ihrem Gatten während dieser Zeit teils in Petersburg gelebt hätte und teils im Auslande und zum Teil auch auf ihrem Besitz in der Nähe von Witebsk … Unser Herr jedoch ging nur eilig hinter ihr her und fühlte bereits, dass die Sache nicht geheuer sei und dass sogleich etwas völlig Närrisches und Unwahrscheinliches passieren würde, und er sah, so sehr er konnte, in das Weiß der Schneewächten hinein, die in unwahrscheinlicher Menge alles ringsum zugeweht hatten, all diese Bahnsteige, Fußwege, die Dächer der Gebäude und der roten und grünen Eisenbahnwagen, die auf allen Gleisen massiert dastanden … er sah das und begriff mit schreckhaftem Zusammenzucken des Herzens nur dies eine: nämlich, dass jetzt klar wurde, wie sehr er diese selbe Ida schon seit vielen Jahren fast tierhaft liebe. Und nun, können Sie sich vorstellen, was weiter geschah: Weiter geschah dies, dass Ida auf einem der am weitest abliegenden Nebenbahnsteige an einige Kisten herantrat, von einer den Schnee mit dem Muff herabfegte, sich hinsetzte und, dem Herrn ihr leicht erblasstes Gesicht zuwendend und ihn mit ihren Veilchenaugen anblickend, ihm bis zur Geistesverwirrung unverhofft und ohne erst Atem zu schöpfen sagte: ›Und nun, mein Teurer, beantworten Sie mir noch eine Frage: Wussten Sie oder wissen Sie es jetzt, dass ich Sie fünf Jahre lang geliebt habe und dass ich Sie bis jetzt liebe?‹«

Der Musikautomat, der bis zu diesem Augenblick unbestimmt und dumpf in der Entfernung gebrummt hatte, dröhnte plötzlich heroisch triumphierend und streng los. Der Komponist verstummte und sah uns gewissermaßen erschreckt und erstaunt an. Und dann äußerte er leise:

»Ja, das war es, was sie ihm sagte … Und jetzt erlauben Sie, die Frage: Wie könnte dieser ganze Auftritt mit menschlichen, idiotischen Worten dargestellt werden? Was kann ich Ihnen denn sagen außer abgeschmacktem Zeug über dies nach oben gerichtete Antlitz, von der Blässe jenes besonderen Schnees erhellt, den es nur nach Schneestürmen gibt, und über die zärtlichste, unbeschreiblichste

Färbung eben dieses Antlitzes, das gleichfalls jenem Schnee ähnelte, und überhaupt über das Antlitz einer jungen wunderbaren Frau, die beim Gehen Schneeluft eingeatmet hatte und die Ihnen plötzlich ihre Liebe gesteht und von Ihnen Antwort auf dieses Geständnis erwartet? Was habe ich von ihren Augen gesagt? Veilchenaugen? Ach, nicht das, natürlich nicht das! Und ihre halbgeöffneten Lippen? Und der Ausdruck von all diesem vereint, von all diesem zusammen, das heißt, von Antlitz, Augen und Lippen? Und der lange Zobelmuff, in den sie ihre Hände versteckte, und die Knie, die unter einem karierten, grünblauen schottischen Stoff hervortraten? Mein Gott, ist es denn überhaupt möglich, all dies mit Worten zu erfassen? Und die Hauptsache, die Hauptsache: Was hätte man wohl auf dies in seiner Unverhofftheit, in Schrecken und Glückseligkeit halsbrecherische Geständnis antworten können, auf den erwartungsvollen Ausdruck dieses vertrauensvoll nach oben gerichteten, erblassten und verzerrten (vor lauter Verwirrung, vor etwas, das einem Lächeln ähnlich sehen sollte), verzerrten Gesichtes?«

Wir schwiegen, wir wussten ebenfalls nicht, was sagen, was auf all diese Fragen zu antworten wäre, und wir blickten voller Staunen in die blitzenden Augen und auf das gerötete Antlitz unseres Freundes. Und er selber gab sich die Antwort:

»Nichts, nichts, absolut nichts! Es gibt Augenblicke, in denen es unmöglich ist, auch nur eine Silbe zu äußern. Und zum Glück und zur hohen Ehre unseres Reisenden, er äußerte auch nichts. Und sie verstand seine Erstarrung, sie sah ja sein Gesicht. Und nachdem sie eine Weile gezögert, eine Weile in diesem unsinnigen und unheimlichen Schweigen unbeweglich verbracht, das auf ihre schreckliche Frage folgte, erhob sie sich, zog ihre warme Hand aus dem warmen, parfümierten Muff und umfing seinen Hals und küsste ihn zärtlich und fest mit einem jener Küsse, die man dann nicht nur bis zum Sargdeckel in der Erinnerung behält, sondern auch im Grabe selber. Tja, und das war alles: Küsste ihn und ging. Und damit war diese ganze Geschichte auch schon zu Ende … Und überhaupt genug davon«, sagte der Komponist, plötzlich jäh den Ton ändernd, und fügte laut mit gemachter Fröhlichkeit hinzu: »Und lassen Sie uns aus diesem Anlass auf Teufel-komm-heraus trinken! Trinken auf alle, die uns geliebt, auf alle, die wir Idioten nicht genug gewürdigt, mit denen wir glücklich und selig waren und mit denen wir dann auseinandergingen, die wir auf ewig und immer im Leben verloren und mit denen wir trotzdem auf ewig mit der allerschrecklichsten Bindung der Welt verbunden sind! Und lassen Sie uns dies vereinbaren: Demjenigen, der zur Ergänzung all des oben ausgeführten auch nur ein einziges Wort hinzufügen will, werde ich diese nämliche Champagnerflasche an den Schädel schmettern. – Dienstbarer Geist!«, schrie er laut über den ganzen Saal weg, »her mit der Fischsuppe! Und Sherry, Sherry, ein Fass Sherry, auf dass ich darin meine ganze Fresse mitsamt den Hörnern eintauchen könnte.«

Wir frühstückten an diesem Tage bis elf Uhr abends. Und fuhren nachher ins Jar, und vom Jar ins Strelna, wo wir um die Morgendämmerung Blinny aßen und den allerordinärsten Wodka, den mit der roten Kapsel, bestellten und uns im Allgemeinen unmöglich aufführten: Wir sangen, wir grölten und wir tanzten sogar einen Kasatschok*. Der Komponist tanzte stumm, wild und hingerissen, mit einer Leichtigkeit, die für seine Figur ganz ungewöhnlich war. Und dann fegten wir, als es schon völlig Morgen geworden war, heim, es war schrecklich frostig, und der Morgen war rosig. Und als wir längs dem Strastnoikloster hinrasten, stieg hinter dessen Dächern eine eisige rote Sonne auf, und vom Glockenturm schwang sich der erste und anscheinend der schwerste und prachtvollste Glockenschlag, der das ganze frostige Moskau erschütterte und den Komponisten zwang, plötzlich die Mütze abzureißen und aus ganzer Kraft und mit strömenden Tränen über den weiten Platz hinzurufen:

»Meine Sonne! Meine Geliebte! Hurra-a!«

* Russischer Kosakentanz

Der Laubkehrer

Hinter dem Rathaus befindet sich ein bewaldeter Park, der gegen Ende November anfängt, sich in eine dünne blaue Wolke zu hüllen, und normalerweise schwebt er in diesem Dunst bis Mitte Februar. Ich gehe jeden Tag vorbei und sehe in diesem Nebelschleier Johnnie Geddes das Laub zusammenkehren. Hin und wieder hält er inne, wirft seinen langen Kopf hoch und sieht ungehalten zu dem Blätterhaufen hin, als dürfte es ihn nicht geben. Dann fegt er weiter. Diese Tätigkeit hatte er während der Jahre gelernt, die er in der Anstalt verbrachte; man hatte ihm stets diese Arbeit gegeben, und als er entlassen wurde, ließ der Stadtrat ihn das Laub zusammenkehren. Die unwillige Kopfbewegung wirkt an ihm aber ganz natürlich, denn sie gehört, seit der Zeit, da er der vielversprechendste und lebhafteste und lautstärkste Hochschulabsolvent seines Semesters war, zu seinen Gewohnheiten. Er sieht viel älter aus, als er tatsächlich ist, denn vor nicht ganz zwanzig Jahren gründete Johnnie die Gesellschaft zur Abschaffung des Weihnachtsfestes.

Johnnie wohnte damals bei seiner Tante. Ich ging zur Schule, und in den Weihnachtsferien gab Miss Geddes mir das neueste Pamphlet ihres Neffen zu lesen, das den Titel ›Wie man zu Weihnachten reich wird‹ trug. Das klang zwar sehr einleuchtend, doch es stellte sich heraus, daß man zu Weihnachten dadurch reich wird, daß man Weihnachten abschafft, und so dachte ich über Johnnies Schrift nicht weiter nach.

Das war aber bloß sein erster Versuch. Drei Jahre später hatte er bereits seine Gesellschaft der Abolitionisten gegründet. Sein neues Buch, ›Weihnachten – unser Untergangs‹, war in der Stadtbibliothek außerordentlich begehrt, und schließlich kam auch ich an die Reihe. Diesmal überzeugte Johnnie mich wirklich, und die meisten Leute gaben sich nach der Lektüre des Buches völlig geschlagen. Kürzlich erstand ich für Sixpence ein antiquarisches Exemplar, und obgleich so viel Zeit seither vergangen ist, liefert es noch immer den schlüssigen Beweis dafür, daß Weihnachten ein nationales Verbrechen ist. Johnnie legt dar, daß jede Bevölkerungseinheit des Landes zwangsläufig verhungern wird innerhalb jener Zeit, die umgekehrt proportional ist zu derjenigen, in der eine von sechs Produktionseinheiten kein Spielzeug mehr herstellt, mit dem die Strümpfe der Bildungsempfängereinheiten gefüllt werden können, wenn Sie verstehen, was er meint. Er zitiert erschreckende Statistiken, um zu zeigen, daß 1,024 Prozent der Zeit, die alljährlich zu Weihnachten mit unbekümmerten Einkäufen und gedankenlosem Kirchgang vergeudet wird, die Nation ihrem Untergang um fünf Jahre näher bringt. Einige Leser protestierten, doch Johnnie vermochte ihre verworrenen Argumente abzuschmettern. Währenddessen wurde die Gesellschaft zur Abschaffung des Weihnachtsfestes immer größer. Indes, Johnnie war besorgt. Nicht nur wütete in jenem Jahr das Weihnachtsfest wie gewohnt im ganzen Land, er verfügte auch über geheime Hinweise, daß zahlreiche Mitglieder den Eid, sich des Festes zu enthalten, gebrochen hatten.

Da beschloß er, einen Schlag gegen die eigentlichen Wurzeln des Weihnachtsfestes zu führen. Er quittierte seinen Job bei den Wasserwerken. Er gab seine Karriere auf und zog sich, von ein paar Freunden finanziell unterstützt, für zwei Jahre zurück, um die Ursprünge des Weihnachtsfestes zu studieren. Dann schrieb er, überglücklich, sein nächstes und letztes Buch, in dem er darlegte, daß Weihnachten entweder eine Erfindung der frühen Christen war, um die Heiden versöhnlich zu stimmen, oder eine Erfindung der Heiden, um die frühen Christen versöhnlich zu stimmen – ich weiß nicht mehr, welche Version es war. Entgegen dem Rat seiner Freunde gab Johnnie seinem Buch den Titel ›Weihnachten und Christentum‹. Verkauft wurden achtzehn Exemplare. Johnnie hat sich davon nie recht erholt, und in dieser Zeit geschah es, daß seine Verlobte, eine glühende Abolitionistin, ihm zu Weihnachten einen selbstgestrickten Pullover schickte. Er schickte ihn nebst einem Exemplar der Statuten der Gesellschaft zurück, woraufhin sie den Ring zurückschickte. In jedem Fall aber war die Gesellschaft während Johnnies Abwesenheit von einer gemäßigten Fraktion unterwandert worden. Diese Gemäßigten wurden schließlich immer gemäßigter, und der ganze Verein löste sich auf.

Bald danach verließ ich die Gegend, und es vergingen einige Jahre, ehe ich Johnnie wiedersah. An einem Sonntagnachmittag im Sommer schlenderte ich in der Menge umher, die gekommen war, die Redner von Hyde Park zu hören. Eine kleinere Gruppe umringte einen Mann, der ein Transparent mit der Aufschrift ›Kreuzzug gegen Weihnachten‹ trug. Seine Stimme war schreckenerregend; sie trug außergewöhnlich weit. Das war Johnnie. Jemand aus der Menge sagte mir, Johnnie sei jeden Sonntag da, äußere sich sehr heftig über Weihnachten und werde wohl bald wegen Verwendung anstößiger Ausdrücke festgenommen werden. Wie ich aus der Presse erfuhr, wurde er bald wegen Verwendung anstößiger Ausdrücke festgenommen. Ein paar Monate später hörte ich, daß der arme Johnnie in einer Nervenheilanstalt sei, weil er nur noch Weihnachten im Kopf habe und nicht aufhören könne, seine Meinung darüber lautstark kundzutun.

Danach verlor ich ihn aus dem Sinn, bis ich vor etwa drei Jahren, im Dezember, in die Nähe des Ortes zog, in dem Johnnie seine Jugend verbracht hatte. Am Tag vor Weihnachten machte ich mit einem Bekannten einen Nachmittagsspaziergang, wobei ich darauf achtete, was sich während meiner Abwesenheit verändert hatte und was nicht. Wir kamen an einem langgestreckten, großen Haus vorbei, das früher für seine Waffenkammer bekannt war, und ich sah, daß die eisernen Tore weit offen standen.

»Früher waren sie immer geschlossen«, sagte ich.

»Jetzt ist eine Anstalt darin untergebracht«, sagte mein Bekannter. »Die leichten Fälle dürfen draußen arbeiten, und die Tore bleiben offen, um ihnen ein Gefühl von Freiheit zu vermitteln.«

»Aber innendrin wird alles abgeschlossen«, sagte mein Bekannter. »Tür für Tür. Auch der Aufzug. Alles bleibt zugeschlossen.«

Während mein Bekannter noch redete, betrat ich die Toreinfahrt und warf einen Blick hinein. Unmittelbar hinter dem Tor stand eine große, kahle Ulme. Dort sah ich einen Mann in brauner Cordhose das Laub fegen. Der arme Kerl, er sprach laut vor sich hin, irgend etwas über Weihnachten.

»Das ist doch Johnnie Geddes«, rief ich. »Ist er all die Jahre hier gewesen?«

»Ja«, sagte mein Bekannter, und im Weitergehen: »Ich glaube, um diese Jahreszeit geht es ihm immer etwas schlechter.«

»Kommt seine Tante ihn besuchen?«

»Ja. Und sie besucht niemand sonst.«

Wir näherten uns jetzt dem Haus, in dem Miss Geddes wohnte. Ich schlug vor, sie zu besuchen. Ich hatte sie gut gekannt.

»Auf gar keinen Fall!« sagte mein Bekannter.

Ich beschloß trotzdem, hineinzugehen, und mein Bekannter ging weiter, zurück in die Stadt.

Miss Geddes hatte sich verändert, mehr als die Umgebung. Sie war eine ernste, ruhige Frau gewesen, und nun bewegte sie sich schnell und lächelte kurz und nervös. Sie führte mich zu ihrem Wohnzimmer, und als sie die Tür öffnete, rief sie jemand, der schon im Zimmer war, zu: »Johnnie, schau mal, wer uns besucht!«

Ein Mann in dunklem Anzug stand auf einem Stuhl und brachte Stechpalmenzweige hinter einem Bild an. Er sprang herunter.

»Gesegnete Weihnachten!« rief er. »Gesegnete und fröhliche Weihnachten! Hoffentlich bleiben Sie zum Tee«, sagte er, »wir haben nämlich einen wunderbaren Weihnachtskuchen, und weil es das Fest der Liebe ist, würde ich mich freuen, wenn Sie sehen könnten, wie schön er dekoriert ist. Es steht ›Frohe Weihnachten!‹ in rotem Zuckerguß darauf, und ein Rotkehlchen gibt es auch …«

»Johnnie«, sagte Miss Geddes, »du vergißt die Weihnachtslieder!«

»Die Weihnachtslieder«, sagte er. Er nahm eine Schallplatte von einem Stapel und legte sie auf. Es war *The Holly and the Ivy.*

»Das ist ja *The Holly and the Ivy*«, rief Miss Geddes. »Kannst du nicht was anderes auflegen? Das haben wir schon den ganzen Vormittag gehört.«

»Es ist großartig«, sagte er strahlend und hob, Ruhe gebietend, die Hand.

Während Miss Geddes den Tee holte und er in das Weihnachtslied versunken dasaß, beobachtete ich ihn. Er ähnelte Johnnie dermaßen, daß ich ihn, wenn ich den armen Johnnie nicht kurz zuvor im Anstaltspark das Laub hätte aufkehren sehen, tatsächlich für Johnnie gehalten hätte. Miss Geddes kam mit dem Tablett zurück, und als er aufstand, um eine andere Platte aufzulegen, sagte er etwas, was mich verblüffte.

»Ich habe dich an dem Sonntag, als ich im Hyde Park sprach, in der Menge gesehen.«

»Was für ein Gedächtnis du hast!« sagte Miss Geddes.

»Es muß zehn Jahre her sein«, sagte er.

»Mein Neffe hat seine Ansichten über Weihnachten geändert«, erklärte sie. »Inzwischen kommt er Weihnachten immer nach Hause, und dann haben wir immer ein paar schöne Tage, stimmt's, Johnnie?«

»Freilich«, sagte er. »Ach, laß mich mal den Kuchen an-
schneiden.«

Der Kuchen faszinierte ihn. Schwungvoll stach er das
große Messer hinein. Es rutschte ab und stach tief in seinen
Finger. Miss Geddes rührte sich nicht. Er drehte den verletzten Finger weg und fuhr fort, den Kuchen in Scheiben
zu schneiden.

»Blutet es nicht?« fragte ich.

Er hielt die Hand hoch. Ich konnte den tiefen Schnitt
erkennen, aber Blut war nicht zu sehen.

Absichtlich, und vielleicht auch aus Hilflosigkeit, wandte
ich mich Miss Geddes zu.

»Dieses Haus da oben«, sagte ich, »ich habe gesehen, daß
es inzwischen eine Irrenanstalt ist. Heute nachmittag bin
ich daran vorbeigekommen.«

»Johnnie«, sagte Miss Geddes wie jemand, der weiß, daß
das Spiel aus ist, »geh und hol die Pastetchen!«

Er ging, ein Weihnachtslied pfeifend.

»Sie sind also an der Anstalt vorbeigekommen«, sagte
Miss Geddes müde.

»Ja«, sagte ich.

»Und Sie haben Johnnie das Laub kehren sehen.«

»Ja.«

Wir hörten noch immer, wie das Weihnachtslied gepfif-
fen wurde.

»Wer ist denn *er*?« fragte ich.

»Das ist Johnnies Geist«, sagte sie. »Er kommt jede Weihnachten nach Hause. Aber ich kann ihn nicht leiden«, sagte
sie. »Ich halte es nicht mehr aus. Morgen reise ich ab. Ich will
nicht Johnnies Geist. Ich will Johnnie, wie er leibt und lebt.«

Mich schauderte bei dem Gedanken an den verletzten Finger, der nicht bluten konnte. Und ich ging, ehe Johnnies Geist mit den Pastetchen zurückkehrte.

Tags darauf – ich sollte mich bei einer Familie melden, die in der Stadt wohnte – machte ich mich um die Mittagszeit auf den Weg dorthin. Wegen des leichten Nebels erkannte ich zuerst nicht, wer sich mir näherte. Es war ein Mann, der mir zuwinkte. Es stellte sich heraus, daß es Johnnies Geist war.

»Fröhliche Weihnachten! Was sagst du dazu«, rief Johnnies Geist, »meine Tante ist nach London gefahren. Stell dir vor, an Weihnachten, und ich dachte, sie ist in der Kirche, und ich stehe hier und habe niemand, mit dem ich Weihnachten feiern kann, aber ich verzeihe ihr natürlich, es ist ja das Fest der Liebe, und ich freue mich, dich zu sehen, weil ich jetzt mitkomme, wohin du auch gehst, und wir können ein fröhliches …«

»Laß mich in Ruhe!« sagte ich und ging weiter.

Es klingt roh. Aber vielleicht wissen Sie nicht, wie abstoßend und widerlich der Geist eines lebenden Menschen ist. Die Geister der Toten, meinetwegen, aber bei dem Geist des verrückten Johnnie bekam ich eine Gänsehaut.

»Verschwinde!« sagte ich.

Er ging neben mir her. »Da es das Fest der Liebe ist, werde ich deinen Ton mit Nachsicht behandeln«, sagte er, »aber ich werde mitkommen!«

Wir hatten die Tore der Anstalt erreicht, und dort, auf dem Grundstück, sah ich Johnnie das Laub kehren. An Weihnachten zu arbeiten war wohl seine Art zu streiken. Er machte lautstarke Bemerkungen über Weihnachten.

Einer plötzlichen Eingebung folgend, sagte ich zu Johnnies Geist: »Du willst Gesellschaft?«

»Gewiß«, erwiderte er. »Es ist das Fest der …«

»Du sollst sie haben«, sagte ich.

Ich stand in der Toreinfahrt. »He, Johnnie!« rief ich.

Er sah auf.

»Ich habe deinen Geist mitgebracht, Johnnie. Er will dich besuchen.«

»So, so«, sagte Johnnie und näherte sich seinem Geist. »Sieh mal an!«

»Fröhliche Weihnachten!« sagte Johnnies Geist.

»Ach ja?« sagte Johnnie.

Ich überließ sie sich selbst. Und als ich mich umblickte, neugierig, ob sie wohl übereinander herfallen würden, sah ich, daß Johnnies Geist ebenfalls Laub kehrte. Gleichzeitig schienen sie sich zu streiten. Aber es war noch immer neblig, und ich kann wirklich nicht sagen, ob es, als ich mich ein zweites Mal umblickte, zwei Männer waren, die das Laub kehrten, oder nur einer. Johnnie machte im neuen Jahr langsam Fortschritte. Schließlich hörte er auf, über Weihnachten herumzuschreien, und dann verlor er kein Wort mehr zu diesem Thema. Nach ein paar Monaten, als er fast überhaupt nichts mehr sagte, wurde er entlassen.

Der Stadtrat ließ ihn das Laub im Park kehren. Er spricht selten und erkennt niemanden. Gegen Jahresende sehe ich ihn jeden Tag im Nebel arbeiten. Manchmal, wenn plötzlich ein Windstoß geht, wirft er den Kopf hoch, um zu beobachten, wie hinter ihm ein paar Blätter zu Boden fallen, als wäre er erstaunt, daß es sie tatsächlich gibt, obwohl, von Rechts wegen, das Fallen der Blätter eigentlich abgeschafft gehörte.

Weihnachtsüberraschung

Draußen rieselte der Schnee. Vom Himmel torkelten die Flocken, weich und träge wie ein von der ukrainischen Gastfreundschaft überwältigter irischer Tourist. Marina und ich schritten durch diesen morgendlichen Schnee, der so rein und feierlich war. Die Kälte konnte uns nichts anhaben, der Frost machte uns nur munterer und rötete unsere Gesichter. Ein Fuchspelz schützte Marina zuverlässig vor der Kälte, bloß die rote Skimütze mit der Aufschrift NESCAFE sah etwas merkwürdig aus. Auch ich fror nicht, denn ich trug einen Lammfellmantel, dicke Jeans und eine Wolfspelzmütze mit Ohrenklappen.

Seit Marinas und meiner Hochzeit war nun gerade ein Monat vergangen. Wir hatten beide an der Universität studiert. Der Kurs, in dem wir uns kennenlernten, hieß knapp und klar auf englisch: Business administration. Langsam ging im Lande eine Umschichtung der Gesellschaft vor sich, und wir fühlten uns schon fast als die Crème de la Crème, die Schicht, die mit wachem Geist den unterentwickelten postsowjetischen Staat in eine gesunde kapitalistische Gesellschaft verwandeln würde.

Den ganzen letzten Monat, der der erste unseres Zusammenlebens war, und sich als der erste Wintermonat herausstellte, hatten Marina und ich uns an unserer Liebe bis zu einem erstaunlichen Stadium süßer Ermattung gewärmt. Es schien uns, als hätten wir nicht nur keine Kräfte mehr, uns aneinander zu erfreuen, sondern auch keinerlei – nein, nicht etwa keinerlei Wunsch. Es war eher so, daß wir nicht sicher waren, ob die Freuden der körperlichen Nähe uns wieder dieses Gefühl des Fliegens vermitteln würden, an das wir uns schon gewöhnt hatten, und das wir bereits als selbstverständlich hinnahmen. Darin lag tatsächlich eine Gefahr: nicht etwa die Süße selbst, sondern das Gefühl der Wertschätzung für diese Süße zu verlieren.

Der Schnee fiel weiter in dicken Flocken. Wir schlenderten durch das Zentrum von Kiew, und als wir zu frieren anfingen – wie auch nicht bei minus fünfzehn Grad Celsius –, gingen wir in ein Café, um uns kurz aufzuwärmen. Als wir wieder herauskamen, bummelten wir an den Schaufenstern entlang, betrachteten die Weihnachtsdekoration ringsumher.

Wir entdeckten auch den ›größten Weihnachtsbaum des Landes‹. Er stand diesmal unterirdisch, in dem dreigeschossigen Einkaufszentrum am Unabhängigkeitsplatz. Da war er, der Arme, eingezwängt in dem über drei Geschosse gehenden Raum zwischen den Rolltreppen und den zwei Aufzügen. Hier würde er, notgedrungen, die vorhergesagten Schneestürme und Eiswinde überstehen, wegen der man offensichtlich beschlossen hatte, ihn hier unten aufzustellen.

»Na, was ist? Was hast du heute abend mit uns vor?« fragte Marina, als wir ein weiteres Mal hinunterfuhren, an den Fuß des Riesenweihnachtsbaumes und uns an ein McDonald's-Tischchen setzten, direkt unter seine niedrigsten Zweige.

Ich zuckte die Achseln.

»Ja, was ist, hast du denn wirklich keinen Funken Phantasie? Heute ist doch Heiligabend!«

Ich strengte mich aus Leibeskräften an, mir etwas einfallen zu lassen.

»Ich weiß was«, sagte Marina mit fester Stimme, streifte die Skimütze ab und durchkämmte mit einer Hand ihre Igelfrisur.

»Was weißt du?«

»Diese Weihnachten zeugen wir ein Kind! Wir machen uns und der Welt ein Weihnachtsgeschenk!«

»Ach, jaaa?« meinte ich verwundert. Marinas Vorschlag verblüffte mich wirklich.

»Wieso? Bist du etwa dagegen?« fragte sie, und in ihren grünen Augen glimmten Fünkchen der Skepsis mir gegenüber auf, die ich sofort zum Verlöschen bringen wollte.

»Aber nicht doch!« beeilte ich mich zuzustimmen. »Ich dachte nur … Wenn man dem Sex einen solchen Sinn gibt, wird es irgendwie so tiefsinnig.«

»Weihnachten – da geht's nicht um Sex, da geht's um Liebe … Und der Sex, von dem du redest, von dem habe ich eh schon genug …«

›Ich ja auch‹, dachte ich, sagte es aber nicht laut.

Laut seufzte ich nur gedankenverloren. Und starrte in den ›größten unterirdischen Weihnachtsbaum des Landes‹. Von dem Zweig, der mir am nächsten war, hing eine glänzende Kugel herab – mit der Aufschrift: 2002. Das rief in mir ein sarkastisches Lächeln hervor.

»Schau mal!« Ich zeigte Marina die Kugel. »Die ist vom letzten Jahr!«

»Macht nichts, dafür glänzt sie noch wie neu! – Stell dir vor, nächste Weihnachten haben wir schon ein Baby!«

Ich stellte mir das vor, und ich muß sagen, das Bild in meiner Phantasie wurde durchaus schön, wenn es auch ein bißchen einer Ikone mit Jesuskind ähnelte.

»Aber weißt du, was«, sagte ich und sah Marina direkt in ihre blinzelnden grünen Augen. »Es wäre doch noch toller, wenn du das Kind direkt an Weihnachten zur Welt bringen würdest!«

Sie schüttelte lächelnd den Kopf.

»Also? Gehen wir nun nach Hause?« fragte ich, wobei ich mir einen der üblichen Winterabende in gemütlicher häuslicher Atmosphäre vorstellte, so mit Champagnergläsern vor dem Breitwandfernsehbildschirm ...

»Nein«, sagte Marina und lächelte verschlagen.

»Nein? Willst du noch spazieren gehen?«

Sie sah auf ihre Uhr.

»Laß uns noch eine halbe Stunde hier sitzen ... Bring mir doch eine heiße Schokolade!«

Als wir schließlich nach oben kamen, schneite es schon wieder. Der Schnee fiel langsam in dicken, weißen Flocken. Er knirschte unter den Sohlen. Es war bereits dunkel, und das Stadtleben floß in der von bunten Leuchtreklamen und Straßenbeleuchtung durchbrochenen Dämmerung träge und unentschlossen dahin. Genauso träge und unentschlossen fuhren die Autos über den verschneiten Kreschtschatnikplatz.

»Ich habe heute eine Überraschung für dich!« sagte Marina plötzlich freudig, blieb stehen und wandte sich mir zu.

»Noch eine?«

»Hm, ja«, nickte Marina und sah auf die Uhr. Dann stellte sie sich auf die Zehenspitzen und küßte mich auf den Mund. »In zehn Minuten holt uns Dima zu einer Weihnachtsreise ab.« Fast hätte ich ›Hochzeitsreise‹ anstatt ›Weihnachtsreise‹ verstanden, doch die Erwähnung von Dima ließ mich vorsichtig werden. Dima war Marinas ältester Bruder. Ein Mann mit Biographie, wie man bei uns sagt. Er hatte als Soldat in Afghanistan gekämpft, danach hatte er mit einer Gruppe seiner Ex-Kameraden Waggons mit geschmuggelten Zigaretten bewacht, die vom Odessaer Hafen nach Kiew gingen. Allerdings beschäftigte er sich nun schon seit zwei Jahren mit völlig legalen Geschäften – nämlich der Organisation von Extremtourismus. Kunden hatte er genug. Der größte Teil seiner Kundschaft reiste sogar aus dem Ausland an. Die alten Kontakte waren ihm in der neuen Branche natürlich sehr von Vorteil. Er konnte so ziemlich alles organisieren. Vom dreitägigen Gefängnisaufenthalt mit zehn Wiederholungstätern in einer Zelle für einen jungen amerikanischen Journalisten bis zur Missionierungsreise katholischer Priester von den Philippinen durch die Bergarbeitersiedlungen der Ukraine.

Genau deshalb wurde ich bei der Erwähnung Dimas leicht nervös, denn ich stellte mir gerade vor, welche Art Weihnachtsreise einer wie er uns wohl zusammenstellen würde.

»Bloß keine Panik!« sagte Marina, als sie meinen Gesichtsausdruck bemerkte. »Alles wird wunderbar!«

Na ja, seine eigene Schwester würde er ja wohl nicht in irgendein Abenteuer hineinziehen, dachte ich und beruhigte mich langsam.

Eine halbe Stunde später befanden wir uns schon außerhalb der Stadtgrenze. Ein russischer Jeep, ein Niwa-Taiga, fuhr die Fahrspur der unter dem Schnee kaum sichtbaren Shitomirski-Ausfallstraße entlang. Er bewegte sich langsam vorwärts.

»Wohin fahren wir?« fragte ich Dima.

»Jemanden besuchen«, sagte er, ohne sich von der verschneiten Straße abzuwenden. »Es gibt da so einen folkloristisch interessanten Ort, den kaum jemand kennt.«

»In der Nähe von Kiew?«

»So ungefähr.« Er nickte und schaltete Musik ein.

Mit Musik fuhr es sich schon fröhlicher. Ich beugte mich zum Fenster und betrachtete den märchenhaften Winterwald, der langsam an unserem Wagen vorbeizog.

»Hast du Brot gekauft?« fragte Marina plötzlich ihren Bruder.

»Nur die Ruhe. Ich hab alles eingekauft. Sogar mehr als wir brauchen!«

Bald bogen wir von der Ausfallstraße auf einen schmalen Waldweg ab. Eine halb schneeverwehte Fahrspur half Dima auch hier, den Wagen zu lenken, aber jetzt beugte sich Dima zur Frontscheibe vor und verfolgte aufmerksam die kaum wahrnehmbare Spur, die vom gelben Licht der Nebelscheinwerfer beleuchtet wurde.

»Verfahren wir uns auch nicht?« fragte ich vorsichtig.

»Bloß keine Panik! Wir schlagen uns schon durch!« sagte Dima grinsend.

So hatte er sicher seinen Untergebenen damals in Afghanistan geantwortet, als er am Steuer eines Mannschaftspanzerwagens saß, vor sich die angreifenden Mujahedin.

Im Auto wurde es warm, die Heizung lief auf vollen Touren. Ich knöpfte meinen Fellmantel auf, nahm die Wolfspelzmütze ab und legte sie neben mich auf den Sitz.

Plötzlich blieb das Auto stehen und Dima drehte sich zu mir um.

»So, Wasja, jetzt tu mal eine gute Tat!«

Ich warf einen Blick an Dimas schnurrbärtigem Gesicht vorbei, und sah im Licht der Scheinwerfer einen heruntergelassenen Schlagbaum und rechts davon eine mit grüner Farbe verschönerte Wachbude.

»Was ist denn jetzt los?«

»Steig aus, öffne den Kofferraum und nimm aus dem Rucksack eine Flasche Zuborowka-Wodka, geh in die Bude und stell sie dort auf den Boden. Dann hebst du den Schlagbaum hoch, wartest, bis ich durchgefahren bin und läßt ihn wieder runter! Ist doch nicht schwer, oder?«

»Nein.«

In der Wachbude sah ich auf dem Boden zu meinem Erstaunen schon zwei Flaschen Champagner, drei Wodkaflaschen und einen großen Dreiliterballon mit trübem Selbstgebranntem stehen.

Während ich den Schlagbaum hochzog, sah ich mich um. Selbst mit eingeschalteten Scheinwerfern sah das Auto in diesem dunklen Wald wie ein verschrecktes, hilfloses Tier aus. Und wie um meinen Gefühlen noch mehr Intensität zu geben, sprang hinter den dunklen Stämmen der Fichten ein vierbeiniger Schatten hervor. Ein Augenpaar funkelte im Dunkeln. Mir lief eine Gänsehaut über den Rücken. Ich stand unbeweglich da und preßte in meiner Hand fest das Seil zusammen, das den Schlagbaum oben hielt.

Schließlich fuhr das Auto unter dem Schlagbaum durch und ich ließ ihn wieder herunter. Ich band das Seil an dem in den Boden eingelassenen Pfosten fest, an dem ein schneebedeckter Wegweiser lehnte.

»Wo sind wir denn da reingefahren?« fragte ich, nachdem ich wieder auf den Rücksitz gekrochen war.

»Naturschutzgebiet«, antwortete Dima knapp. »Dauert auch nicht mehr lange …«

Plötzlich zog er aus der Tasche seiner Lederjacke ein Mobiltelefon und tippte eine Nummer ein.

»In einem guten Stündchen sind wir da!« sagte er zu irgend jemandem.

Es war merkwürdig, aber dieses kurze Telefongespräch oder um genauer zu sein, nur dieser eine Satz ins Handy gesprochen, beruhigte mich, er brachte mich zurück zu freudigen Weihnachtsgedanken. Ich dachte darüber nach, was für ein Geschenk ich Marina machen würde. Vielleicht auch so ein Handy? Dann könnte ich sie immer anrufen, sie überall finden … Aber dann wäre es ja eher ein Geschenk für mich als für sie …

»Schau mal! Schau nur!« unterbrach Marina meine Gedanken und zeigte nach vorn.

Der Jeep fuhr nun ganz langsam. Ich beugte mich vor: Mitten auf dem Weg stand ein mächtiger Elch. Er schaute uns eindeutig an. Wir fuhren auf ihn zu und hielten respektvoll vor ihm an, wie gemeine Soldaten vor einem General.

»Vielleicht sollte ich mal hupen?« meinte Dima gedankenverloren und sah auf die Uhr.

»Ach, nein«, bat Marina. »Du kannst ihm höchstens mal mit den Scheinwerfern zublinzeln.«

Dima schaltete abwechselnd mal Fernlicht, mal Standlicht ein. Da schüttelte der Elch den Kopf, wandte sich um und verschwand im dunklen Wald.

»Na, siehst du!« seufzte Marina erleichtert auf.

Der Wald war plötzlich zu Ende. Das Auto bog auf ein verschneites Feld ab und schien mit einem Male leichter zu werden. Hier gab es schon keinerlei Fahrspur mehr und Dima orientierte sich an in den Boden eingelassenen Holzstämmen. Es war auch nicht mehr ganz so dunkel wie im Wald. Über dem Feld hing ein grellgelber Mond, dessen Licht im Schnee Funken sprühte.

»Was für eine Pracht!« rief Marina aus, wandte sich zu mir um und lächelte.

Vor uns tauchte eine kleine Siedlung auf.

Das Auto hielt vor einem niedrigen Holzhaus, in dessen drei Fenstern ein gelbes gemütliches Licht brannte.

»Da sind wir!« rief Dima und stellte den Motor ab.

Die zwei Hausherrinnen, Galina Iwanowna und Olga Iwanowna, begrüßten uns im Flur mit einem Weihnachtslied. Die beiden waren Schwestern. Die ältere, Galina Iwanowna, war achtzig Jahre alte, die jüngere fünfundsiebzig.

Kaum daß wir das Haus betraten, veränderte sich meine Stimmung. Hier war es gemütlich warm, und sogar im Flur konnte man das Knistern der brennenden Holzscheite im Ofen hören. Das ganze Holzhaus, das aus einer kleinen Küche, einem Wohnraum und zwei Schlafzimmern bestand, war aufgeräumt und geschmückt. Auf die Fensterscheiben waren aus weißem Papier ausgeschnittene Engelchen geklebt. In der einen Ecke des Wohnraumes stand auf einem

Regal unter der Decke eine Mutter-Gottes-Ikone, vor ihr eine brennende Kerze. Auf einem Schränkchen unter der Ikone stand ein riesiger Fernsehapparat, der noch aus der Sowjetzeit stammte, über den eine bestickte Tischdecke gebreitet war. In der Mitte des Raumes befand sich ein großer runder Tisch.

»Kommt herein, kommt herein, ihr Weihnachtsgäste!« sagten die alten Schwestern ein ums andere Mal, als wiederholten sie den Refrain eines Liedes.

Nachdem wir unsere Mäntel, Mützen und Schuhe im Flur abgelegt hatten, traten Marina und ich in den Wohnraum. Dima stand noch im Flur. Er hatte einen großen Rucksack aus dem Auto mitgebracht und mühte sich jetzt mit dem Inhalt ab.

Die ältere der beiden Frauen ließ uns auf dem Sofa Platz nehmen, zog die bestickte Tischdecke vom Fernseher und schaltete ihn ein.

»Schaut ihr mal ein bißchen fern, Olga und ich haben noch was in der Küche zu tun!« sagte sie. »Allerdings ist der Apparat schon älter, er zeigt alles nur noch in einer Farbe.«

Der Fernseher brauchte um die drei Minuten, bis er warmgelaufen war. Dann erschien langsam ein Bild. Es war rosafarben und verwackelt. Auf dem Bildschirm sang und tanzte ein rosafarbener, zittriger Michael Jackson.

Dima kam ins Wohnzimmer.

»Na, wie geht's euch hier?« fragte er munter.

»Klasse!« sagte Marina. »Und die beiden alten Frauen sind bezaubernd! Wie hast du die bloß kennengelernt?«

»Geschäftsgeheimnis!« lachte Dima.

»Kennst du dich mit Fernsehapparaten aus?« fragte ich ihn. »Vielleicht könntest du an dem ein bißchen drehen, daß er nicht alles rosa zeigt?«

»Schon probiert«, winkte Dima ab. »Das liegt nicht am Fernseher. Entweder ist es die Antenne, oder hier sind überhaupt so komische Strahlungen in der Luft … Ich kann's aber auf schwarzweiß umstellen.«

»Nein, laß mal, dann lieber alles in Rosa«, gab ich mich geschlagen.

Die beiden alten Frauen kamen wieder herein, jede hatte ein kompliziert besticktes Tischtuch in der Hand, dessen Muster rote Hähne zeigte. Zuerst bedeckten sie den Tisch mit einer schweren Decke, dann legten sie die leichtere oben drauf.

»Wieso zwei Tischdecken?« fragte Marina neugierig.

»Das ist so Tradition«, antwortete die Jüngere, Olga Iwanowna, mit der Stimme eines gutmütigen Fremdenführers. »Die untere Decke ist für die Ahnen, und die obere für uns.«

Dann bat die Ältere die Jüngere abzuzählen, wie viele wir waren.

»Wir sind zu sechst«, sagte die Jüngere. Daraufhin stellten sie sechs Stühle um den runden Tisch.

Auch ich zählte im Geiste alle Anwesenden – brachte es aber nur auf fünf. Anscheinend wurde noch jemand erwartet. Ich wandte mich wieder dem Fernseher zu. Dort sang und tanzte jetzt eine rosafarbene Brittney Spears. Die Augen gewöhnten sich allmählich an die zittrige rosa Farbe. Es entstand ein Gefühl, als würde man eine alte Revue aus längst vergangener Zeit ansehen.

Inzwischen deckten die beiden alten Frauen langsam den Tisch. Ins Zentrum legten sie drei runde Brote, mit einem Loch in der Mitte, übereinander. In das Loch stellten sie eine hohe Kerze. Dann deckten sie Teller und Besteck auf.

»Hast du schon einmal richtig traditionell ukrainische Weihnachten gefeiert?« fragte mich Marina.

Ich schüttelte verneinend den Kopf.

»Dann wird es dir auf jeden Fall gefallen!« sagte sie und lächelte.

Da kam die Ältere herein. Sie trug einen großen Tontopf, der mit einem Deckel zugedeckt war, und stellte ihn auf den Tisch. Und die Jüngere trug zusammen mit Dima zwei Tabletts herein und stellten um die zehn kleine Schüsseln auf den Tisch, in denen unter anderem Fischgerichte, Quarktaschen und Krautwickel waren.

Danach stellten sich die beiden Frauen und Dima mit fragendem Blick vor mich und Marina.

»Und jetzt? Sollen wir uns an den Tisch setzen?« fragte ich.

»Nein, zuerst gehen wir auf den Hof!« verkündete die ältere Schwester mit süßer Stimme. »Wer als erster einen Stern erblickt, der darf die Kerze anzünden« – sie zeigte auf die Tischmitte. »Und dann erst geht's zu Tisch!«

Der Himmel war wolkenverhangen, und nur an einer einzigen Stelle war ein weißlicher Fleck zu sehen: Dort versuchte der Mond mit seinem bleichen Licht zur Erde durchzudringen.

Die frostige Luft brannte mir in der Kehle. Auch ich reckte den Kopf hoch und schaute in die Wolkendecke, die den Sternenhimmel verdeckte.

Aus dem Wald erklang ein Wolfsheulen. Ich zuckte zusammen.

»Gibt es hier viele Wölfe?« fragte ich Olga Iwanowna.

»Und wie viele, mein Söhnchen!« antwortete sie. »Und nicht bloß Wölfe, auch andere wilde Tiere!«

»Da, da!« rief Marina plötzlich, und wies mit der Hand auf ein kleines Sternchen, das aus den Wolken hervorsah.

»Du wirst Glück haben, Töchterchen!« versprach die ältere Schwester, dann bedachte sie uns alle mit einem liebevollen Blick und rief uns zu Tisch.

Schnell kehrten wir in das warme Holzhaus zurück.

Marina zündete die Kerze an, die in der Mitte der Brote stand. Die alten Frauen lasen laut ein Weihnachtsgebet vor. Dann hob die Jüngere den Deckel vom Tontopf und gab jedem von der *Kutja,* eine Weizengrütze, die mit Honig und Mohn gekocht war. Dann gab es Borschtsch mit Sternchennudeln und die anderen zehn Gerichte. Und zum Abschluß ein Kompott aus zwölf Früchten.

Als wir uns schon satt gegessen hatten, hörte man draußen vor dem Fenster den Schnee knirschen. Jemand blieb vor der Schwelle zum Holzhaus stehen – und schon erklangen weihnachtliche Gesänge. Nur, daß die Stimmen alle Männerstimmen waren, als wenn diese Weihnachtslieder vom Don-Kosaken-Chor gesungen würden.

»Geh raus zu ihnen«, bat mich Dima. »Auf dem Boden in der Diele stehen Fischkonserven. Gib jedem eine davon!«

Mit einem großen Sack in der Hand öffnete ich die Tür – und erstarrte: Vor mir standen singend sechs Männer in Kampfanzügen.

Ich wartete einen Moment, bis sie das Weihnachtslied

beendet hatten und legte – wie es der Brauch war – jedem ein Geschenk in die Hand, in diesem Fall eine Dose mit Krabbenfleisch aus Kamtschatka.

Sie verneigten sich, wandten sich um und gingen vom Hof, marschierten den verschneiten Weg entlang. So lösten sie sich in der Dunkelheit dieses Weihnachtsabends auf.

›Wie seltsam‹, dachte ich. ›In allen Märchen und Filmen singen nur Kinder die *Koljadki,* und man gibt ihnen dann Schokolade oder auch Geld …‹

»He, mach die Tür zu, sonst erkälten wir uns noch alle!« drang Dimas Stimme zu mir.

Ich kehrte ins Wohnzimmer zurück, immer noch in nachdenklicher Stimmung.

»Oh! Schaut euch das an! Macht mal lauter!« Dima drängte mich mit seinen Worten und Gesten zum Fernseher.

Auf dem Bildschirm erschien das rosafarbene Gesicht des Präsidenten. Der Präsident wünschte allen schöne Weihnachten und schlug vom Bildschirm aus das Kreuzzeichen über uns.

»Das ist gut, daß er das ganze Land gesegnet hat«, sagte die ältere der Schwestern. »Im letzten Jahr hatte er das vergessen, und sofort, schon vom ersten Januar an, ging alles schief. Mit Fleisch, mit den Eiern, mit der Milch …«

»Na, komm, hör schon auf!« schob Olga Iwanowna der Schwester einen Riegel vor. »Ist doch eine Sünde, sich zu beklagen, wir leben doch auch so gut!« Dann wandte sie sich zu Dima und sagte: »Möge Gott dich behüten, Dimotschka! – Und jetzt gehen wir alle schlafen! Die Jungen ins erste Schlafzimmer« – sie zeigte mit der Hand auf die angrenzende Doppeltür – »und du, Dimotschka, wirst in der Küche schlafen, wir stellen dir dort ein Klappbett auf. In Ordnung? Hier, im Wohnzimmer, darf niemand schlafen.«

»Wieso darf im Wohnzimmer niemand schlafen? Und wieso steht hier ein sechster Stuhl?« wunderte ich mich.

»Wegen der Geister der Ahnen. So ist der Brauch«, erklärte die jüngere Schwester mir geduldig. »Es ist möglich, daß sie auch nachts kommen, drum ist es besser, wenn hier niemand schläft.«

Das Schlafzimmer empfing uns mit einem großen Doppelbett, an der Wand über dem Kopfende hing – eine Ikone.

»Na, was ist, bist du bereit?« flüsterte mir Marina zu, als sie sich auszog.

Ich verstand die Frage. Und wirklich, an diesem Abend war etwas Märchenhaftes, Wunderbares, etwas Feierliches und nicht ganz Rationales. Wahrscheinlich war das genau die richtige Nacht, um ein Kind zu zeugen …

Unter der warmen Daunendecke wärmten Marina und ich uns schnell auf.

»An diese Weihnachten werden wir uns jetzt immer erinnern!« Marinas heißes Geflüster wärmte mein Ohr, und ich drückte sie fest an mich.

Mitten in der Nacht weckte mich ein Rascheln, das aus dem Wohnzimmer kam. Marina schlief wie ein Murmeltier. Im Haus und draußen vor den Fenstern war alles still. Die märchenhafte Weihnachtsnacht war noch nicht zu Ende, und ich wurde ganz starr, als ich wieder dieses Rascheln hörte, und versuchte herauszufinden, ob es real war oder der Geisterwelt angehörte.

Aber das Rascheln ging weiter und wurde lauter. Leicht

verängstigt stieg ich aus dem Bett und näherte mich der verschlossenen Wohnzimmertür. Ich öffnete eine Hälfte der Doppeltür.

Mondlicht fiel durch das kleine Fenster auf einen Teil des runden Tisches. Und in diesem Licht erblickte ich auf dem Tisch zwei Mäuschen, die an den Resten unseres Weihnachtsessens kauten.

Auf meinem Gesicht breitete sich ein erleichtertes Lächeln aus. Ich trat ganz ins Zimmer und schloß leise die Tür zum Schlafzimmer hinter mir.

Die Mäuschen schienen gar keine Angst vor mir zu haben. Aber als ich das Licht anknipste, sprangen sie sofort vom Tisch und versteckten sich unter dem Sofa. Der elektrische Strom floß hier offensichtlich nicht gleichmäßig. Die Lampe an der Decke brannte mal heller, mal verlöschte sie fast ganz. Als ich mich etwas umsah, entdeckte ich auf dem Fensterbrett ein schwarzes Gerät. Ich trat näher und nahm es in die Hand.

Eine Gänsehaut lief mir über den Rücken: Das Gerät, das ich in der Hand hielt, war ein Geigerzähler. Sofort fiel mir der Schlagbaum mit der Wachbude wieder ein und die sechs Soldaten, die die *Koljadki* gesungen und dafür je eine Konservendose bekommen hatten. Und mir fiel auch wieder Dimas Biographie ein.

›So ein Mistkerl!‹ dachte ich. ›Der hat uns doch glatt in die Tschernobyl-Zone gebracht. Und wir haben hier ein Kind gezeugt ... Was denkt der sich bloß! Es ist doch seine eigene Schwester! Von wegen Extremtourismus! Will er uns vielleicht zeigen, daß die echten Traditionen nur dank der radioaktiven Strahlung erhalten bleiben?‹

Ich kehrte ins Schlafzimmer zurück und zog mich an, wobei ich versuchte, Marina nicht zu wecken. Dann ging ich wieder ins Wohnzimmer.

›Und der Kerl schläft selig in der Küche‹, ging es mir durch den Kopf. Zu gern hätte ich etwas Schweres genommen und es ihm auf den Kopf gehauen. Aber ich fand nichts Schweres im Wohnzimmer. Nochmals sah ich mich um – und sah zu meinem Erstaunen Dima.

Der schaute aus dem Flur ins Wohnzimmer herein. Er war vollständig angezogen und hielt eine Flasche Champagner in der Hand.

»Kannst du nicht schlafen?« fragte er leise. Auf seinem Gesicht stand ein klägliches Lächeln.

»Wohin hast du uns gebracht?« fragte ich in erbostem Flüsterton.

Das Lächeln verschwand nicht von seinem Gesicht. Er sah an mir vorbei auf die Reste des Weihnachtsmahles vom Vorabend. Mir war klar, daß er jetzt den Geigerzähler sah, den ich auf dem Tisch, gegenüber dem sechsten Stuhl, hatte liegenlassen.

»Das ist doch die Tschernobyl-Zone!« sagte ich schon lauter, ohne von Dima eine Antwort auf meine Frage zu erwarten.

»Kannst du eine Champagnerflasche ohne einen Laut öffnen?« fragte er. »Das kannst du, ich weiß es noch genau. Na los, mach auf!«

Ich nahm die Flasche in die Hand. Er wies mit dem Kopf Richtung Wohnzimmer, zum Tisch hin, als wolle er sagen: ›Na komm, setzen wir uns!‹

Wir setzten uns an den Tisch. Ich schälte die Alufolie

vom Korken, öffnete sorgfältig den gedrehten Draht, der den Korken in der Flasche festhielt. Dann zog ich mit den sorgsamen Bewegungen eines Chirurgen leicht am Korken. Und als der Korken schon von selbst kam und vom Druck des Champagners hochgepreßt wurde, drückte ich dagegen.

»Und jetzt schenk ein!« flüsterte er.

»Und worauf trinken wir?« fragte ich düster. »Auf Weihnachten in der Tschernobyl-Zone?«

Dima lachte.

»Nein, auf die Eröffnung einer neuen Route des Extremtourismus. Auf mein Knowhow. Das Ganze heißt: ›Russisches Roulette in der ukrainischen Provinz‹.«

»Was willst du denn damit sagen?«

»Daß ich fünf solcher Orte habe. Einer ist in der Tschernobyl-Zone, vier sind in gewöhnlichen Dörfern, die auf Tschernobyl-Zone getrimmt sind. Das ist für die Neuen Russen, die schon alles gesehen haben und sich über nichts mehr wundern können. Sie kaufen einen Trip, bekommen eine Reisenummer, und los geht's! Du hast übrigens völlig umsonst Angst vor der Tschernobyl-Zone! Weißt du, wie beruhigend radioaktive Strahlung auf die Nerven wirkt?«

»Du hast mir nicht geantwortet. Ist das jetzt die Tschernobyl-Zone oder nicht?«

»Natürlich nicht.«

Ich atmete erleichtert auf und nahm einen Schluck Champagner.

»Also hast du das alles extra für uns aufgebaut? Den Geigerzähler, die Schranke, die singende Spezialeinheit? Für ›extreme Emotionen‹?!«

»Das ist mein Weihnachtsgeschenk an euch. Übrigens,

wenn ihr wollt, könnt ihr nächste Weihnachten in einem Bergwerk im Donezbecken zusammen mit den streikenden Arbeitern verbringen …«

»Nächste Weihnachten werden wir schon ein Baby haben«, verkündete ich ruhig und sicher. »Und dem wird es in einem Bergwerk mit streikenden Arbeitern wohl kaum gefallen …«

»Macht nichts«, lachte Dima. »Wir haben ja noch ein ganzes Jahr vor uns. Ich denke mir für euch was Neues aus. Etwas, was sicher auch dem Baby gefallen wird!«

Nachweis

Iwan Bunin (22. Oktober 1870, Woronesch – 8. November 1953, Paris)

Ida. Aus dem Russischen von Johannes von Guenther. Aus: Johannes von Guenther (Hrsg.), *Die schönsten Liebesgeschichten aus Russland.* Diogenes Verlag AG Zürich, 1976. Copyright © The Estate of Iwan Bunin. Der Abdruck erfolgt mit freundlicher Genehmigung der Dörlemann Verlag AG, Zürich. Copyright der deutschsprachigen Übersetzung © Erben Johannes von Guenther

Agatha Christie (15. September 1890, Torquay – 12. Januar 1976, Wallingford)

Aufregung an Weihnachten. Aus dem Englischen von Ursula-Maria Mössner. Aus: dies., *Solange es hell ist.* Copyright © 2009 by S. Fischer Verlag, Frankfurt. Agatha Christie and Poirot are registered trademarks of Agatha Christie Limited in the UK and elsewhere. All rights reserved. *Christmas Adventure* © 1923 Agatha Christie Limited

Grazia Deledda (27. September 1871, Nuoro – 15. August 1936, Rom)

Das Weihnachtsgeschenk. Aus dem Italienischen von Peter Klöss. Copyright der deutschsprachigen Übersetzung © 2022 by Peter Klöss

Doris Dörrie (* 26. Mai 1955, Hannover)

Eine polnische Weihnachtsgans. Erschienen in: Daniel Kampa (Hrsg.), *Alle Jahre wieder.* Copyright © 2005 by Diogenes Verlag AG Zürich. Abdruck mit freundlicher Genehmigung der Autorin

Marie von Ebner-Eschenbach (13. September 1830, Schloss Zdislawitz / Mähren – 12. März 1916, Wien)

Fräulein Susannens Weihnachtsabend. Aus: dies., *Fräulein Susannens Weihnachtsabend und andere Erzählungen.* Union Verlag, Berlin 1967

Hans Fallada (21. Juli 1893, Greifswald – 5. Februar 1947, Berlin)
Der gestohlene Weihnachtsbaum. Aus: ders., *Die schönsten Weihnachtsgeschichten.* Copyright © 2010 Aufbau Verlag, Berlin

Max Goldt (* 15. September 1958, Weende)
Der Zauber des seitlich dran Vorbeigehens (2003). Aus: ders., *Vom Zauber des seitlich dran Vorbeigehens. Prosa und Szenen, 2002–2004.* Copyright © 2005 by Rowohlt Verlag GmbH, Hamburg

Ernest Hemingway (21. Juli 1899, Oak Park – 2. Juli 1961, Ketchum)
Weihnachten in Paris. Herausgegeben von William White. Aus dem Amerikanischen von Werner Schmitz. Aus: ders., *Reportagen 1920–1924.* Copyright © 1990 by Rowohlt Verlag GmbH, Hamburg

O. Henry (11. September 1862, Greensboro / North Carolina – 5. Juni 1910, New York)
Das Geschenk der Weisen. Aus dem Englischen von Renate Orth-Guttmann. Copyright der deutschsprachigen Übersetzung © 2010 by Diogenes Verlag AG Zürich

Franz Hessel (21. November 1880, Stettin – 6. Januar 1941, Sanary-sur-Mer)
Geschichte des alten Mädchens. Aus: ders., *Von den Irrtümern der Liebenden.* Igel Verlag, Paderborn 1999

Patricia Highsmith (19. Januar 1921, Fort Worth / Texas – 4. Februar 1995, Locarno / Tessin)
Zu Weihnachten tickt eine Uhr. Aus dem Amerikanischen von Mattias Jendis. Aus: dies., *Nixen auf dem Golfplatz.* Copyright © 2005 by Diogenes Verlag AG Zürich

Erich Kästner (23. Februar 1899, Dresden – 29. Juli 1974, München)
Interview mit dem Weihnachtsmann. Aus: ders., *Interview mit dem Weihnachtsmann.* Atrium Verlag, Zürich 2014. Copyright © Thomas Kästner

Andrej Kurkow (* 23. April 1961, St. Petersburg)
Weihnachtsüberraschung. Aus dem Russischen von Angelika Schneider. Aus: ders., *Herbstfeuer. Erzählungen.* Copyright © 2005 by Diogenes Verlag AG Zürich

Guy de Maupassant (5. August 1850, Miromesnil / Seine-Inférieure – 7. Juli 1893, Paris)
Christnacht. Aus dem Französischen von Paul Amann. Aus: ders., *Romane und Novellen.* Copyright der deutschsprachigen Übersetzung © 1924 by Kurt Wolff Verlag, München

Božena Němcová (4. Februar 1820, Wien – 21. Januar 1862, Prag)
Heiligabend bei der Großmutter (Titel vom Herausgeber). Aus dem Tschechischen von Josef Mühlberger. Auszug aus: dies., *Großmutter.* Copyright der deutschsprachigen Ausgabe © 1969 by Winkler Verlag, München

Ingrid Noll (* 29. September 1935, Schanghai)
Liebesbriefe von Rolf. Originalbeitrag von Ingrid Noll für *Früher war Weihnachten später.* Copyright © 2011 by Diogenes Verlag AG Zürich

David Sedaris (* 26. Dezember 1956, Johnson City / New York)
Weihnachten heißt Schenken. Aus dem Amerikanischen von Harry Rowohlt. Aus: ders., *Holiday on Ice,* Diana Verlag, München, Zürich 2001. Copyright © 1999 by Haffmans Verlag, Zürich

Muriel Spark (1. Februar 1918, Edinburgh – 13. April 2006, Florenz)
Der Laubkehrer. Aus dem Englischen von Matthias Fienbork. Aus: dies., *Päng päng, du bist tot.* Copyright © 1982 by Copadmin Anstalt. Copyright der deutschsprachigen Ausgabe © 1987 by Diogenes Verlag AG Zürich

Martin Suter (* 29. Februar 1948, Zürich)
Die Weihnachtsfrage. Aus: ders., *Richtig leben mit Geri Weibel.* Copyright © 2001 by Diogenes Verlag AG Zürich

Kurt Tucholsky (9. Januar 1890, Berlin – 21. Dezember 1935, Hindas / Schweden)

Himmlische Nothilfe. Aus: ders., *Gesammelte Werke in 10 Bänden.* Rowohlt Verlag GmbH, Hamburg 1985

Tomi Ungerer (28. November 1931, Straßburg – 9. Februar 2019, Cork)

Eine genaue Untersuchung. Abdruck mit freundlicher Genehmigung des Autors

Robert Walser (15. April 1878, Biel – 25. Dezember 1956, Herisau)

Weihnacht. Aus: ders., *Sämtliche Werke in Einzelausgaben,* Band 3: Aufsätze. Copyright © 1978 und 1985 by Suhrkamp Verlag, Zürich. Alle Rechte bei und vorbehalten durch Suhrkamp Verlag Berlin

Oscar Wilde (16. Oktober 1854, Dublin – 30. November 1900, Paris)

Der glückliche Prinz. Aus dem Englischen von Franz Blei. Aus: ders., *Märchen und Erzählungen.* Copyright © 2013 by Insel Verlag Berlin

DORIS
DÖRRIE

DIE HELDIN REIST

DIOGENES

240 Seiten
Auch erhältlich als eBook und Hörbuch-Download

Der Held muss in die weite Welt hinaus und
Abenteuer erleben, um ein Held zu werden – und
eine Geschichte zu haben. Und was ist mit der
Heldin? Doris Dörrie erzählt von drei Reisen –
nach San Francisco, nach Japan und nach Marok-
ko – und davon, als Frau in der Welt unterwegs
zu sein. Sich dem Ungewissen, Fremden auszusetzen heißt immer auch, den eigenen Ängsten,
Abhängigkeiten, Verlusten ins Auge zu sehen.
Und dabei zur Heldin der eigenen Geschichte zu
werden.

Hinausspaziert

Unterwegs mit Virginia Woolf,
Urs Widmer, Benedict Wells u.v.a.

Diogenes

Erzählungen
Ausgewählt von Meredith Barth
256 SeitenBiblio

Schlendern, flanieren, wandern: Seit Jahrhunderten geht der Mensch spazieren – hinaus in die Welt, hin zu sich selbst. Durch Landschaften und Städte, durch vertraute Straßen oder unbekannte Länder. Zur Entspannung, als Inspiration, zur Meditation, als Flucht. Geschichten und Gedanken über das Gehen von Virginia Woolf, Urs Widmer, Benedict Wells, Amélie Nothomb, Rebecca Solnit und Teju Cole. Mit einer exklusiven Geschichte von Lena Gorelik.